吉林省旅游管理类专业教学指导委员会推荐教材
21世纪经济管理新形态教材·旅游管理系列

旅游法规

主　编◎王　健　郭咏嘉
副主编◎王　奇　孙　洋　张　伟
参　编◎金艺兰　马　墭　金婷婷

清华大学出版社
北京

内 容 简 介

本书分为三个专题共十四章内容，分别为：①共性和基础性的法律、法规，这部分内容在本书的第 1~5 章和第 7 章进行了讨论。②与旅游相关的共性和基础性的法律、法规，这部分内容在本书的第 6 章、第 14 章进行了讨论。③与旅游相关的法律、法规，这部分内容在本书的第 8~13 章进行了讨论。

本书按照读者习惯的思维逻辑进行编写，内容精练，知识覆盖全面，既照顾到学习旅游管理专业知识的需要，又照顾到导游人员资格考试的需求。本书可作为高等院校旅游管理类专业的教学用书，也可作为全国导游人员资格考试的学习用书。

图书在版编目（CIP）数据

旅游法规 / 王健，郭咏嘉主编 . -- 北京：清华大学出版社，2024. 10. --（21 世纪经济管理新形态教材）. ISBN 978-7-302-67532-7

Ⅰ . D922.296

中国国家版本馆 CIP 数据核字第 2024ZZ9279 号

责任编辑：徐永杰
封面设计：汉风唐韵
责任校对：王荣静
责任印制：沈　露

出版发行：清华大学出版社
   网　　　址：https://www.tup.com.cn，https://www.wqxuetang.com
   地　　　址：北京清华大学学研大厦 A 座　　邮　编：100084
   社 总 机：010-83470000　　　　　　邮　购：010-62786544
   投稿与读者服务电话：010-62776969，c-service@tup.tsinghua.edu.cn
   质量反馈：010-62772015，zhiliang@tup.tsinghua.edu.cn
印 装 者：三河市龙大印装有限公司
经　　销：全国新华书店
开　　本：185mm×260mm　　印　张：20.25　　字　数：337 千字
版　　次：2024 年 10 月第 1 版　　印　次：2024 年 10 月第 1 次印刷
定　　价：66.00 元

产品编号：100406-01

序

我们所呈现的这套教材，是伴随新时代旅游教育的需求应运而生的，具体来说，是植根于党的二十大报告中的两个"首次"！

第一个"首次"，是党的二十大报告首次写入"旅游"的内容。党的二十大报告中，两次提到了"旅游"——在第八部分"推进文化自信自强，铸就社会主义文化新辉煌"中，提出"建好用好国家文化公园。坚持以文塑旅、以旅彰文，推进文化和旅游深度融合发展"；在第十三部分"坚持和完善'一国两制'，推进祖国统一"中，提出"巩固提升香港、澳门在国际金融、贸易、航运航空、创新科技、文化旅游等领域的地位"。这是旅游业内容首次被列入党的二十大报告中，充分体现了党和国家对旅游业的高度重视。

第二个"首次"，是党的二十大报告首次提出"加强教材建设和管理"，彰显了教材工作在党和国家教育事业发展全局中的重要地位，体现了以习近平同志为核心的党中央对教材工作的高度重视和对"尺寸课本，国之大者"的殷切期望。

响应党中央的号召，遵从时代的高要求，建设高质量旅游系列教材，是高等教育工作者责无旁贷的天职，也是我们编写该系列教材的初心！

自1979年上海旅游高等专科学校成立至今，我国的旅游高等教育已经走过了40多年的历程。经过前辈们的不懈努力，旅游高等教育取得了丰硕成果，编写出一大批高质量的旅游专业教材，为旅游专业高等教育事业发展作出巨大的贡献。然而，与新时代对旅游教育的要求相比，特别是对照应用型旅游人才培养目标，旅游教材建设仍然存在一定的差距。

一方面，旅游发展已经进入一个崭新的时代，新技术、新文化、新休闲、新媒体、新游客等旅游发展新常态赋予旅游教育新的时代要求；另一方面，自2015年提出地方本科高校向应用型转变策略至今，全国500余所开设旅游相关专业的地方本科高校积极行动实现了向应用型教育的转型。与这一形势变化相比，现有部分旅游管理类专业教材则略显陈旧，没有跟上时代的步伐，表现为应用型本科教材数量少、精品少、应用性不足等问题，特别是集课程思政、实战应用以及数字化于一体的教材更是一个空白，教材编写和建设的压力仍然存在。

正是在这样的背景下，清华大学出版社委托吉林省旅游管理类专业教学指导委员会组织省内 14 所高校 76 名教师围绕旅游管理专业的教材体系构成、教材内容设计、课程思政等问题进行多次研讨，形成了全新的教材编写理念——为新时代应用型旅游高等教育教学提供既有实际应用价值，又充分融入数字化技术并具有较强思政性的教材。该系列教材前期主要包括《旅游接待业》《旅游消费者行为》《旅游目的地管理》《旅游经济学》《旅游规划与开发》《旅游法规》《旅游财务管理》《旅游市场营销》《导游业务》《中国传统茶文化》《酒店管理概论》《旅游专业英语》等。该系列教材编写宗旨是培养具备高尚的职业道德、较强的数字化思维能力以及专业素养的应用型、复合型旅游管理类人才，以促进旅游业可持续发展和国家软实力的提升。

该系列教材凸显以下三个特点。

1. 思政性

旅游管理不仅是一门应用科学，也是一门服务和领导的艺术，更涉及伦理、社会责任等众多道德和思想层面的问题。该系列教材以习近平新时代中国特色社会主义思想和党的二十大精神为指导，涵盖新质生产力、伦理决策、文化尊重以及可持续旅游等议题，致力于培养道德水准高、社会责任感强的旅游管理人才。

2. 应用性

满足应用型旅游专业高等教育需求，是我们编写该系列教材的另一重要目的。旅游管理是一个实践性极强的领域，只有灵活应用所学知识，解决实际问题，才能满足行业需求。因此，该系列教材重点突出实际案例、业界最佳实践以及实际操作指南等内容，以帮助学生在毕业后能够顺利适应和成功应对旅游企业各种挑战，在职业发展中脱颖而出。

3. 数字化

数字化技术是当前旅游管理类专业学生必备的技能之一，也是该系列教材不可或缺的部分。从在线预订到数据分析，从社交媒体营销到智能化旅游体验，数字化正在全面改变旅游产业，旅游高等教育必须适应这一变化。该系列教材积极引导学生了解和掌握数字化工具与技术，胜任不断变化的职业发展要求，更好地适应并推动行业发展。

在该系列教材中，我们致力于将思政性、应用性和数字化相结合，以帮助学生在旅游管理领域取得成功。学生将在教材中学到有关旅游行业的基本知识，了解行业最新趋势，并获得实际操作经验。每本教材的每个章节都包含案例研究、练习和讨论问题，以促进学生的学习和思考，培养他们解决问题的能力，为他们提供实际工作所需的技能和知识，帮助他们取得成功，并积极承担社会责任。

我们希望该系列教材能被广大学生和教师使用，能为旅游从业者提供借鉴，帮助他们更好地理解相关知识，从容应对旅游行业发展中的挑战，促进行业的可持续发展。愿该系列教材能成为学生的良师益友，引领学生踏上成功之路！

最后，我们要感谢所有为该系列教材付出努力的人，特别是我们的编辑团队、同行评审专家和众多行业专家，他们的专业知识和热情参与使该系列教材得以顺利出版。

愿我们共同努力，一起开创旅游管理类专业领域的美好未来！

吉林省旅游管理类专业教学指导委员会

2024 年 4 月 20 日

前　言

党的二十大报告指出：我们要坚持走中国特色社会主义法治道路，建设中国特色社会主义法治体系、建设社会主义法治国家，围绕保障和促进社会公平正义，坚持依法治国、依法执政、依法行政共同推进，坚持法治国家、法治政府、法治社会一体建设，全面推进科学立法、严格执法、公正司法、全民守法，全面推进国家各方面工作法治化。本书在编写过程中，将党的二十大精神贯穿始终，期冀为依法兴文、依法兴旅贡献一份力量。

本书共分为三个部分：第一部分探讨了宪法基本知识、维护国家安全法律制度、民法基础知识、合同法律制度、侵权责任法律制度以及旅游消费者权益保护法律制度，通过对这些共性、基础性的法律、法规介绍，为进一步学习与旅游相关的法律、法规奠定坚实的法律基础。这部分内容比较难理解，建议学习这部分内容的时间占总学时的一半，尤其是民法基础知识、合同法律制度，建议多分配一些学时。第二部分探讨了与旅游相关的共性和基础性的法律、法规，包括旅游法基础知识、解决旅游纠纷的相关法律制度，分析了旅游基本法的主要内容以及解决旅游纠纷的途径和方法。建议学习这部分内容的时间占总学时的1/6。第三部分探讨了与旅游相关的具体法律、法规，包括旅行社法律制度，导游管理法律制度，旅游安全和保险法律制度，出入境与交通法律制度，食品安全、住宿与娱乐法律制度，旅游资源管理法律制度，对旅游全过程各环节涉及的法律、法规进行了分析。建议学习这部分内容的时间占总学时的1/3。

本书的编写人员均为长期从事"旅游法规"课程教学的高校一线教师，具有丰富的理论与实践经验。主编为吉林大学王健、吉林师范大学郭咏嘉；副主编为长春大学王奇、吉林工商学院孙洋、长春大学旅游学院张伟；参编人员为延边大学金艺兰、吉林工商学院马塽、吉林师范大学博达学院金婷婷。具体分工如下：第1章、第2章由王健编写，第3章、第4章由马塽编写，第5章、第6章由金艺兰编写，第7章、第8章由郭咏嘉编写，第9章、第10章由王奇编写，第11章、第12章由孙洋编写，第13章由张伟编写，第14章由金婷婷编写。王健、郭咏嘉负责全书的统撰工作。本书秉持"理论＋实践""理论＋案例"的原则，融入课程思政，博采众家之长编纂完成。

本书得到了吉林省旅游管理类专业教学指导委员会的指导，以及吉林大学、延边大学、吉林师范大学、长春大学、吉林工商学院、长春大学旅游学院、吉林师范大学博达学院和清华大学出版社的大力支持。在整个编写过程中，编者参考、引用了许多学者的研究成果，在本书最后列出了主要参考文献，在此向他们表示衷心的感谢！

最后，编者竭诚希望广大读者对本书提出宝贵意见，以促使我们不断改进。由于时间和编者水平有限，书中的疏漏之处在所难免，敬请广大读者批评指正。

编者

2024 年 6 月

目　录

第1章 宪法基本知识

🔍 **学习目标**

    1. 了解《中华人民共和国宪法》的序言、总纲、指导思想、基本原则、基本国策规定。

    2. 熟悉《中华人民共和国宪法》关于国家机构的组成、任期和职权的规定。

    3. 掌握《中华人民共和国宪法》关于我国的基本制度和根本任务，以及公民的基本权利和基本义务的规定。

🔍 **能力目标**

    1. 了解、熟悉和掌握宪法的基本内容，掌握宪法的基本知识。

    2. 学会运用宪法知识分析我国社会和现实中的一些重大问题。

🔍 **思政目标**

    1. 培养学生的宪法意识和宪法精神。

    2. 锻造学生的公民意识。

🔍 思维导图

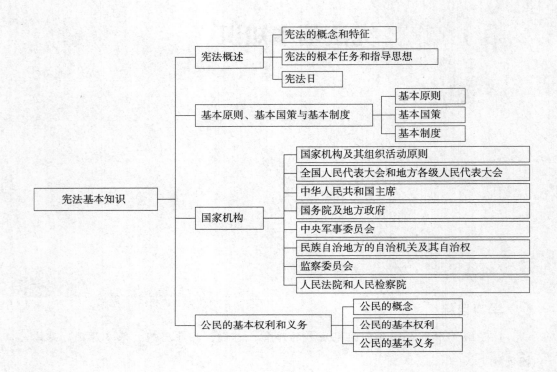

宪法基本知识
- 宪法概述
  - 宪法的概念和特征
  - 宪法的根本任务和指导思想
  - 宪法日
- 基本原则、基本国策与基本制度
  - 基本原则
  - 基本国策
  - 基本制度
- 国家机构
  - 国家机构及其组织活动原则
  - 全国人民代表大会和地方各级人民代表大会
  - 中华人民共和国主席
  - 国务院及地方政府
  - 中央军事委员会
  - 民族自治地方的自治机关及其自治权
  - 监察委员会
  - 人民法院和人民检察院
- 公民的基本权利和义务
  - 公民的概念
  - 公民的基本权利
  - 公民的基本义务

🔍 导入案例

朱某山故意伤害（防卫过当）案

朱某山之女朱某与齐某系夫妻，朱某于2016年1月提起离婚诉讼并与齐某分居，朱某带女儿与朱某山夫妇同住。齐某不同意离婚，反复到朱某山家吵闹。5月8日齐某酒后驾车到朱某山家，欲从小门进入院子，未得逞后在大门外叫骂，并站在汽车引擎盖上摇晃、攀爬院子大门，在墙上用瓦片掷砸朱某山。朱某山从屋内拿出宰羊刀防备。随后齐某跳入院内徒手与朱某山撕扯。撕扯中，朱某山刺中齐某胸部一刀。朱某山见齐某受伤，把大门打开，并主动报警。齐某因急性大失血死亡。

资料来源：人民网 https://baijiahao.baidu.com.

思考题：

1. 齐某的行为是否违反《中华人民共和国宪法》的规定？如果违反规定，齐某违反了宪法的哪项规定？

2. 朱某山是否构成犯罪？其是否需要承担法律责任？

1.1　宪法概述

1.1.1　宪法的概念和特征

1. 宪法的概念

宪法是国家的根本法，它规定了国家根本制度和根本任务，规定了国家机关的组织与活动的基本原则，确认和保障公民的基本权利，集中表现各种政治力量对比关系。

中华人民共和国成立后，我国先后颁行了四部宪法。现行《中华人民共和国宪法》（以下简称《宪法》）于 1982 年 12 月 4 日由第五届全国人大第五次会议通过，并根据 1988 年第七届全国人大第一次会议、1993 年第八届全国人大第一次会议、1999 年第九届全国人大第二次会议、2004 年第十届全国人大第二次会议和 2018 年第十三届全国人大第一次会议通过的《中华人民共和国宪法修正案》，进行了五次修正，从而更加臻于完备。

2. 宪法的特征

（1）内容具有根本性。宪法规定一个国家社会关系中最基本的问题，调整范围十分广泛。在内容上具有根本性、宏观性和全面性。宪法规定了一个国家的国家性质、社会制度、经济制度、文化制度、国家政权组织形式、公民的基本权利与义务、国家机构的组织与活动原则及国家标志等。宪法是国家的根本法，具有最高的法律效力。

（2）制定和修改程序具有特殊性。宪法的制定和修改的程序比普通法律特殊。制定程序上，一般要设立专门机关。修改程序上，由全国人民代表大会常务委员会或 1/5 以上全国人民代表大会代表提议，并由全国人民代表大会以全体代表的 2/3 以上的多数通过。

（3）具有最高的效力。宪法具有最高的法律效力，在国家法律体系中处于最高法律地位。宪法是立法的基础；宪法是一切组织和个人的活动的最高行为准则；任何法律、法规不得同宪法相抵触，违宪的法律、法规是无效的。在统一的法律体系中，宪法之外的其他规范性文件都属于下位规范，必须以宪法为基础。

拓展阅读 1.1

1.1.2   宪法的根本任务和指导思想

《宪法》在序言规定：国家的根本任务是沿着中国特色社会主义道路，集中力量进行社会主义现代化建设。中国各族人民将继续在中国共产党领导下，在马克思列宁主义、毛泽东思想、邓小平理论、"三个代表"重要思想、科学发展观、习近平新时代中国特色社会主义思想指引下，坚持人民民主专政，坚持社会主义道路，坚持改革开放，不断完善社会主义的各项制度，发展社会主义市场经济，发展社会主义民主，健全社会主义法治，贯彻新发展理念，自力更生，艰苦奋斗，逐步实现工业、农业、国防和科学技术的现代化，推动物质文明、政治文明、精神文明、社会文明、生态文明协调发展，把我国建设成为富强民主文明和谐美丽的社会主义现代化强国，实现中华民族伟大复兴。

1.1.3   宪法日

12 月 4 日为国家"宪法日"。《宪法》规定："国家工作人员就职时应当依照法律规定公开进行宪法宣誓。"

1.2   基本原则、基本国策与基本制度

1.2.1   基本原则

1. 人民主权原则

国家的最高权力属于人民，人民是国家的主人。中华人民共和国的一切权力属于人民。人民依照法律规定，通过各种途径和形式，管理国家事务，管理经济和文化事业，管理社会事务。

2. 基本人权原则

保障基本人权是宪法的核心价值、发展动力和归宿。我国宪法既确认基本人权原则，又以公民基本权利的形式规定基本人权的基本内容。

3. 法治原则

中华人民共和国实行依法治国，建设社会主义法治国家。

4. 权力制约原则

（1）人民对人民代表、国家机关及其工作人员的监督

（2）人民代表机关对其他国家机关的监督。

（3）行政机关和司法机关在本系统内实行监督与制约。

1.2.2　基本国策

（1）国家政权方面。中国共产党领导是中国特色社会主义最本质的特征。禁止任何组织或者个人破坏社会主义制度。

（2）经济发展方面。社会主义的公共财产神圣不可侵犯。国家保护社会主义的公共财产。禁止任何组织或者个人用任何手段侵占或者破坏国家的和集体的财产。

（3）社会生活方面。国家保障自然资源的合理利用，保护珍贵的动物和植物。禁止任何组织或者个人用任何手段侵占或者破坏自然资源。

（4）文化方面。

（5）国防、外交方面。中国坚持独立自主的对外政策，坚持互相尊重主权和领土完整、互不侵犯、互不干涉内政、平等互利、和平共处的五项原则，坚持走和平发展道路，坚持互利共赢开放战略，发展同各国的外交关系和经济、文化交流，推动构建人类命运共同体；坚持反对帝国主义、霸权主义、殖民主义，加强同世界各国人民的团结，支持被压迫民族和发展中国家争取与维护民族独立、发展民族经济的正义斗争，为维护世界和平和促进人类进步事业而努力。

（6）民族事务方面。中华人民共和国各民族一律平等。国家保障各少数民族的合法的权利和利益，维护和发展各民族的平等团结互助和谐关系。禁止对任何民族的歧视和压迫，禁止破坏民族团结和制造民族分裂的行为。

1.2.3　基本制度

1. 经济制度

1）社会主义市场经济

《宪法》将"发展社会主义市场经济"作为国家的根本任务。国家实行社会主义市场经济。

2）社会主义经济制度的组成部分

国家在社会主义初级阶段，坚持公有制为主体、多种所有制经济共同发展的基本经济制度，坚持按劳分配为主体、多种分配方式并存的分配制度。

社会主义经济制度的基础是生产资料的社会主义公有制，即全民所有制和劳动群众集体所有制。社会主义实行各尽所能、按劳分配的原则。

在法律规定范围内的个体经济、私营经济等非公有制经济，是社会主义市场经济的重要组成部分，包括劳动者个体经济、私营经济、外资经济。国家保护个体经济、私营经济等非公有制经济的合法的权利和利益。国家鼓励、支持和引导非公有制经济的发展，并对非公有制经济依法实行监督和管理。

2. 政治制度

1）人民民主专政制度

（1）国体。中华人民共和国的国体是人民民主专政的社会主义国家，工人阶级是领导阶级，实行的是以工农联盟为基础的人民民主专政。社会主义制度是中华人民共和国的根本制度。

（2）人民民主专政。人民民主专政实质上是无产阶级专政，是国家制度的核心。

2）人民代表大会制度

（1）政体。人民代表大会制度是我国的根本政治制度，是我国的政体，是中国人民当家作主的重要途径和最高实现形式，是中国社会主义政治文明的重要制度载体。

（2）内容。国家的一切权力属于人民。人民行使国家权力的机关是全国人民代表大会和地方各级人民代表大会，这是人民代表大会制度的核心内容。国家机构实行民主集中制的原则。

人民代表大会制度的内容具体包括：①国家的一切权力属于人民；②人民通过民主选举产生各级人民代表大会，各级人民代表大会对人民负责，受人民监督；③国家行政机关、监察机关、审判机关、检察机关均由人民代表大会产生，对它负责，受它监督。各级人民代表大会在各级国家政权中始终处于主导地位。

3）中国共产党领导的多党合作和政治协商制度

（1）多党合作和政治协商制度。中国共产党领导的多党合作和政治协商制度是中华人民共和国的一项基本的政治制度，是具有中国特色的政党制度。

基本内容：①中国共产党是执政党，各民主党派是参政党。中国共产党和各民主党派是亲密战友，其执政的实质是代表工人阶级及广大人民掌握人民民主专政的国家政权；民主党派具有法律规定的参政权，参加国家政权，参与国家大政方针和国家领导人人选的协商，参与国家事务的管理，参加国家方针、政策、法律、法规的制定和执行；②中国共产党与各民主党派合作的首要前提和根本保证是坚持中国共产党的领导和坚持四项基本原则；③中国共产党与各民主党派合作的基本方针是"长期共存、互相监督、肝胆相照、荣辱与共"。

（2）爱国统一战线，是人民民主专政的重要保障，是由中国共产党领导的，由各民主党派和各人民团体参加的政治联盟。在长期的革命、建设、改革过程中，已经结成由中国共产党领导的，有各民主党派和各人民团体参加的，包括全体社会主义劳动者、社会主义事业的建设者、拥护社会主义的爱国者、拥护祖国统一和致力于中华民族伟大复兴的爱国者的广泛的爱国统一战线，这个统一战线将继续巩固和发展。

（3）中国人民政治协商会议，是爱国统一战线的组织形式，是我国政治生活中发展社会主义民主和实现各党派之间互相监督的重要形式，是实现中国共产党领导的多党合作和政治协商制度的重要机构，同时也是我国政治生活中发扬人民民主、联系人民群众的一种重要形式，具有广泛的社会基础，在我国的政治体制中具有十分重要的地位和影响。中国人民政治协商会议围绕团结和民主两大主题，履行政治协商、民主监督和参政议政的职能。

4）选举制度

（1）普遍性原则。

（2）平等性原则。我国选举权的平等性重在实质上的平等。每一选民在一次选举中只有一个投票权。

（3）直接选举和间接选举并用原则。

（4）秘密投票原则。全国和地方各级人民代表大会代表的选举，一律采用无记名投票的方法。选举时应当设有秘密写票处。选民如果是文盲或者因残疾不能写选票的，可以委托他信任的人代写。

5）地方自治制度

（1）民族区域自治制度。民族区域自治制度指在国家统一领导下，各少数民族聚居的地方实行区域自治，设立自治机关，行使自治权的制度。民族区域自治制度是我国的基本政治制度之一。

（2）特别行政区制度。特别行政区制度指在我国行政区域内，根据我国宪法和基本法的规定而设立的具有特殊法律地位、实行特别社会政治经济制度的行政区域，并规定特区政府对所辖区域的政治、经济、财政、金融、贸易、工商业、土地、教育、文化等方面享有高度自治权的制度，是"一国两制"的具体实践，也是为使用和平的方式来解决历史遗留下来的香港、澳门和台湾问题而设立的特殊地方行政区域制度。

（3）基层群众自治制度。基层群众自治制度指人民依法组成基层自治组织，行使民主权利，管理基层公共事务和公益事业，实行自我管理、自我服务、自我教育、自我监督的制度。城市和农村按居民居住地区设立的居民委员会或者村民委员会是基层群众性自治组织。

3. 文化制度

（1）国家发展教育事业。国家发展社会主义的教育事业，提高全国人民的科学文化水平；普及初等义务教育，发展中等教育、职业教育和高等教育，发展学前教育；国家发展各种教育设施；鼓励集体经济组织、国家企业事业组织和其他社会力量依照法律规定举办各种教育事业；推广全国通用的普通话。

（2）国家发展科学事业。国家发展自然科学和社会科学事业，普及科学和技术知识，奖励科学研究成果和技术发明创造。

（3）国家发展文学艺术及其他文化事业。国家发展为人民服务、为社会主义服务的文学艺术、新闻广播电视、出版发行事业，图书馆博物馆文化馆和其他文化事业，开展群众性的文化活动；保护名胜古迹、珍贵文物和其他重要历史文化遗产；发展体育事业，开展群众性的体育活动，增强人民体质。

（4）国家开展公民道德教育。国家通过普及理想、道德、文化、纪律和法治教育，通过在城乡不同范围的群众中制定和执行各种守则、公约，加强社会主义精神文明的建设；倡导社会主义核心价值观，提倡爱祖国、爱人民、爱劳动、爱科学、爱社会主义的公德，在人民中进行爱国主义、集体主义和国际主义、共产主义的教育，进行辩证唯物主义和历史唯物主义的教育，反对资本主义的、封建主义的和其他的腐朽思想。

4. 社会制度

（1）社会保障制度。国家建立健全同经济发展水平相适应的社会保障制度。

国家依照法律规定实行企业事业组织的职工和国家机关工作人员的退休制度。退休人员的生活受到国家和社会的保障。中华人民共和国公民在年老、疾病或者丧失劳动能力的情况下，有从国家和社会获得物质帮助的权利。国家和社会保障残废军人的生活，抚恤烈士家属，优待军人家属。国家和社会帮助安排盲、聋、哑和其他有残疾的公民的劳动、生活和教育。国家保护妇女的权利和利益，实行男女同工同酬，培养和选拔妇女干部。婚姻、家庭、母亲和儿童受国家的保护。

（2）医疗卫生事业。国家发展医疗卫生事业，发展现代医药和我国传统医药，鼓励和支持农村集体经济组织、国家企业事业组织和街道组织举办各种医疗卫生设施，开展群众性的卫生活动，保护人民健康。

（3）劳动保障制度。国家通过各种途径，创造劳动就业条件，加强劳动保护，改善劳动条件，并在发展生产的基础上，提高劳动报酬和福利待遇；提倡社会主义劳动竞赛，奖励劳动模范和先进工作者；提倡公民从事义务劳动；对就业前的公民进行必要的劳动就业训练；发展劳动者休息和休养的设施，规定职工的工作时间和休假制度。

（4）人才培养制度。国家培养为社会主义服务的各种专业人才，扩大知识分子的队伍，创造条件，充分发挥他们在社会主义现代化建设中的作用。

（5）社会秩序及安全维护制度。国家维护社会秩序，镇压叛国和其他危害国家安全的犯罪活动，制裁危害社会治安、破坏社会主义经济和其他犯罪的活动，惩办和改造犯罪分子。中华人民共和国的武装力量属于人民。它的任务是巩固国防，抵抗侵略，保卫祖国，保卫人民的和平劳动，参加国家建设事业，努力为人民服务。国家加强武装力量的革命化、现代化、正规化的建设，增强国防力量。

拓展阅读 1.2

1.3　国家机构

1.3.1　国家机构及其组织活动原则

1. 国家机构的本质

国家机构实际上是掌握国家权力的阶级实现其阶级统治的工具。我国的国家机构包括：全国人民代表大会、中华人民共和国主席、中华人民共和国国务院、中华人民共和国中央军事委员会、地方各级人民代表大会和地方各级人民政府、民族自治地方的自治机关、监察委员会、人民法院和人民检察院。

2. 国家机构的组织活动原则

（1）民主集中制原则。国家机构实行民主集中制的原则。

（2）密切联系群众、为人民服务原则。一切国家机关和国家工作人员必须依靠人民的支持，经常保持同人民的密切联系，倾听人民的意见和建议，接受人民的监督，努力为人民服务。

（3）社会主义法治原则。国家实行依法治国，建设社会主义法治国家。

（4）责任制原则。基于国家机关行使国家权力的性质的不同，责任制原则具体表现为集体负责制和个人负责制两种形式。各级人民代表大会及其常务委员会、人民法院和人民检察院等实行集体负责制；国务院及其各部、委，中央军委以及地方各级人民政府等实行个人负责制。

（5）精简和效率原则。一切国家机关实行精简的原则，实行工作责任制，实行工作人员的培训和考核制度，不断提高工作质量和工作效率，反对官僚主义。

1.3.2　全国人民代表大会和地方各级人民代表大会

1. 全国人民代表大会的性质和地位

全国人民代表大会是最高国家权力机关。它的常设机关是全国人民代表大会常务委员会。全国人民代表大会和全国人民代表大会常务委员会行使国家立法权。

2. 地方各级人民代表大会的性质和地位

地方各级人民代表大会是地方国家权力机关。县级以上的地方各级人民代表大会设立常务委员会。

3. 人民代表大会的组成和任期

（1）全国人民代表大会的组成和任期。全国人民代表大会由省、自治区、直辖市、特别行政区和军队选出的代表组成。各少数民族都应当有适当名额的代表。全国人民代表大会每届任期5年。

（2）地方各级人民代表大会的选举和任期。省、直辖市、设区的市的人民代表大会代表由下级的人民代表大会选举；县、不设区的市、市辖区、乡、民族乡、镇的人民代表大会代表由选民直接选举。地方各级人民代表大会每届任期5年。

4. 全国人民代表大会和地方各级人民代表大会的主要职权

1）全国人民代表大会的主要职权

（1）修宪与立法权。全国人民代表大会有权修改宪法；监督宪法实施；制定和修改刑事、民事、国家机构的和其他的基本法律。

（2）选举权。全国人民代表大会有权选举产生全国人大常委会委员长、副委员长、秘书长和委员，国家主席、副主席，中央军委主席，国家监察委员会主任，最高人民法院院长和最高人民检察院检察长。全国人民代表大会选举上述人员，由主席团提名。

（3）决定权。全国人民代表大会根据国家主席的提名，决定国务院总理的人选；根据国务院总理的提名，决定国务院副总理、国务委员、各部部长、各委员会主任、审计长和秘书长的人选；全国人民代表大会根据中央军事委员会主席的提名，决定中央军事委员会其他组成人员的人选。

（4）罢免权。全国人民代表大会有权罢免中华人民共和国主席、副主席，国务院总理、副总理、国务委员、各部部长、各委员会主任、审计长、秘书长，中央军事委员会主席和中央军事委员会其他组成人员，国家监察委员会主任，最高人民法院院长，最高人民检察院检察长。

（5）重大事项决定权。审批国民经济和社会发展计划与计划执行情况的报告，以及预算和预算执行情况的报告；批准省、自治区和直辖市的建置；决定特别行政区的设立及其制度；决定战争和和平问题；应当由最高国家权力机关行使的其他职权。

2）地方各级人民代表大会的主要职权

（1）立法权。在不同宪法、法律、行政法规相抵触的前提下，下列机构可以制定地方性法规：省、直辖市的人民代表大会和它们的常务委员会，报全国人民代表大会常务委员会备案；设区的市的人民代表大会和它们的常务委员会，报本省、自治区人民代表大会常务委员会批准后施行。

（2）选举权和罢免权。地方各级人民代表大会分别选举并且有权罢免本级人民政府的省长和副省长、市长和副市长、县长和副县长、区长和副区长、乡长和副乡长、镇长和副镇长。县级以上的地方各级人民代表大会选举并且有权罢免本级监察委员会主任、本级人民法院院长和本级人民检察院检察长。选出或者罢免人民检察院检察长，须报上级人民检察院检察长提请该级人民代表大会常务委员会批准。

（3）重大事项决定权。地方各级人民代表大会在本行政区域内，保证宪法、法律、行政法规的遵守和执行；依照法律规定的权限，通过和发布决议，审查和决定地方的经济建设、文化建设和公共事业建设的计划。县级以上的地方各级人民代表大会审查和批准本行政区域内的国民经济和社会发展计划、预算以及它们的执行情况的报告；有权改变或者撤销本级人民代表大会常务委员会不适当的决定。

拓展阅读 1.3

民族乡的人民代表大会可以依照法律规定的权限采取适合民族特点的具体措施。

1.3.3　中华人民共和国主席

中华人民共和国主席对内对外代表国家，依法行使《宪法》规定的国家主席职权，是我国国家机构的重要组成部分。

1. 产生和任期

中华人民共和国主席、副主席由全国人民代表大会选举。有选举权和被选举权的年满 45 周岁的中华人民共和国公民可以被选为中华人民共和国主席、副主席。其每届任期 5 年。

2. 职权

（1）公布法律，发布命令。中华人民共和国主席根据全国人民代表大会及其常务委员会的决定，公布法律，发布特赦令，宣布进入紧急状态，宣布战争状态，发布动员令。

（2）任免国务院组成人员和驻外全权代表。中华人民共和国主席根据全国人民代表大会及其常务委员会的决定，任免国务院总理、副总理、国务委员、各部部长、各委员会主任、审计长、秘书长。中华人民共和国主席根据全国人民代表大会常务委员会的决定，派遣和召回驻外全权代表、批准和废除同外国缔结的条约和重要协定。

（3）外交权。中华人民共和国主席根据全国人民代表大会常务委员会的决定，批准和废除同外国缔结的条约和重要协定。

（4）荣典权。中华人民共和国主席根据全国人民代表大会及其常务委员会的决定，授予国家的勋章和荣誉称号。

1.3.4　国务院及地方政府

1. 中央人民政府与地方各级政府的关系

中华人民共和国国务院，即中央人民政府，是最高国家权力机关的执行机关，是最高国家行政机关。地方各级人民政府都要接受国务院的领导。地方各级人民政府是地方各级国家权力机关的执行机关，是地方各级国家行政机关。地方各级人民政府从属于本级国家权力机关，由它产生，向它负责。此外，地方各级人民政府还要服从上级人民政府的领导，向上一级人民政府负责和报告工作，执行上级行政机关的决定和命令。

2. 政府部门的组成、任期和职权

1）组成

国务院组成人员包括总理、副总理、国务委员、各部部长、各委员会主任、审计长、秘书长。中国人民银行也属于国务院，中国人民银行行长属于国务院组成人员。

省、自治区、直辖市、自治州、设区的市的人民政府分别由省长、副省长，自治区主席、副主席，市长、副市长，州长、副州长和秘书长、厅长、局长、委员会主任等组成。县、自治县、不设区的市、市辖区的人民政府分别由县长、副县长，市长、副市长，区长、副区长和局长、科长等组成。乡、民族乡的人民政府设乡长、副乡长。镇人民政府设镇长、副镇长。

2）任期

国务院及地方各级人民政府每届任期 5 年。总理、副总理、国务委员连续任职不得超过两届。

3）职权

（1）政府工作机制。国务院实行总理负责制，各部、各委员会实行部长、主任负责制。地方各级人民政府实行省长、市长、县长、区长、乡长、镇长负责制。

（2）国务院职权。国务院主要行使下列职权：制定行政法规；规定行政措施；提出议案；批准省、自治区、直辖市的区域划分；批准自治州、县、自治县、市的建置和区域划分；依照法律决定省、自治区、直辖市的范围内部分地区进入紧急状态。

拓展阅读 1.4

1.3.5　中央军事委员会

1. 组成和任期

中华人民共和国中央军事委员会领导全国武装力量。中央军事委员会由下列人员组成：主席，副主席若干人，委员若干人。中央军事委员会实行主席负责制。中央军事委员会每届任期 5 年。

2. 工作机制

中央军事委员会主席对全国人民代表大会及其常委会负责。全国人民代表大会常务委员会监督中央军事委员会的工作。

1.3.6　民族自治地方的自治机关及其自治权

1. 民族自治机关

民族自治机关，是指民族自治地方设立的国家权力机关和行政机关。各少数民族聚居的地方实行区域自治，设立自治机关，行使自治权。各民族自治地方都是中华人民共和国不可分离的部分。民族自治机关具有双重性质：在法律地位上它是国家的一级地方政权机关，在产生方式、任期、机构设置和组织活动原则方面，与一般地方国家机关完全相同，并行使相应的一般地方国家机关的职权；同时，它是民族自治地方行使宪法和有关法律授予的自治权的国家机关。民族自治机关与同级的一般地方国家机关实行同样的组织原则和领导制度。民族自治机关是当地聚居的民族的人民行使自治权的政权机关。自治区主席、自治州州长、自治县县长由实行区域自治的民族的公民担任。

2. 民族自治地方自治权

1）变通自治权

变通自治权包括变通规定权和变通执行权。变通规定权，主要指制定自治条例和单行条例。变通执行权，即上级国家机关的决议、决定、命令和指示，如有不适合民族自治地方实际情况，自治机关可以报经该上级国家机关批准，变通执行或者停止执行。

2）地方财政自治权

民族自治机关有管理地方财政的自治权。属于民族自治地方的财政收入，都应当由民族自治地方的自治机关自主地安排使用。

3）经济建设自治权

民族自治机关在国家计划的指导下，自主地安排和管理地方性的经济建设事业。国家在民族自治地方开发资源、建设企业的时候，应当照顾民族自治地方的利益。国家从财政、物资、技术等方面帮助各少数民族加速发展经济建设和文化建设事业。国家帮助民族自治地方从当地民族中大量培养各级干部、各种专业人才和技术工人。

4）其他自主权

（1）自主地管理本地方的相关事宜。民族自治机关自主地管理本地方教育、科学、文化、卫生、体育事业，保护和整理民族的文化遗产，发展和繁荣民族文化。

（2）维护地方安全。民族自治机关依照国家的军事制度和当地的实际需要，经国务院批准，可以组织本地方维护社会治安的公安部队。

（3）使用语言文字。民族自治机关在执行职务的时候，依照本民族自治地方自治条例的规定，使用当地通用的一种或者几种语言文字。

1.3.7　监察委员会

1. 设立和任期

中华人民共和国各级监察委员会是国家的监察机关。国家设立国家监察委员会和地方各级监察委员会。监察委员会由主任、副主任若干人、委员若干人组成。监察委员会主任每届任期 5 年。国家监察委员会主任连续任职不得超过两届。

2. 领导体制和职权

国家监察委员会是最高监察机关。国家监察委员会领导地方各级监察委员会的工作，上级监察委员会领导下级监察委员会的工作。国家监察委员会对全国人民代表大会及其常务委员会负责。地方各级监察委员会对产生它的国家权力机关和上一级监察委员会负责。监察委员会依照法律规定独立行使监察权，不受行政机关、社会团体和个人的干涉。监察机关办理职务违法和职务犯罪案件，应当与审判机关、检察机关、执法部门互相配合、互相制约。

1.3.8　人民法院和人民检察院

1. 人民法院的组织体系与审判原则

1）设立和任期

人民法院是国家的审判机关。国家设立最高人民法院、地方各级人民法院和军事法院等专门人民法院。最高人民法院院长每届任期 5 年，连续任职不得超过两届。地方各级人民法院分为基层人民法院、中级人民法院和高级人民法院。专门人民法院包括军事法院和海事法院等。

2）组织体系

最高人民法院是最高审判机关。最高人民法院监督地方各级人民法院和专门人民法院的审判工作，上级人民法院监督下级人民法院的审判工作。最高人民法院的职权包括一审管辖权、上诉管辖权、审判监督权、司法解释权以及死刑核准权。最高人民法院对全国人民代表大会及其常务委员会负责。地方各级人民法院对产生它的国家权力机关负责。

3）行使审判权的原则

①依法独立审判；②公民适用法律一律平等；③公开审判；④被告人有权获得辩护；⑤对不通晓当地通用的语言文字的当事人，应当为其提供翻译。在少数民族聚居或者多民族共同居住的地区，应当用当地通用的语言进行审理，用当地通用的文字发布起诉书、判决书、布告和其他文书。

2. 人民检察院的组织体系与职权

1）设立和任期

人民检察院是国家的法律监督机关。国家设立最高人民检察院、地方各级人民检察院和军事检察院等专门人民检察院。最高人民检察院检察长每届任期5年，连续任职不得超过两届。

2）组织体系

拓展阅读 1.5

最高人民检察院是最高检察机关。最高人民检察院领导地方各级人民检察院和专门人民检察院的工作，上级人民检察院领导下级人民检察院的工作。最高人民检察院对全国人民代表大会及其常务委员会负责，地方各级人民检察院对产生它的国家权力机关和上级人民检察院负责。

3）职权

①立案侦查；②批准逮捕；③提起公诉；④侦查监督；⑤审判监督；⑥执行监督。

1.4　公民的基本权利和义务

1.4.1　公民的概念

凡具有中华人民共和国国籍的人都是中华人民共和国公民。

公民的基本权利，也称宪法权利，是指由宪法规定的公民享有的主要的必不可少的人身、政治、经济、文化等权利。

公民的基本义务，也称宪法义务，是指由宪法规定的公民必须遵守和应尽的根本责任。公民的基本义务是国家和社会对公民最起码、最基本的要求，是宪法规定的作为其他义务基础的最重要的义务。

1.4.2　公民的基本权利

1. 平等权

平等权，是指公民根据法律规定享有同等的权利和承担同等的义务，不因任何外在差别而予以不同对待的权利。公民在法律面前一律平等。这既是我国社会主义法制的一项重要原则，也是我国公民的一项基本权利。

（1）守法上的平等。任何公民享有宪法和法律规定的权利，同时必须履行宪法和法律规定的义务。

（2）司法上的平等。司法上的平等主要指在法律的适用、执行及审判等方面的平等。人民法院审理案件，除法律规定的特别情况外，一律公开进行。被告人有权获得辩护。

（3）不享有法外特权。任何组织或者个人都不得有超越宪法和法律的特权。即不允许任何公民享有法律以外的特权，任何人不得强迫任何公民承担法律以外的义务，不得使公民受到法律以外的处罚。

（4）法律地位平等。在法律面前，公民的地位是平等的，社会身份、职业、出身等原因不应成为任何受到不平等待遇的理由。妇女在政治的、经济的、文化的、社会的和家庭的生活等各方面享有同男子平等的权利。国家保护妇女的权利和利益，实行男女同工同酬，培养和选拔妇女干部。国家保护华侨的正当权利和利益，保护归侨和侨眷的合法权利和利益。

（5）允许合理差别。国家和社会在经济上帮助老、弱、病、残公民，保障残废军人的生活，抚恤烈士家属，优待军人家属。婚姻、家庭、母亲和儿童受国家的保护。此外，宪法中对于全国人民代表大会代表的言论免责权，对被剥夺政治权利者的选举权的限制，对少数民族在政治、经济、文化等方面的扶持政策等，都属于合理差别的情形。

2. 政治权利和自由

政治权利和自由，是指公民作为国家政治主体而依法享有参加国家管理、参政议政的民主权利和自由，以及在政治上享有表达个人见解和意愿而不受政府非法限制的权利和自由。

1）选举权和被选举权

选举权，是指公民依法享有选举国家代表机关代表和国家公职人员的权利。被选举权，是指公民有被推荐为国家代表机关代表和国家公职人员的权利。我国公民享有的选举权是一种普选权。年满 18 周岁的公民，不分民族、种族、性别、职业、家庭出身、宗教信仰、教育程度、财产状况、居住期限，都有选举权和被选举权；但是依照法律被剥夺政治权利的人除外。

2）政治自由

政治自由是公民表达个人看法和意见的自由。公民有言论、出版、集会、结社、游行、示威的自由。

3）宗教信仰自由

宗教信仰自由，指公民享有选择和保持宗教信仰的自由。对一个国家政治体制的发展起着十分重要的作用，是公民的一项基本权利，也是国家长期坚持的基本政策。公民有宗教信仰自由。国家保护正常的宗教活动。任何人不得利用宗教进行破坏社会秩序、损害公民身体健康、妨碍国家教育制度的活动。宗教团体和宗教事务不受外国势力的支配。

4）人身自由

（1）生命权。生命权是公民依法享有的生命不受非法侵害的权利。它是公民作为权利主体而存在的物质前提，生命权一旦被剥夺，其他权利就无从谈起。因此，生命权是公民最根本的人身权。

（2）人身自由不受侵犯。任何公民，非经人民检察院批准或者决定或者人民法院决定，并由公安机关执行，不受逮捕。禁止非法拘禁和以其他方法非法剥夺或者限制公民的人身自由，禁止非法搜查公民的身体。

（3）人格尊严不受侵犯。公民的人格尊严，是公民作为法律关系主体的独立资格应当受到尊重的权利，包括公民的姓名权、肖像权、名誉权、荣誉权、隐私权不被他人亵渎、诽谤以及公民人身不被侮辱。

（4）住宅不受侵犯。中华人民共和国公民的住宅不受侵犯。禁止非法搜查或者非法侵入公民的住宅。

（5）通信自由和通信秘密受法律保护。公民的通信自由和通信秘密受法律的保护。除因国家安全或者追查刑事犯罪的需要，由公安机关或者检察机关依照法律规定的程序对通信进行检查外，任何组织或者个人不得以任何理由侵犯公民的通信自由和通信秘密。

拓展阅读 1.6

3. 社会经济权利

（1）财产权。公民的合法的私有财产不受侵犯。国家依照法律规定保护公民的私有财产权和继承权。国家为了公共利益的需要，可以依照法律规定对公民的私有财产实行征收或者征用并给予补偿。

（2）劳动权。我国宪法规定的劳动权既是公民的基本权利，也是公民的基本义务。公民有劳动的权利和义务。国有企业和城乡集体经济组织的劳动者都应当以国家主人翁的态度对待自己的劳动。国家提倡社会主义劳动竞赛，奖励劳动模范和先进工作者。国家提倡公民从事义务劳动。国家对就业前的公民进行必要的劳动就业训练。

（3）劳动者休息的权利。中华人民共和国劳动者有休息的权利。国家发展劳动者休息和休养的设施，规定职工的工作时间和休假制度。

（4）退休人员生活保障权利。退休人员生活保障权利是指退休人员依法享有的基本生活条件和福利待遇的保障。本书将从社会保险保障、基本生活保障、医疗保障、其他福利以及死后待遇等方面，详细阐述如何理解退休人员的生活保障权利。

（5）获得物质帮助的权利。公民具有获得物质帮助的权利，是宪法赋予的一项基本权利。通过社会保险保障、基本生活保障、医疗保障和其他福利等措施，国家和社会为公民提供了必要的物质帮助和支持。这一权利的存在和实现，对于保障公民的基本生活权益、促进社会公平正义具有重要意义。

4. 文化教育权利

（1）受教育权是宪法赋予公民的一项最基本的文化教育权利，也是公民享有其他文化教育权利的前提和基础，既是公民的一项基本权利，也是公民的一项基本义务。

（2）科学研究、文学艺术创作和其他文化活动的自由。国家对于从事教育、科学、技术、文学、艺术和其他文化事业的公民的有益于人民的创造性工作，给予鼓励和帮助。

5. 监督权和获得国家赔偿权

公民对于任何国家机关和国家工作人员，有提出批评和建议的权利；对于任何国家机关和国家工作人员的违法失职行为，有向有关国家机关提出申诉、控告或者检举的权利，但是不得捏造或者歪曲事实进行诬告、陷害。对于公民的申诉、控告或者检举，有关国家机关必须查清事实，负责处理。任何人不得压制和打击报复。由于国家机关和国家工作人员侵犯公民权利而受到损失的人，有依照法律规定取得赔偿的权利。

1.4.3　公民的基本义务

1. 维护国家统一和各民族团结的义务

公民有维护国家统一和全国各民族团结的义务。公民必须坚持一个中国原则，维护国家统一和全国各民族团结。

2. 遵守宪法和法律的义务

公民在行使自由和权利的时候，不得损害国家的、社会的、集体的利益和其他公民的合法的自由和权利。公民必须遵守宪法和法律，保守国家秘密，爱护公共财产，遵守劳动纪律，遵守公共秩序，尊重社会公德。

3. 维护祖国安全、依法服兵役的义务

公民有维护祖国的安全、荣誉和利益的义务，不得有危害祖国的安全、荣誉和利益的行为。保卫祖国、抵抗侵略是每一个公民的神圣职责。

4. 依法纳税的义务

公民有依照法律纳税的义务。

5. 其他基本义务

劳动的义务；受教育的义务；父母有抚养教育未成年子女的义务以及成年子女有赡养扶助父母的义务等。

本章小结

本章介绍了宪法的概念，宪法的指导思想；宪法的基本原则，基本国策和宪法规定的国家基本制度；国家机构及其组织活动的原则，以及各类各级国家机构的产生、任期、组成、工作机制和职权；公民的基本权利和基本义务。重点把握宪法规定的我国的基本制度、根本任务以及公民的基本权利和基本义务。

即测即练

思考题

1. 宪法具有哪些特征？

2. 宪法的基本原则是什么？

3. 宪法规定的我国的基本制度有哪些？

4. 宪法规定国家机构的组织活动原则有哪些？

5. 宪法规定公民享有哪些基本权利？

6. 宪法规定公民应该履行哪些基本义务？

第 2 章　维护国家安全法律制度

🔍 思政目标

1. 培养学生的国家安全意识。

2. 帮助学生树立正确的宗教观和历史观。

3. 塑造革命英雄主义精神。

🔍 思维导图

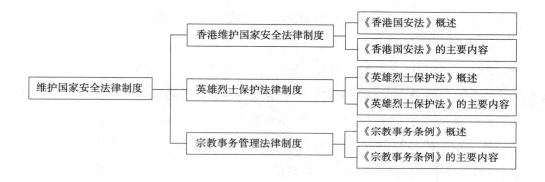

🔍 导入案例

"辣笔小球"仇某歪曲卫国戍边官兵事迹 获刑 8 个月

2021 年 2 月 19 日上午，仇某在卫国戍边官兵英雄事迹宣传报道后，为博取眼球，获得更多关注，在住处使用其新浪微博账号"辣笔小球"（粉丝数 250 余万），先后发布两条微博，歪曲卫国戍边官兵祁发宝、陈红军、陈祥榕、肖思远、王焯冉等人的英雄事迹，诋毁、贬损卫国戍边官兵的英雄精神。

4 月 26 日，南京市建邺区人民检察院以仇某涉嫌侵害英雄烈士名誉、荣誉罪提起公诉，提出有期徒刑 8 个月的量刑建议，并提起附带民事公益诉讼。法院审理后当庭宣判，采纳检察机关指控的事实、罪名及量刑建议，支持检察机关的公益诉讼，以仇某犯侵害英雄烈士名誉、荣誉罪判处有期徒刑 8 个月，并责令仇某自判决生效之日起 10 日内通过国内主要门户网站及全国性媒体公开赔礼道歉，消除影响。

资料来源：人民网 https://baijiahao.baidu.com.

思考题：

1. 仇某的行为侵犯了哪些法律？

2. 仇某应承担哪些法律责任？

2.1 香港维护国家安全法律制度

2.1.1 《香港国安法》概述

1. 立法目的

坚定不移并全面准确贯彻"一国两制"、"港人治港"、高度自治的方针，维护国家安全，防范、制止和惩治与香港特别行政区（以下简称"香港特区"）有关的分裂国家、倾覆国家政权、组织实施恐怖活动和勾结外国或者境外势力危害国家安全等犯罪，保持香港特区的繁荣和稳定，保障当地居民的合法权益。

2. 起草过程

2020 年 6 月 30 日上午，十三届全国人大常委会第三次全体会议审议了《全国人民代表大会常务委员会关于增加〈中华人民共和国香港特别行政区基本法〉附件三所列全国性法律的决定（草案）》的议案，在当日闭幕会上，会议经表决，决定将《中华人民共和国香港特别行政区维护国家安全法》（以下简称《香港国安法》）列入《中华人民共和国香港特别行政区基本法》，明确由香港特区在当地公布实施，并自公布之日起施行。

3. 立法意义

《香港国安法》对香港特区的稳定具有压舱石的作用，是从国家层面建立健全香港特区维护国家安全的法律制度和执行机制，是依法治港、落实党的十九届四中全会有关决策部署，推进国家治理体系和治理能力现代化的必然要求，是有效防控国家安全风险的当务之急，为香港特区政府维护香港社会稳定提供法律依据，是确保香港长期繁荣稳定和长治久安的治本之策，是为"一国两制"行稳致远筑牢制度根基。

拓展阅读 2.1

2.1.2 《香港国安法》的主要内容

1. 总则

1）香港特别行政区基本法的根本性条款

关于香港特区法律地位的香港特别行政区基本法第 1 条和第 12 条规定是香港特别行政区基本法的根本性条款。香港特区任何机构、组织和个人行使权利和自由，不得违背上述条款的规定。香港特区是中华人民共和国不可分离的部分，是中华人民共和国的一个享有高度自治权的地方行政区域，直辖于中央人民政府。

2）中央人民政府及香港特区维护国家安全的职责

中央人民政府对香港特区有关的国家安全事务负有根本责任。香港特区负有维护国家安全的宪制责任，应当履行维护国家安全的职责。其行政机关、立法机关、司法机关应当依据本法和其他有关法律规定有效防范、制止和惩治危害国家安全的行为和活动。

3）香港特区居民享有的权利和自由

香港特区维护国家安全应当尊重和保障人权，依法保护香港特区居民根据香港特别行政区基本法和《公民权利和政治权利国际公约》《经济、社会与文化权利的国际公约》适用于香港特区的有关规定享有的包括言论、新闻、出版的自由，结社、集会、游行、示威的自由在内的权利和自由。防范、制止和惩治危害国家安全犯罪，应当坚持法治原则。法律规定为犯罪行为的，依照法律定罪处刑；法律没有规定为犯罪行为的，不得定罪处刑。任何人未经司法机关判罪之前均假定无罪。保障犯罪嫌疑人、被告人和其他诉讼参与人依法享有的辩护权和其他诉讼权利。任何人已经司法程序被最终确定有罪或者宣告无罪的，不得就同一行为再予审判或者惩罚。

4）香港特区机构、组织和个人维护国家安全的义务

在香港特区的任何机构、组织和个人都应当遵守《香港国安法》和香港特区有关维护国家安全的其他法律，不得从事危害国家安全的行为和活动。香港特区居民在参选或者就任公职时应当依法签署文件确认或者宣誓拥护中华人民共和国香港特别行政区基本法，效忠中华人民共和国香港特区。

2. 香港特区维护国家安全的职责和机构

1）职责

（1）维护立法、完善法律。香港特区应当尽早完成香港特别行政区基本法规定的维护国家安全立法，完善相关法律。

（2）切实执行法律。香港特区执法、司法机关应当切实执行《香港国安法》和香港特区现行法律有关防范、制止和惩治危害国家安全行为和活动的规定，有效维护国家安全。

（3）加强维安和防恐活动。香港特区应当加强维护国家安全和防范恐怖活动的工作，对学校、社会团体、媒体、网络等涉及国家安全的事宜，政府应当采取必要措施，加强宣传、指导、监督和管理。香港特区应当通过学校、社会团体、

媒体、网络等开展国家安全教育，提升香港特区居民的国家安全意识和守法意识。

（4）香港特区行政长官职责。香港特区行政长官应当就香港特区维护国家安全事务向中央人民政府负责，并就香港特区履行维护国家安全职责的情况提交年度报告。如中央人民政府提出要求，行政长官应当就维护国家安全特定事项及时提交报告。

2）机构

（1）维护国家安全委员会。香港特区设立维护国家安全委员会，负责香港特区维护国家安全事务，承担维护国家安全的主要责任，并接受中央人民政府的监督和问责。维护国家安全委员会由行政长官担任主席，成员包括政务司长、财政司长、律政司长、保安局局长、警务处处长及警务处维护国家安全部门的负责人、入境事务处处长、海关关长和行政长官办公室主任。维护国家安全委员会下设秘书处，由秘书长领导。秘书长由行政长官提名，报中央人民政府任命。维护国家安全委员会的职责为：①分析研判香港特区维护国家安全形势，规划有关工作，制定维护国家安全政策；②推进维护国家安全的法律制度和执行机制建设；③协调维护国家安全的重点工作和重大行动。维护国家安全委员会的工作不受香港特区任何其他机构、组织和个人的干涉，工作信息不予公开。其作出的决定不受司法复核。

（2）国家安全事务顾问。维护国家安全委员会设立国家安全事务顾问，由中央人民政府指派，就维护国家安全委员会履行职责相关事务提供意见。国家安全事务顾问列席维护国家安全委员会会议。

（3）警务处维护国家安全部门。香港特区政府警务处设立维护国家安全的部门，配备执法力量。该部门负责人由行政长官任命，行政长官任命前须书面征求《香港国安法》第48条规定的机构的意见。该部门负责人在就职时应当宣誓拥护中华人民共和国香港特别行政区基本法，效忠香港特区，遵守法律，保守秘密。该部门可以从香港特区以外聘请合格的专门人员和技术人员，协助执行维护国家安全相关任务。该部门的职责为：收集分析涉及国家安全的情报信息；部署、协调、推进维护国家安全的措施和行动；调查危害国家安全犯罪案件；进行反干预调查和开展国家安全审查；承办国家安全委员会交办的维护国家安全工作；执行《香港国安法》所需的其他职责。

（4）律政司国家安全犯罪案件检控部门。香港特区律政司设立专门的国家安全犯罪案件检控部门，负责危害国家安全犯罪案件的检控工作和其他相关法律事务。该部门检控官由律政司长征得维护国家安全委员会同意后任命。该部门负责人由行政长官任命，行政长官任命前须书面征求《香港国安法》第 48 条规定的机构的意见。该部门负责人在就职时应当宣誓拥护中华人民共和国香港特别行政区基本法，效忠香港特区，遵守法律，保守秘密。经行政长官批准，财政司长应当从政府一般收入中拨出专门款项支付关于维护国家安全的开支并核准所涉及的人员编制，不受香港特区现行有关法律规定的限制。财政司长须每年就该款项的控制和管理向立法会提交报告。

3. 罪行和处罚

1）分裂国家罪

（1）任何人组织、策划、实施或者参与实施以下旨在分裂国家、破坏国家统一行为之一的，不论是否使用武力或者以武力相威胁，即属犯罪：将香港特区或者中华人民共和国其他任何部分从中华人民共和国分离出去；非法改变香港特区或者中华人民共和国其他任何部分的法律地位；将香港特区或者中华人民共和国其他任何部分转归外国统治。犯上述罪，对首要分子或者罪行重大的，处无期徒刑或者 10 年以上有期徒刑；对积极参加的，处 3 年以上 10 年以下有期徒刑；对其他参加的，处 3 年以下有期徒刑、拘役或者管制。

（2）任何人煽动、协助、教唆、以金钱或者其他财物资助他人实施《香港国安法》第 20 条规定的犯罪的，即属犯罪。情节严重的，处 5 年以上 10 年以下有期徒刑；情节较轻的，处 5 年以下有期徒刑、拘役或者管制。

2）颠覆国家政权罪

（1）任何人组织、策划、实施或者参与实施以下以武力、威胁使用武力或者其他非法手段旨在颠覆国家政权行为之一的，即属犯罪：①推翻、破坏中华人民共和国宪法所确立的中华人民共和国根本制度；②推翻中华人民共和国中央政权机关或者香港特区政权机关；③严重干扰、阻挠、破坏中华人民共和国中央政权机关或者香港特区政权机关依法履行职能；④攻击、破坏香港特区政权机关履职场所及其设施，致使其无法正常履行职能。犯上述罪，对首要分子或者罪行重大的，处无期徒刑或者 10 年以上有期徒刑；对积极参加的，处 3 年以上 10 年以下有期徒刑；对其他参加的，处 3 年以下有期徒刑、拘役或者管制。

（2）任何人煽动、协助、教唆、以金钱或者其他财物资助他人实施《香港国安法》第22条规定的犯罪的，即属犯罪。情节严重的，处5年以上10年以下有期徒刑；情节较轻的，处5年以下有期徒刑、拘役或者管制。

　　3）恐怖活动罪

　　（1）为胁迫中央人民政府、香港特区政府或者国际组织或者威吓公众以图实现政治主张，组织、策划、实施、参与实施或者威胁实施以下造成或者意图造成严重社会危害的恐怖活动之一的，即属犯罪：针对人的严重暴力；爆炸、纵火或者投放毒害性、放射性、传染病病原体等物质；破坏交通工具、交通设施、电力设备、燃气设备或者其他易燃易爆设备；严重干扰、破坏水、电、燃气、交通、通信、网络等公共服务和管理的电子控制系统；以其他危险方法严重危害公众健康或者安全。犯上述罪，致人重伤、死亡或者使公私财产遭受重大损失的，处无期徒刑或者10年以上有期徒刑；其他情形，处3年以上10年以下有期徒刑。

　　（2）组织、领导恐怖活动组织的，即属犯罪，处无期徒刑或者10年以上有期徒刑，并处没收财产；积极参加的，处3年以上10年以下有期徒刑，并处罚金；其他参加的，处3年以下有期徒刑、拘役或者管制，可以并处罚金。

　　（3）为恐怖活动组织、恐怖活动人员、恐怖活动实施提供培训、武器、信息、资金、物资、劳务、运输、技术或者场所等支持、协助、便利，或者制造、非法管有爆炸性、毒害性、放射性、传染病病原体等物质以及以其他形式准备实施恐怖活动的，即属犯罪。情节严重的，处5年以上10年以下有期徒刑，并处罚金或者没收财产；其他情形，处5年以下有期徒刑、拘役或者管制，并处罚金。有上述行为，同时构成其他犯罪的，依照处罚较重的规定定罪处罚。

　　（4）宣扬恐怖主义、煽动实施恐怖活动的，即属犯罪。情节严重的，处5年以上10年以下有期徒刑，并处罚金或者没收财产；其他情形，处5年以下有期徒刑、拘役或者管制，并处罚金。关于恐怖活动罪的规定不影响依据香港特别行政区法律对其他形式的恐怖活动犯罪追究刑事责任并采取冻结财产等措施。

　　4）勾结外国或者境外势力危害国家安全罪

　　（1）为外国或者境外机构、组织、人员窃取、刺探、收买、非法提供涉及国家安全的国家秘密或者情报的；请求外国或者境外机构、组织、人员实施，与外国或者境外机构、组织、人员串谋实施，或者直接或者间接接受外国或者境外机构、组织、人员的指使、控制、资助或者其他形式的支援实施以下行为之一的，均属犯罪：对中华人民共和国发动战争，或者以武力或者武力相威胁，对中华人民共和国主权、统一和领土完整造成严重危害；对香港特区政府或者中央人民政府制定和执行法律、政策进行严重阻挠并可能造成严重后果；对香港特区选举进行操控、破坏并可能造成严重后果；对香港特区或者中华人民共和国进行制裁、封锁或者采取其他敌对行动；通过各种非法方式引发香港特区居民对中央人民政府或者香港特区政府的憎恨并可能造成严重后果。犯上述罪，处 3 年以上 10 年以下有期徒刑；罪行重大的，处无期徒刑或者 10 年以上有期徒刑。

（2）为实施《香港国安法》第 20 条、第 22 条规定的犯罪，与外国或者境外机构、组织、人员串谋，或者直接或者间接接受外国或者境外机构、组织、人员的指使、控制、资助或者其他形式的支援的，依照第 20 条、第 22 条的规定从重处罚。

5）其他处罚规定

（1）公司、团体等法人或者非法人组织实施《香港国安法》规定的犯罪的，对该组织判处罚金。公司、团体等法人或者非法人组织因犯《香港国安法》规定的罪行受到刑事处罚的，应责令其暂停运作或者吊销其执照或者营业许可证。因实施《香港国安法》规定的犯罪而获得的资助、收益、报酬等违法所得以及用于或者意图用于犯罪的资金和工具，应当予以追缴、没收。

（2）有以下情形的，对有关犯罪行为人、犯罪嫌疑人、被告人可以从轻、减轻处罚；犯罪较轻的，可以免除处罚：在犯罪过程中，自动放弃犯罪或者自动有效地防止犯罪结果发生的；自动投案，如实供述自己的罪行的；揭发他人犯罪行为，查证属实，或者提供重要线索得以侦破其他案件的。被采取强制措施的犯罪嫌疑人、被告人如实供述执法、司法机关未掌握的本人犯有《香港国安法》规定的其他罪行的，按自动投案，如实供述自己的罪行处理。

（3）不具有香港特区永久性居民身份的人实施《香港国安法》规定的犯罪的，可以独立适用或者附加适用驱逐出境。不具有香港特区永久性居民身份的人违反《香港国安法》规定，因任何原因不对其追究刑事责任的，也可以驱逐出境。

（4）任何人经法院判决犯危害国家安全罪行的，即丧失作为候选人参加香港特区举行的立法会、区议会选举或者出任香港特区任何公职或者行政长官选举委员会委员的资格；曾经宣誓或者声明拥护中华人民共和国香港特别行政区基本法、效忠中华人民共和国香港特别行政区的立法会议员、政府官员及公务人员、行政会议成员、法官及其他司法人员、区议员，即时丧失该等职务，并丧失参选或者出任上述职务的资格。上述规定资格或者职务的丧失，由负责组织、管理有关选举或者公职任免的机构宣布。

6）效力范围

任何人在香港特区内实施《香港国安法》规定的犯罪的，适用本法。犯罪的行为或者结果有一项发生在香港特区内的，就认为是在香港特区内犯罪。在香港特区注册的船舶或者航空器内实施本法规定的犯罪的，也适用本法。香港特区永久性居民或者在香港特区成立的公司、团体等法人或者非法人组织在香港特区以外实施本法规定的犯罪的，适用本法。不具有香港特区永久性居民身份的人在香港特区以外针对香港特区实施本法规定的犯罪的，适用本法。本法施行以后的行为，适用本法定罪处刑。

4. 中央人民政府驻香港特区维护国家安全机构

中央人民政府在香港特区设立维护国家安全公署（以下简称"安全公署"），依法履行维护国家安全职责，行使相关权力。该安全公署人员由中央人民政府维护国家安全的有关机关联合派出。

1）安全公署职责

①分析研判香港特区维护国家安全形势，就维护国家安全重大战略和重要政策提出意见和建议；②监督、指导、协调、支持香港特区履行维护国家安全的职责；③收集分析国家安全情报信息；④依法办理危害国家安全犯罪案件。安全公署应当严格依法履行职责，依法接受监督，不得侵害任何个人和组织的合法权益。安全公署人员除须遵守全国性法律外，还应当遵守香港特区法律。安全公署人员依法接受国家监察机关的监督。其经费由中央财政保障。

2）安全公署工作机制

安全公署应当加强与中央人民政府驻香港特区联络办公室、外交部驻香港特区特派员公署、中国人民解放军驻香港特区部队的工作联系和工作协同。安全公署应当与香港特区维护国家安全委员会建立协调机制，监督、指导香港特区维护国家安全工作。安全公署的工作部门应当与香港特区维护国家安全的有关机关建立协作机制，加强信息共享和行动配合。安全公署、外交部驻香港特区特派员公署会同香港特区政府采取必要措施，加强对外国和国际组织驻香港特区机构、在香港特区的外国和境外非政府组织和新闻机构的管理和服务。

3）安全公署管辖范围

有以下情形之一的，经香港特区政府或者安全公署提出，并报中央人民政府批准，由安全公署对《香港国安法》规定的危害国家安全犯罪案件行使管辖权：①案件涉及外国或者境外势力介入的复杂情况，香港特区管辖确有困难的；②出现香港特区政府无法有效执行本法的严重情况的；③出现国家安全面临重大现实威胁的情况的。

4）安全公署管辖案件的程序性规定

根据《香港国安法》第 55 条的规定，管辖有关危害国家安全犯罪案件时，由安全公署负责立案侦查，最高人民检察院指定有关检察机关行使检察权，最高人民法院指定有关法院行使审判权。上述管辖案件的立案侦查、审查起诉、审判和刑罚的执行等诉讼程序事宜，适用《中华人民共和国刑事诉讼法》等相关法律的规定。管辖上述案件时，执法、司法机关依法行使相关权力，其为决定采取强制措施、侦查措施和司法裁判而签发的法律文书在香港特区具有法律效力。对于安全公署依法采取的措施，有关机构、组织和个人必须遵从。管辖上述案件时，犯罪嫌疑人自被安全公署第一次讯问或者采取强制措施之日起，有权委托律师作为辩护人。辩护律师可以依法为犯罪嫌疑人、被告人提供法律帮助。犯罪嫌疑人、被告人被合法拘捕后，享有尽早接受司法机关公正审判的权利。管辖上述案件时，任何人如果知道《香港国安法》规定的危害国家安全犯罪案件情况，都有如实做证的义务。

5）安全公署及其人员的权利

安全公署及其人员依据《香港国安法》执行职务的行为，不受香港特区管辖。持有安全公署制发的证件或者证明文件的人员和车辆等在执行职务时不受香港特区执法人员检查、搜查和扣押。安全公署及其人员享有香港特区法律规定的其他权利和豁免。安全公署依据本法规定履行职责时，香港特区政府有关部门须提供必要的便利和配合，对妨碍有关执行职务的行为依法予以制止并追究责任。

2.2 英雄烈士保护法律制度

2.2.1 《英雄烈士保护法》概述

1. 立法背景和起草过程

英雄烈士的事迹和精神是中华民族共同的历史记忆和宝贵的精神财富，是中国共产党领导中国各族人民不懈奋斗伟大历程、可歌可泣英雄史诗的缩影和代表，是实现中华民族伟大复兴的强大精神动力。

近年来，社会上历史虚无主义错误思潮和观点不断出现，有些人通过网络、书刊等媒体歪曲历史特别是近现代历史，丑化、诋毁、贬损、质疑英雄烈士，造成恶劣社会影响，引起社会各界愤慨谴责。

2018年4月27日，十三届全国人大常委会二次会议通过了并于同年5月1日生效的《中华人民共和国英雄烈士保护法》(以下简称《英雄烈士保护法》)。

2. 立法目的和立法意义

1）立法目的

①向全世界宣示中国人民永远铭记、尊崇英雄烈士，彰显了国家坚决捍卫英雄烈士的鲜明价值导向和人民群众保护英雄烈士的坚定政治立场；②以法律武器捍卫英雄烈士尊严，保护英雄烈士合法权益，号召全社会弘扬传承英雄烈士精神，共同维护社会公共利益；③传播社会主义核心价值观的正能量，激发全民实现中华民族伟大复兴中国梦的强大精神力量，为新时代中国特色社会主义建设凝心聚力。

2）立法意义

①《英雄烈士保护法》的制定和出台是中国共产党"不忘初心、牢记使命"的伟大实践，彰显了党和国家对爱国主义教育和革命精神传承的高度重视；②该法指导和激励广大党员干部和人民群众在新时期继续传承红色基因、发扬革命精神，营造全民缅怀、崇尚和学习英雄烈士的社会正气，对维护社会公共利益，培育和践行社会主义核心价值观具有重大现实指导意义；③该法以法律武器守护和捍卫英烈尊严，有力抵制了历史虚无主义，为打击各类侵害英雄烈士合法权益的行为，维护国家安全特别是意识形态安全提供了坚实的法律保障。

2.2.2 《英雄烈士保护法》的主要内容

1. 英雄烈士的历史功勋

国家和人民永远尊崇、铭记英雄烈士为国家、人民和民族作出的牺牲和贡献。需要说明的是，现实中的英雄模范人物和群体与《英雄烈士保护法》规定的英雄烈士精神是一脉相承的，对他们的褒奖、人格等合法权益的保护，适用国家勋章和国家荣誉称号法等相关法律法规，不适用《英雄烈士保护法》。

2. 英雄烈士的褒扬

县级以上人民政府负责英雄烈士保护工作的部门和其他有关部门应当依法履

行职责，做好英雄烈士保护工作。军队有关部门按照国务院、中央军事委员会的规定，做好英雄烈士保护工作。县级以上人民政府应当将英雄烈士保护工作经费列入本级预算。

3. 英雄烈士的纪念缅怀活动

每年 9 月 30 日为烈士纪念日，国家在首都北京天安门广场人民英雄纪念碑前举行纪念仪式，缅怀英雄烈士。县级以上地方人民政府、军队有关部门应当在烈士纪念日举行纪念活动。举行英雄烈士纪念活动，邀请英雄烈士遗属代表参加。在清明节和重要纪念日，机关、团体、乡村、社区、学校、企业事业单位和军队有关单位根据实际情况，组织开展英雄烈士纪念活动。

4. 人民英雄纪念碑的法律地位

国家建立并保护英雄烈士纪念设施，纪念、缅怀英雄烈士。矗立在首都北京天安门广场的人民英雄纪念碑，是近代以来中国人民和中华民族争取民族独立解放、人民自由幸福和国家繁荣富强精神的象征，是国家和人民纪念、缅怀英雄烈士的永久性纪念设施。人民英雄纪念碑及其名称、碑题、碑文、浮雕、图形、标志等受法律保护。

5. 弘扬传承英雄烈士精神

各级人民政府、军队有关部门应当加强对英雄烈士遗物、史料的收集、保护和陈列展示工作，组织开展英雄烈士史料的研究、编纂和宣传工作。国家鼓励和支持革命老区发挥当地资源优势，开展英雄烈士事迹和精神的研究、宣传和教育工作。教育行政部门应当将英雄烈士事迹和精神的宣传教育纳入国民教育体系，将英雄烈士事迹和精神纳入教育内容，组织开展纪念教育活动，加强对学生的爱国主义、集体主义、社会主义教育。文化、新闻出版、广播电视、电影、网信等部门应当鼓励和支持以英雄烈士事迹为题材、弘扬英雄烈士精神的优秀文学艺术作品、广播电视节目以及出版物的创作生产和宣传推广。广播电台、电视台、报刊出版单位、互联网信息服务提供者，应当通过播放或者刊登英雄烈士题材作品、发布公益广告、开设专栏等方式广泛宣传英雄烈士事迹和精神。

6. 英雄烈士遗属抚恤优待

国家鼓励和支持自然人、法人和非法人组织以捐赠财产、义务宣讲英雄烈士事迹和精神、帮扶英雄烈士遗属等公益活动的方式，参与英雄烈士保护工作。自然人，法人和非法人组织捐赠财产用于英雄烈士保护的，依法享受税收优惠。国家实行英雄烈士抚恤优待制度。英雄烈士遗属按照国家规定享受教育、就业、养老、住房、医疗等方面的优待。抚恤优待水平应当与国民经济和社会发展相适应并逐步提高。国务院有关部门、军队有关部门和地方人民政府应当关心英雄烈士遗属的生活情况，每年定期走访慰问英雄烈士遗属。

7. 英雄烈士名誉荣誉的法律保护

禁止歪曲、丑化、亵渎、否定英雄烈士事迹和精神。英雄烈士的姓名、肖像、名誉、荣誉受法律保护。任何组织和个人不得在公共场所、互联网或者利用广播电视、电影、出版物等，以侮辱、诽谤或者其他方式侵害英雄烈士的姓名、肖像、名誉、荣誉。任何组织和个人不得将英雄烈士的姓名、肖像用于或者变相用于商标、商业广告，损害英雄烈士的名誉、荣誉。公安、文化、新闻出版、广播电视、电影、网信、市场监督管理、负责英雄烈士保护工作的部门发现上述规定行为的，应当依法及时处理。网信和电信、公安等有关部门发现发布或者传输以侮辱、诽谤或者其他方式侵害英雄烈士的姓名、肖像、名誉、荣誉的信息的，应当要求网络运营者停止传输，采取消除等处置措施和其他必要措施；对来源于境外的上述信息，应当通知有关机构采取技术措施和其他必要措施阻断传播。网络运营者发现其用户发布上述规定的信息的，应当立即停止传输该信息，采取消除等处置措施，防止信息扩散，保存有关记录，并向有关主管部门报告。网络运营者未采取停止传输、消除等处置措施的，依照《中华人民共和国网络安全法》的规定处罚。任何组织和个人有权对侵害英雄烈士合法权益和其他违反本法规定的行为，向负责英雄烈士保护工作的部门、网信、公安等有关部门举报，接到举报的部门应当依法及时处理。

国家建立侵害英雄烈士名誉荣誉的公益诉讼制度。对侵害英雄烈士的姓名、肖像、名誉、荣誉的行为，英雄烈士的近亲属可以依法向人民法院提起诉讼。英雄烈士没有近亲属或者近亲属不提起诉讼的，检察机关依法对侵害英雄烈士的姓名、肖像、名誉、荣誉，损害社会公共利益的行为向人民法院提起诉讼。负责英雄烈士保护工作的部门和其他有关部门在履行职责过程中发现上述规定的行为，需要检察机关提起诉讼的，应当向检察机关报告。英雄烈士近亲属依照上述规定提起诉讼的，法律援助机构应当依法提供法律援助服务。

8. 相关法律责任

（1）侵害英雄烈士名誉荣誉的行为。以侮辱、诽谤或者其他方式侵害英雄烈士的姓名、肖像、名誉、荣誉，损害社会公共利益的，依法承担民事责任；构成违反治安管理行为的，由公安机关依法给予治安管理处罚；构成犯罪的，依法追究刑事责任。

（2）有损纪念英雄烈士环境和氛围的行为。在英雄烈士纪念设施保护范围内从事有损纪念英雄烈士环境和氛围的活动的，纪念设施保护单位应当及时劝阻；不听劝阻的，由县级以上地方人民政府负责英雄烈士保护工作的部门、文物主管部门按照职责规定给予批评教育，责令改正：构成违反治安管理行为的，由公安机关依法给予治安管理处罚。亵渎、否定英雄烈士事迹和精神，宣扬、美化侵略战争和侵略行为，寻衅滋事，扰乱公共秩序，构成违反治安管理行为的，由公安机关依法给予治安管理处罚；构成犯罪的，依法追究刑事责任。

（3）侵占、破坏、污损英雄烈士纪念设施的行为。侵占、破坏、污损英雄烈士纪念设施的，由县级以上人民政府负责英雄烈士保护工作的部门责令改正；造成损失的，依法承担民事责任；被侵占、破坏、污损的纪念设施属于文物保护单位的，依照《中华人民共和国文物保护法》的规定处罚；构成违反治安管理行为的，由公安机关依法给予治安管理处罚；构成犯罪的，依法追究刑事责任。

（4）有关部门及其工作人员的法律责任。县级以上人民政府有关部门及其工作人员在英雄烈士保护工作中滥用职权、玩忽职守、徇私舞弊的，对直接负责的主管人员和其他直接责任人员，依法给予处分；构成犯罪的，依法追究刑事责任。

拓展阅读 2.2

2.3 宗教事务管理法律制度

2.3.1 《宗教事务条例》概述

1. 立法目的

为了保障公民宗教信仰自由，维护宗教和睦与社会和谐，规范宗教事务管理，提高宗教工作法治化水平，根据宪法和有关法律，2017 年 6 月 14 日，国务院第 176 次常务会议修订通过了《宗教事务条例》，并于 2018 年 2 月 1 日起施行。

2. 立法意义

（1）宗教工作实践的迫切需要，有利于依法解决宗教工作实践中出现的重点问题和突出的矛盾。

（2）保护公民宗教信仰自由和有效维护宗教和睦的重要举措，有利于充分保障公民的宗教信仰自由、有效维护宗教和睦。

（3）提高宗教工作法治化水平的必然要求，有利于运用法治思维和法治方式妥善处理宗教事务问题，提高宗教工作法治化水平。

2.3.2 《宗教事务条例》的主要内容

1. 总则

（1）公民宗教信仰自由。任何组织或者个人不得强制公民信仰宗教或者不信仰宗教，不得歧视信仰宗教的公民或者不信仰宗教的公民。

（2）宗教事务管理原则。坚持保护合法、制止非法、遏制极端、抵御渗透、打击犯罪的原则。

（3）国家依法保护正常的宗教活动。国家依法保护正常的宗教活动，积极引导宗教与社会主义社会相适应，维护宗教团体、宗教院校、宗教活动场所和信教公民的合法权益。任何组织或者个人不得利用宗教进行危害国家安全、破坏社会秩序、损害公民身体健康、妨碍国家教育制度，以及其他损害国家利益、社会公共利益和公民合法权益等违法活动；不得在不同宗教之间、同一宗教内部以及信教公民与不信教公民之间制造矛盾与冲突，不得宣扬、支持、资助宗教极端主义，不得利用宗教破坏民族团结、分裂国家和进行恐怖活动。

（4）宗教对外交往的原则。各宗教坚持独立自主自办的原则，宗教团体、宗教院校、宗教活动场所和宗教事务不受外国势力的支配。宗教团体、宗教院校、宗教活动场所、宗教教职人员在相互尊重、平等、友好的基础上开展对外交往；其他组织或者个人在对外经济、文化等合作、交流活动中不得接受附加的宗教条件。

（5）宗教事务管理体制。县级以上人民政府宗教事务部门依法对涉及国家利益和社会公共利益的宗教事务进行行政管理，县级以上人民政府其他有关部门在各自职责范围内依法负责有关的行政管理工作。乡级人民政府应当做好本行政区域的宗教事务管理工作。村民委员会、居民委员会应当依法协助人民政府管理宗教事务。

2. 宗教活动场所

1）宗教活动场所的种类

宗教活动场所包括寺观教堂和其他固定宗教活动处所。

2）宗教活动场所的设立条件

①设立宗旨不违背《宗教事务条例》第 4 条、第 5 条的规定；②当地信教公民有经常进行集体宗教活动的需要；③有拟主持宗教活动的宗教教职人员或者符合本宗教规定的其他人员；④有必要的资金，资金来源渠道合法；⑤布局合理，符合城乡规划要求，不妨碍周围单位和居民的正常生产、生活。

3）宗教活动场所的设立程序

筹备设立宗教活动场所，由宗教团体向拟设立的宗教活动场所所在地的县级人民政府宗教事务部门提出申请。县级人民政府宗教事务部门应当自收到申请之日起30 日内提出审核意见，报设区的市级人民政府宗教事务部门。设区的市级人民政府宗教事务部门应当自收到县级人民政府宗教事务部门报送的材料之日起 30 日内，对申请设立其他固定宗教活动处所的，作出批准或者不予批准的决定。

宗教活动场所经批准筹备并建设完工后，应当向所在地的县级人民政府宗教事务部门申请登记。县级人民政府宗教事务部门应当自收到申请之日起 30 日内对该宗教活动场所的管理组织、规章制度建设等情况进行审核，对符合条件的予以登记，发给《宗教活动场所登记证》。宗教活动场所符合法人条件的，经审查同意后，可以到民政部门办理法人登记。

宗教活动场所终止或者变更登记内容的，应当到原登记管理机关办理相应的注销或者变更登记手续。

4）宗教活动场所组织管理制度

宗教活动场所应当成立管理组织，实行民主管理。宗教活动场所管理组织的成员，经民主协商推选，并报该场所的登记管理机关备案。宗教活动场所应当加强内部管理，依照有关法律、法规、规章的规定，建立健全人员、财务、资产、会计、治安、消防、文物保护、卫生防疫等管理制度，接受当地人民政府有关部门的指导、监督、检查。

5）宗教活动场所行政管理制度

（1）宗教事务部门应当对宗教活动场所遵守法律、法规、规章情况，建立和执行场所管理制度情况，登记项目变更情况，以及宗教活动和涉外活动情况进行监督检查。

（2）宗教活动场所内可以经销宗教用品、宗教艺术品和宗教出版物。有关单位和个人在宗教活动场所内设立商业服务网点、举办陈列展览、拍摄电影电视片和开展其他活动，应当事先征得该宗教活动场所同意。

（3）宗教活动场所应当防范本场所内发生重大事故或者发生违反宗教禁忌等伤害信教公民宗教感情、破坏民族团结、影响社会稳定的事件。发生上述所列事故或者事件时，宗教活动场所应当立即报告所在地的县级人民政府宗教事务部门。

（4）宗教团体、寺观教堂拟在寺观教堂内修建大型露天宗教造像，应当由省、自治区、直辖市宗教团体向同级人民政府宗教事务部门提出申请。省、自治区、直辖市人民政府宗教事务部门应当自收到申请之日起 30 日内提出意见，报国务院宗教事务部门审批。国务院宗教事务部门应当自收到修建大型露天宗教造像报告之日起 60 日内，作出批准或者不予批准的决定。宗教团体、寺观教堂以外的组织以及个人不得修建大型露天宗教造像。禁止在寺观教堂外修建大型露天宗教造像。

（5）地方各级人民政府应当根据实际需要，将宗教活动场所建设纳入土地利用总体规划和城乡规划。宗教活动场所、大型露天宗教造像的建设应当符合土地利用总体规划、城乡规划和工程建设、文物保护等有关法律、法规。在宗教活动场所内改建或者新建建筑物，应当经所在地县级以上地方人民政府宗教事务部门批准后，依法办理规划、建设等手续。宗教活动场所扩建、异地重建的，应当按照本条例第 21 条规定的程序办理。

（6）景区内有宗教活动场所的，其所在地的县级以上地方人民政府应当协调、处理宗教活动场所与景区管理组织及园林、林业、文物、旅游等方面的利益关系，维护宗教活动场所、宗教教职人员和信教公民的合法权益，保护正常的宗教活动。以宗教活动场所为主要游览内容的景区的规划建设，应当与宗教活动场所的风格、环境相协调。

（7）信教公民有进行经常性集体宗教活动需要，尚不具备条件申请设立宗教活动场所的，由信教公民代表向县级人民政府宗教事务部门提出申请，县级人民政府宗教事务部门征求所在地宗教团体和乡级人民政府意见后，可以指定临时活动地点。所在地乡级人民政府对临时活动地点的活动进行监管。

3. 宗教活动

（1）信教公民集体宗教活动的规定。信教公民的集体宗教活动，一般应当在宗教活动场所内举行，由宗教活动场所、宗教团体或者宗教院校组织，由宗教教职人员或者符合本宗教规定的其他人员主持，按照教义教规进行。

（2）宗教活动的禁止性行为。非宗教团体、非宗教院校、非宗教活动场所、非指定的临时活动地点不得组织、举行宗教活动，不得接受宗教性的捐赠。非宗教团体、非宗教院校、非宗教活动场所不得开展宗教教育培训，不得组织公民出境参加宗教方面的培训、会议、活动等。

（3）大型宗教活动的审批和管理。跨省、自治区、直辖市举行超过宗教活动场所容纳规模的大型宗教活动，或者在宗教活动场所外举行大型宗教活动，应当由主办的宗教团体、寺观教堂在拟举行日的 30 日前，向大型宗教活动举办地的设区的市级人民政府宗教事务部门提出申请。设区的市级人民政府宗教事务部门应当自受理之日起 15 日内，在征求本级人民政府公安机关意见后，作出批准或者不予批准的决定。作出批准决定的，由批准机关向省级人民政府宗教事务部门备案。主办的宗教团体、寺观教堂应当采取有效措施防止意外事故的发生，保证大型宗教活动安全、有序进行。

（4）教育与宗教相分离原则的适用。禁止在宗教院校以外的学校及其他教育机构传教、举行宗教活动、成立宗教组织、设立宗教活动场所。

（5）宗教出版物及印刷品管理。宗教团体、宗教院校和寺观教堂按照国家有关规定可以编印、发送宗教内部资料性出版物，按照国家出版管理的规定办理。涉及宗教内容的出版物，不得含有下列内容：①破坏信教公民与不信教公民和睦相处的；②破坏不同宗教之间和睦以及宗教内部和睦的；③歧视、侮辱信教公民或者不信教公民的；④宣扬宗教极端主义的；⑤违背宗教的独立自主自办原则的。超出个人自用、合理数量的宗教类出版物及印刷品进境，或者以其他方式进口宗教类出版物及印刷品，应当按照国家有关规定办理。

（6）互联网宗教信息服务管理。从事互联网宗教信息服务，应当经省级以上人民政府宗教事务部门审核同意后，按照国家互联网信息服务管理有关规定办理。互联网宗教信息服务的内容应当符合有关法律、法规、规章和宗教事务管理的相关规定。

本章小结

本章介绍了《中华人民共和国香港特别行政区维护国家安全法》的立法目的、立法过程和主要内容，重点把握违反《香港国安法》构成的罪行及处罚；介绍了《中华人民共和国英雄烈士保护法》的立法过程、立法目的、立法意义和主要内容，重点把握违反《英雄烈士保护法》的法律责任；介绍了《宗教事务条例》的立法过程、立法目的、立法意义和主要内容，重点把握其主要内容。

 即测即练

 思考题

1. 香港特别行政区应该履行哪些维护国家安全的职责？

2. 依据《香港国安法》，哪些行为构成颠覆国家政权罪？应该如何处罚？

3. 香港维护国家安全公署履行哪些维护国家安全的职责？

4. 为什么要制定《英雄烈士保护法》？

5. 人民英雄纪念碑拥有什么样的法律地位？

6. 设立宗教活动场所应具备哪些条件？

第3章 民法基础知识

 **学习目标**

    1.了解民法的概念和调整对象、民法的渊源和适用、意思表示的规定。

    2.熟悉民法的基本原则、民事权利、民事责任的规定。

    3.掌握民事法律关系的构成要素、自然人的民事权利能力和民事行为能力、民事法律行为的效力和诉讼时效的相关规定。

 **能力目标**

    1.建立对民事法律的基本认知。

    2.培养发现、分析和尝试解决法律问题的能力，锻炼逻辑思维能力。

    3.构建民事法律思维和法律素养，初步具备法治素养、规避法律风险的能力。

 **思政目标**

    1.贯彻平等、公正、法治、诚信等社会主义核心价值观。

    2.培养对法律的兴趣，在法律框架下树立正确的世界观、人生观和价值观。

🔍 思维导图

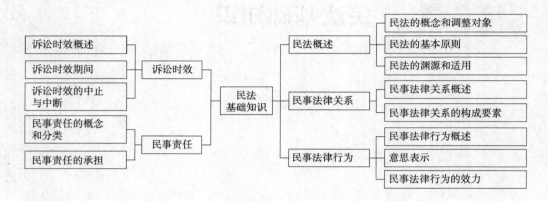

🔍 导入案例

9 周岁的王某和父母随团旅游。在一处景区商店购物过程中，王某独自购买了一个价值 3 000 元的玉镯准备送给母亲。其父母得知后拉着王某到商店退货，明确表示对王某买玉镯的行为不认可。商店老板指着店里"一经售出，概不退货"的标语拒绝了王某父母的要求。

思考题：

1. 商店是否可以直接和王某进行交易？为什么？

2. 王某的父母能否退回玉镯？为什么？

3.1　民法概述

3.1.1　民法的概念和调整对象

1. 民法的概念

2020 年 5 月 28 日第十三届全国人民代表大会第三次会议通过了《中华人民共和国民法典》（以下简称《民法典》），自 2021 年 1 月 1 日起施行。同时，《中华人民共和国婚姻法》《中华人民共和国继承法》《中华人民共和国民法通则》《中华人民共和国收养法》《中华人民共和国担保法》《中华人民共和国合同法》《中华人民共和国物权法》《中华人民共和国侵权责任法》《中华人民共和国民法总则》9 部法律废止。

《民法典》的立法目的是保护民事主体的合法权益，调整民事关系，维护社会和经济秩序，适应中国特色社会主义发展要求，弘扬社会主义核心价值观。《民法典》在我国特色社会主义法律体系中具有重要地位。

拓展阅读 3.1

2. 民法的调整对象

民法的调整对象就是民法所调整、规范的各种社会关系，即民事法律关系。根据《民法典》的规定，民法调整平等主体的自然人、法人和非法人组织之间的人身关系和财产关系。平等主体强调了主体的平等性，是指在参与民事活动时当事人的身份、法律地位都是平等的。这种平等性是民法最本质的特点之一。

1）平等主体之间的人身关系

人身关系就是具备人身属性的关系，包括基于自然人、法人和非法人组织的人格产生的关系，和基于这些主体一定身份产生的人身关系。人身关系主要体现的是人们在精神上和道德上的利益，而不直接体现财产利益。同时这种利益也具备很强的专属性，与人身不可分离，如自然人的生命健康权。

2）平等主体之间的财产关系

财产关系指的是人们在产品的生产、分配、交换和消费过程中形成的具有财产内容、经济价值的社会关系，包括财产归属关系和财产流转关系。财产归属关系是财产流转关系的前提，财产流转关系通常是实现财产归属关系的方法。财产归属关系主要体现为民法中的物权制度，财产流转关系主要由民法中的债和合同制度来保障。

3.1.2　民法的基本原则

民法的基本原则是民法的主旨和基本准则，贯穿于整个民法之中。

1. 平等原则

《民法典》规定，民事主体在民事活动中的法律地位一律平等。平等指的是民事主体的法律地位平等，其权益亦受到平等的保护。具体而言，在民事法律活动中，任何一方不得将自己的意志强加给另一方。民事主体的地位不因其性别、年龄、民族、文化程度等差异有所区别。

2. 自愿原则

《民法典》规定，民事主体从事民事活动，应当遵循自愿原则，按照自己的意思设立、变更、终止民事法律关系。自愿是民事活动的基本原则，也称意思自治原则。自愿有两个前提：一是必须尊重其他民事主体的自主意志；二是不违法，即在不违反强制性法律规范和社会公共利益的基础上，当事人可自愿地进行民事活动。

3. 公平原则

《民法典》规定，民事主体从事民事活动，应当遵循公平原则，合理确定各方的权利和义务。公平原则要求民事主体在实施民事行为的时候本着公平的观念，充分顾及他人的利益，不能滥用权利。

4. 诚实信用原则

《民法典》规定，民事主体从事民事活动，应当遵循诚信原则，秉持诚实，恪守承诺。诚实信用原则也被称为民法中的"帝王原则"，来源于道德规则，要求民事主体应当诚实守信，善意地行使权利、履行义务，不得有欺诈等恶意行为。

5. 合法和公序良俗原则

《民法典》规定了合法原则和公序良俗原则：民事主体从事民事活动，不得违反法律，不得违背公序良俗。合法原则指的是民事法律行为不得违反法律的强制性规定。公序良俗原则是我国社会主义核心价值观的体现，要求民事主体遵守社会的公共秩序、生活秩序、善良风俗和公共道德。合法和公序良俗原则也是对自愿原则的必要限制，有利于建立稳定的社会秩序。

6. 绿色原则

《民法典》回应了现代社会的生态环境问题，规定民事主体从事民事活动，应当有利于节约资源、保护生态环境。绿色原则是《民法典》的一大亮点，不仅贯彻了宪法中关于生态环境保护的要求，对《民法典》其他章节和后续的立法也起到了重要的作用。

3.1.3　民法的渊源和适用

1. 民法的渊源

民法的渊源是指民法规范的存在或者表现形式。我国民法的渊源主要有以下几种。

1）宪法

如本书第 1 章所述，宪法是国家的根本大法，具有最高的法律效力。宪法规定了国家的基本制度和根本任务，如财产所有制和所有权、公民基本权利义务等，是民事法律的制定依据。《民法典》开篇就提到《民法典》是根据宪法制定的。

2）法律

法律是由全国人民代表大会及其常务委员会经一定立法程序制定颁布的规范性文件。法律通常规定和调整国家、社会和公民生活中某一方面带根本性的社会关系或基本问题，其法律效力和地位仅次于宪法。法律分为基本法律和基本法律以外的法律两种。法律是我国民法的主要表现形式，《民法典》就是法律。

3）行政法规

行政法规是由国家最高行政机关即国务院为执行法律规定及履行宪法规定的行政管理职权的需要而制定、发布的规范性文件。行政法规通常冠以条例、办法、规定等名称，其法律效力次于宪法和法律，高于地方性法规。行政法规中关于民事的部分，也是民法的重要表现形式。

4）地方性法规、行政规章

地方性法规是省、自治区、直辖市的人民代表大会及其常务委员会在与宪法、法律和行政法规不相抵触的前提下，根据本地区情况制定、发布的规范性文件。地方性法规的效力不得超出本行政区域范围，属于地方司法依据之一。

行政规章是指国务院各部委，省、自治区、直辖市人民政府，省、自治区的人民政府所在地的市和国务院批准的较大的市以及某些经济特区市的人民政府在其职权范围内依法制定、发布的规范性文件。

5）司法解释

司法解释是指国家最高司法机关在适用法律、法规的过程中，对如何具体应用法律、法规的问题所发布的指导性文件和法律解释。司法解释虽然不属于法律体系的组成部分，但其在司法实践中具有重要的作用，也是民法的渊源之一。

6）国际条约或国际协定

国际条约或国际协定是指我国作为国际法主体同外国或地区缔结的双边、多边和其他具有条约、协定性质的文件。国际条约或国际协定不属于国内法的范畴，但国际条约或国际协定生效后，对缔约国的国家机关、社会团体和公民具有约束力，因而也是缔约国法的渊源之一。因此，我国签订或者参与的国际条约或国际协定也可以作为我国民法的渊源。

2. 民法的适用

在法律适用上，有特别法优于一般法的规则。《民法典》是由全国人大通过的法律，是民事领域的基本法，是一般法。其他民商事性质的法律，一般由全国人大及其常委会制定和审议通过，其制定的法律属于特别法，如知识产权法。所以《民法典》规定，其他法律对民事关系有特别规定的，依照其规定。

从空间适用范围来看，《民法典》规定，中华人民共和国领域内的民事活动，适用中华人民共和国法律。中华人民共和国领域包括中华人民共和国领土、领空、领海，以及根据国际法视为我国领域的我国驻外使馆，国籍为中国的船舶、航空器等。也就是说，在中华人民共和国领域内的民事活动都适用我国法律。同时《民法典》还规定：法律另有规定的，依照其规定。这是指民事法律关系出现涉外因素的情况，适用相关法律，如《涉外民事关系法律适用法》。

3.2　民事法律关系

3.2.1　民事法律关系概述

1. 民事法律关系的概念

如 3.1 节所述，民法的调整对象是民事法律关系。人与人之间的各种社会关系中，一些重要的、经法律规范调整而在当事人之间形成的权利和义务的关系就是法律关系。由民法规范调整的社会关系就是民事法律关系，也就是由民法确认和保护的社会关系。

2. 民事法律关系的产生、变更与终止

1）民事法律关系的产生、变更与终止的概念

民事法律关系的产生是指根据法律规范，在民事法律关系主体之间形成一定的权利和义务关系。民事法律关系的变更是指民事法律关系主体、内容或客体的变化。民事法律关系的终止是指民事法律关系主体之间权利和义务关系的消灭。

2）民事法律事实

民事法律关系的产生、变更和终止是由于一定的客观情况引起的，这个客观情况就是民事法律事实。根据客观事实是否与人的意志有关，民事法律事实可以

分为法律行为和事件两大类。

（1）法律行为。法律行为是指按照民事法律关系主体的主观意志为转移，能够引起民事法律关系产生、变更和终止的人们有意识的活动。法律行为有多种分类方法，其中按照主体行为是否有意思表示，可将法律行为分为法律行为和事实行为。法律行为是以行为人意思表示为要素的行为，行为人做出法律行为是为了追求一定的法律后果，如买卖行为。事实行为是指行为人不具有设立、变更或消灭民事法律关系的意图，但依照法律的规定能引起民事法律后果的行为，如创作行为、侵权行为等。

（2）事件。事件是指不以民事法律关系主体的主观意志为转移，能够引起民事法律关系产生、变更、终止的法定情况或者客观现象。法律事件可以是自然现象，如地震、洪水等自然灾害。法律事件还可以是某些社会现象，如战争、动乱等。

3.2.2　民事法律关系的构成要素

民事法律关系的构成要素是指构成民事法律关系的必要因素。民事法律关系包括主体、内容和客体三个必要因素。在民事法律关系中，任何一个要素发生变化，具体的民事法律关系也随之变更。

1. 民事法律关系主体

民事法律关系主体是指参加民事法律关系，依法独立享有民事权利和承担民事义务的当事人。在具体的民事法律关系中，一般要有双方或多方当事人参加。任何人或者组织要成为民事主体，必须由法律赋予其主体资格。民事法律关系主体可以是自然人、法人和非法人组织。

1）自然人

自然人是指基于自然出生而依法在民事上享有权利和承担义务的个人，包括本国公民和居住在一国境内或在境内活动的外国公民和无国籍人。

（1）自然人的民事权利能力。自然人从出生时起到死亡时止，具有民事权利能力，依法享有民事权利，承担民事义务。自然人的民事权利能力一律平等。

自然人的出生时间和死亡时间，以出生证明、死亡证明记载的时间为准；没有出生证明、死亡证明的，以户籍登记或者其他有效身份登记记载的时间为准。有其他证据足以推翻以上记载时间的，以该证据证明的时间为准。

涉及遗产继承、接受赠与等胎儿利益保护的，胎儿视为具有民事权利能力。但是，胎儿娩出时为死体的，其民事权利能力自始不存在。

（2）自然人的民事行为能力。自然人的民事行为能力根据年龄和认知能力分为完全民事行为能力人、限制民事行为能力人和无民事行为能力人三种。

①完全民事行为能力人。按照《民法典》的规定，18周岁以上的自然人为成年人。不满18周岁的自然人为未成年人。成年人为完全民事行为能力人，可以独立实施民事法律行为。16周岁以上的未成年人，以自己的劳动收入为主要生活来源的，视为完全民事行为能力人。

②限制民事行为能力人。8周岁以上的未成年人和不能完全辨认自己行为的成年人为限制民事行为能力人，实施民事法律行为由其法定代理人代理或者经其法定代理人同意、追认；但是，可以独立实施纯获利益的民事法律行为或者与其智力、精神健康状况相适应的民事法律行为。

③无民事行为能力人。不满8周岁的未成年人和不能辨认自己行为的成年人为无民事行为能力人，都要由其法定代理人代理实施民事法律行为。此规定也适用于不能辨认自己行为的8周岁以上未成年人。

不能辨认或者不能完全辨认自己行为的成年人，其利害关系人或者有关组织，可以向人民法院申请认定该成年人为无民事行为能力人或者限制民事行为能力人。被人民法院认定为无民事行为能力人或者限制民事行为能力人的，经本人、利害关系人或者有关组织申请，人民法院可以根据其智力、精神健康恢复的状况，认定该成年人恢复为限制民事行为能力人或者完全民事行为能力人。有关组织包括居民委员会、村民委员会、学校、医疗机构、妇女联合会、残疾人联合会、依法设立的老年人组织、民政部门等。

自然人以户籍登记或者其他有效身份登记记载的居所为住所；经常居所与住所不一致的，经常居所视为住所。

2）法人

法人是具有民事权利能力和民事行为能力，依法独立享有民事权利和承担民事义务的组织。《民法典》将法人分为营利法人、非营利法人和特别法人。营利法人是指以取得利润并分配给股东等出资人为目的成立的法人，包括有限责任公司、股份有限公司和其他企业法人等；非营利法人是指为公益目的或者其他非营利目的成立，不向出资人、设立人或者会员分配所取得利润的法人，非营利法人包括事业单位、社会团体、基金会、社会服务机构等；特别法人是指机关法人、农村集体经济组织法人、城镇农村的合作经济组织法人、基层群众性自治组织法人。

（1）法人应当依法成立，有自己的名称、组织机构、住所、财产或者经费。法人成立的具体条件和程序，依照法律、行政法规的规定。设立法人，法律、行政法规规定须经有关机关批准的，依照其规定。

（2）法人的民事权利能力和民事行为能力，从法人成立时产生，到法人终止时消灭。法人以其全部财产独立承担民事责任。

依照法律或者法人章程的规定，代表法人从事民事活动的负责人，为法人的法定代表人。法定代表人以法人名义从事的民事活动，其法律后果由法人承受。法人章程或者法人权力机构对法定代表人代表权的限制，不得对抗善意相对人。法定代表人因执行职务造成他人损害的，由法人承担民事责任。法人承担民事责任后，依照法律或者法人章程的规定，可以向有过错的法定代表人追偿。

3）非法人组织

非法人组织是不具有法人资格，但是能够依法以自己的名义从事民事活动的组织。非法人组织包括个人独资企业、合伙企业、不具有法人资格的专业服务机构等。

非法人组织应当依照法律的规定登记。设立非法人组织，法律、行政法规规定须经有关机关批准的，依照其规定。非法人组织可以确定一人或者数人代表该组织从事民事活动。

非法人组织的财产不足以清偿债务的，其出资人或者设立人承担无限责任。法律另有规定的，依照其规定。

2. 民事法律关系内容

民事法律关系内容是指民事法律关系主体所享有的权利和承担的义务。民事法律关系内容是民事法律关系三个要素中的核心要素，它直接体现了民事法律关系主体的利益和要求。

1）民事权利

民事权利是指民事法律关系的主体依法具有的自己为一定行为或不为一定行为和要求他人为一定行为或不为一定行为的自由意志。民事权利以民事主体的利益为核心，具备一定的平等性。民事权利可以依据民事法律行为、事实行为、法律规定的事件或者法律规定的其他方式取得。

　　民事主体按照自己的意愿依法行使民事权利，不受干涉。民事主体行使权利时，应当履行法律规定的和当事人约定的义务。民事主体不得滥用民事权利损害国家利益、社会公共利益或者他人合法权益。

　　民事主体享有下列民事权利。

　　（1）自然人的人身自由、人格尊严受法律保护。

　　（2）自然人享有生命权、身体权、健康权、姓名权、肖像权、名誉权、荣誉权、隐私权、婚姻自主权等权利。法人、非法人组织享有名称权、名誉权、荣誉权等权利。

　　（3）自然人的个人信息受法律保护。任何组织或者个人需要获取他人个人信息的，应当依法取得并确保信息安全，不得非法收集、使用、加工、传输他人个人信息，不得非法买卖、提供或者公开他人个人信息。

拓展阅读 3.2

　　（4）自然人因婚姻家庭关系等产生的人身权利受法律保护。

　　（5）民事主体依法享有物权。物权是权利人依法对特定的物享有直接支配和排他的权利，包括所有权、用益物权和担保物权。物包括不动产和动产。法律规定权利作为物权客体的，依照其规定。物权的种类和内容，由法律规定。为了公共利益的需要，依照法律规定的权限和程序征收、征用不动产或者动产的，应当给予公平、合理的补偿。

拓展阅读 3.3

　　（6）民事主体依法享有债权。债权是因合同、侵权行为、无因管理、不当得利以及法律的其他规定，权利人请求特定义务人为或者不为一定行为的权利。依法成立的合同，对当事人具有法律约束力。民事权益受到侵害的，被侵权人有权请求侵权人承担侵权责任。没有法定的或者约定的义务，为避免他人利益受损失而进行管理的人，有权请求受益人偿还由此支出的必要费用。因他人没有法律根据，取得不当利益，受损失的人有权请求其返还不当利益。

　　（7）民事主体依法享有知识产权。知识产权是权利人依法就下列客体享有的专有的权利，包括：发明专利、实用新型专利、外观设计专利；商标；地理标志；商业秘密；集成电路布图设计；植物新品种；法律规定的其他客体。

　　（8）自然人依法享有继承权。自然人合法的私有财产，可以依法继承。

　　（9）民事主体依法享有股权和其他投资性权利。

（10）民事主体享有法律规定的其他民事权利和利益。

（11）法律对数据、网络虚拟财产的保护有规定的，依照其规定。

此外，法律对未成年人、老年人、残疾人、妇女、消费者等的民事权利保护有特别规定的，依照其规定。

2）民事义务

民事义务是指民事法律关系的主体为满足权利人的要求依法必须为一定行为或不为一定行为的限度。民事义务是相对于民事权利而存在的，是法律对民事法律关系主体行为的限制和约束。民事主体违反民事义务的法律后果称为民事责任。民事责任具体内容详见本书 3.4 节。

3. 民事法律关系客体

民事法律关系客体是指民事法律关系主体间权利义务所共同指向的对象，又称"标的"。民事法律关系的客体可以分为以下几类。

1）财产

法律意义上的财产是指法律关系主体支配的，能够满足在生产和生活上所需要的物或权利，如房屋、股权等。

2）行为

行为是指人有意识的活动，包括给付财产、完成一定工作并交付工作成果的行为和提供劳务或者服务的行为，如运输中承运人的行为。行为在民事法律关系中是重要的客体。

3）人身利益

人身利益包括人格利益和身份利益。人格利益是指民事主体对其生命、健康、名誉等享有的利益，如健康、隐私等。身份利益是民事主体在亲属及非亲属关系中所处的稳定地位，并由此产生的利益，如父母对未成年子女的抚养。

3.3　民事法律行为

3.3.1　民事法律行为概述

1. 民事法律行为的概念

民事法律行为是民事主体通过意思表示设立、变更、终止民事法律关系的行为。如前文所述，民事法律行为能够引起民事法律关系设立、变更和终止，是一种重要的民事法律事实。民事法律行为同属于民事法律事实中的行为，特征有二：一是以意思表示为要素；二是以设立、变更或终止权利义务为目的。

2. 民事法律行为的分类

（1）单方法律行为和多方法律行为。单方法律行为是根据一方当事人的意思表示而成立的法律行为。多方法律行为是两个或两个以上的当事人意思表示一致而成立的法律行为。《民法典》规定，民事法律行为可以基于双方或者多方的意思表示一致成立，也可以基于单方的意思表示成立。

（2）有偿法律行为和无偿法律行为。有偿法律行为是指当事人互为给付一定代价（金钱、财产、劳务）的法律行为。在实践中，绝大多数反映交易关系的法律行为都是有偿的。无偿法律行为是指一方当事人承担给付一定代价的义务，而他方当事人不承担相应给付义务的法律行为。

（3）不要式法律行为和要式法律行为。不要式法律行为是指法律不要求采取一定形式，当事人自由选择一种形式即可成立的法律行为。除法律、行政法规有特别规定以外，均可以为不要式法律行为。要式法律行为是指法律规定或者当事人约定必须采取一定的形式或者履行一定的程序才能成立的法律行为。《民法典》规定，民事法律行为可以采用书面形式、口头形式或者其他形式；法律、行政法规规定或者当事人约定采用特定形式的，应当采用特定形式。

（4）主法律行为和从法律行为。主法律行为是指不需要其他法律行为的存在即可独立成立的法律行为。从法律行为是指从属于其他法律行为而存在的法律行为。

（5）诺成法律行为和实践法律行为。诺成法律行为是指当事人一方的意思表示一旦经对方同意即能产生法律效果的法律行为。实践法律行为是指除当事人双方意思表示一致外，尚须交付标的物才能成立的法律行为。在实践中，大多数法律行为都在双方形成合意时成立，而实践法律行为则须有法律的特别规定。因此，实践法律行为是特殊的法律行为。

3.3.2　意思表示

1. 意思表示的概念

意思表示是指行为人将其要达到某种预期法律后果的内在意思表现于外表的行为。意思表示是民事法律行为的核心要素。民事法律行为与事实行为的根本区别就在于是否作出了意思表示，且该意思表示是否能够产生拘束力。行为人可以明示或者默示作出意思表示。沉默只有在有法律规定、当事人约定或者符合当事人之间的交易习惯时，才可以视为意思表示。

2. 意思表示的生效

以对话方式作出的意思表示，相对人知道其内容时生效。以非对话方式作出的意思表示，到达相对人时生效。以非对话方式作出的采用数据电文形式的意思表示，相对人指定特定系统接收数据电文的，该数据电文进入该特定系统时生效；未指定特定系统的，相对人知道或者应当知道该数据电文进入其系统时生效。当事人对采用数据电文形式的意思表示的生效时间另有约定的，按照其约定。

无相对人的意思表示，表示完成时生效。法律另有规定的，依照其规定。以公告方式作出的意思表示，公告发布时生效。

3. 意思表示的撤回

行为人可以撤回意思表示。撤回意思表示的通知应当在意思表示到达相对人前或者与意思表示同时到达相对人。

4. 意思表示的解释

有相对人的意思表示的解释，应当按照所使用的词句，结合相关条款、行为的性质和目的、习惯以及诚信原则，确定意思表示的含义。

无相对人的意思表示的解释，不能完全拘泥于所使用的词句，而应当结合相关条款、行为的性质和目的、习惯以及诚信原则，确定行为人的真实意思。

3.3.3　民事法律行为的效力

民事法律行为自成立时生效，但是法律另有规定或者当事人另有约定的除外。行为人非依法律规定或者未经对方同意，不得擅自变更或者解除民事法律行为。

1. 有效的民事法律行为

具备下列条件的民事法律行为有效。

（1）行为人具有相应的民事行为能力。这是民事法律行为有效的主体要件。法律行为以当事人的意思表示为要素，并在当事人之间产生一定的权利和义务关系，因此，行为人必须具备正确理解自己行为的性质和后果以及独立表达自己的意思的能力，即行为人应当具有从事法律行为相应的民事行为能力。完全民事行为能力人可以从事合法的任何民事法律行为；而限制民事行为能力人只能实施与其年龄和智力发育程度相当的民事法律行为，实施的其他法律行为是效力待定的法律行为；无民事行为能力人实施的民事法律行为是无效的。

（2）意思表示真实。行为人的意思表示真实是民事法律行为有效的要件之一。行为人的意思表示真实是指行为人的意思表示是自由的，且行为人表达于外部的意思符合其内心的真实意思两层含义。法律保护行为人的意思自由，如果行为不是出自自由和自愿的意思表示，法律则不应赋予此行为有效的法律效力，有利于维护行为人的基本民事权利。

（3）不违反法律、行政法规的强制性规定，不违背公序良俗。法律行为不得违反法律、行政法规的强制性规定，否则将导致法律行为无效。同时，法律行为在内容上不得违反社会公共利益。此条件是前两个有效条件的前提。

2. 无效的民事法律行为

1）无效的民事法律行为的概念和特征

无效的民事法律行为是指因欠缺民事法律行为的有效条件，不发生当事人预期的法律后果的民事行为。

无效民事法律行为有以下三个特征：①无效民事法律行为是自始无效的。无效民事行为从本质上违反了法律规定，因此，国家不承认其法律效力。民事法律行为一旦被确认为无效，将产生溯及力，使民事法律行为自实施之时起就不具有法律效力，以后也不能够转化为有效法律行为。对已经履行的，应当通过返还财产、赔偿损失等方式使当事人的财产恢复到法律行为实施之前的状态。②无效民事法律行为是当然无效的。由于无效民事法律行为具有违法性，法院和仲裁机构可以主动审查民事法律行为是否具有无效的因素。如果发现民事法律行为属于无效，便可以主动确认其无效。③无效民事法律行为是绝对无效的。无效民事法律行为绝对不发生法律效力，也不能通过当事人的行为进行补正。如果当事人通过一定行为消除了导致民事行为无效的原因，是消灭原无效民事法律行为，成立新的民事法律行为，而不是对原无效民事法律行为的补正，并非使原民事法律行为有效。

2）无效民事法律行为的情形

（1）无民事行为能力人实施的民事法律行为无效。为充分保护尚无意思判断和表达能力的无民事行为能力人，无民事行为能力人实施的民事行为，因主体不合格而无效。

（2）行为人与相对人以虚假的意思表示实施的民事法律行为无效。以虚假的意思表示隐藏的民事法律行为的效力，依照有关法律规定处理。以虚假的意思表示实施的民事法律行为中，行为人与相对人实施该行为在于意以虚假的意思表示掩盖其真实的意思表示。该情形包含两个行为：一个是虚假行为，另一个是隐藏行为。

虚假行为，又称伪装行为，是指行为人与相对人共同作出虚假的意思表示，又称通谋虚伪的行为。虚假的意思表示是各方当事人串通的，意思表示不真实的，且通常具有不良动机。其在主观上是共同故意，具有法律上的可谴责性。虚假的民事法律行为的法律后果无效，不具有虚假意思表示的行为所应当发生的法律效力。

隐藏行为是指行为人将其真意隐藏在虚假的意思表示中。双方当事人所为的意思表示并非出于真意，而隐藏他项民事法律行为的真实效果。对于隐藏的真实意思表示的行为效力，适用有关该隐藏的法律行为的规定。

（3）违反法律、行政法规的强制性规定的民事法律行为无效。违反法律、行政法规的民事法律行为是指当事人在实施民事法律行为的目的、内容或者形式上违反法律和行政法规的强制性规定。但是，该强制性规定不导致该民事法律行为无效的除外，即该规定属于管理性强制性规定而非效力性强制性规定，则不导致民事法律行为无效。

（4）行为人与相对人恶意串通，损害他人合法权益的民事法律行为无效。恶意串通是当事人为实现某种目的，进行串通，共同订立民事法律行为，造成国家、集体或者第三人利益损害的违法行为。因此，《民法典》对此类行为给予了否定性的评价。

3. 可撤销的民事法律行为

1）可撤销民事法律行为的概念和特征

可撤销民事法律行为，也称"相对无效的民事法律行为"，是指依照法律规定，由于行为的意思与表示不一致或者意思表示不自由，导致非真实的意思表示，可由当事人请求人民法院或仲裁机构予以撤销的民事法律行为。

可撤销的民事法律行为具备以下几个特点：①在撤销前已经发生法律效力，在被撤销前，其法律效力可以对抗除撤销权人以外的任何人。②可撤销民事法律行为的撤销，应当由具有撤销权人以撤销行为为之，人民法院不主动干预。③可撤销的民事法律行为的撤销权人对权利行使拥有选择权，当事人可以撤销其行为，也可以放弃撤销权。撤销权人在规定的期限内未行使撤销权，则原可撤销民事法律行为仍然有效。可撤销的民事法律行为一经撤销，其效力溯及于行为的开始，即自行为开始时无效。④可撤销民事行为的撤销权的行使有时间限制。而无效民事行为中，则不存在此限制。

2）可撤销民事法律行为的情形

（1）基于重大误解实施的民事法律行为，行为人有权请求人民法院或者仲裁机构予以撤销。重大误解是指行为人由于自己的过错，对民事法律行为的性质、内容等发生误解，由此实施了民事法律行为。重大误解既可以是单方误解，也可以是双方的误解。

（2）当事人一方或者第三人实施的欺诈行为，也构成可撤销民事法律行为的一种情形。当事人一方的欺诈是指当事人一方故意实施某种欺诈他人的行为，并使该他人陷入错误而与欺诈行为人实施民事法律行为。根据《民法典》的规定，一方以欺诈手段，使对方在违背真实意思的情况下实施的民事法律行为，受欺诈方有权请求人民法院或者仲裁机构予以撤销。第三人欺诈行为是指民事法律行为当事人以外的第三人对一方当事人故意实施欺诈行为，致使该方当事人在违背真实意思的情况下，与对方当事人实施的民事法律行为。根据《民法典》第149条的规定，第三人实施欺诈行为，使一方在违背真实意思的情况下实施的民事法律行为，对方知道或者应当知道该欺诈行为的，受欺诈方有权请求人民法院或者仲裁机构予以撤销。

（3）一方或者第三人以胁迫手段，使对方在违背真实意思的情况下实施的民事法律行为，受胁迫方有权请求人民法院或者仲裁机构予以撤销。胁迫是指行为人以将来发生的祸害或者实施不法行为，给另一方当事人以心理上的恐吓或者直接造成损害迫使对方当事人与其实施民事法律行为。胁迫行为本身即属非法，故不能赋予完全的法律效力。

（4）一方利用对方处于危困状态、缺乏判断能力等情形，致使民事法律行为成立时显失公平的，受损害方有权请求人民法院或者仲裁机构予以撤销。显失公平是指一方当事人利用对方处于困境，或者缺乏判断能力等情况下，与对方当事人实施的对自己明显有重大利益而对对方明显不利的民事法律行为。因这种行为在民事法律行为成立时双方权利义务明显失衡，故法律赋予受损一方当事人撤销权。

3）可撤销民事法律行为的撤销权

可撤销民事法律行为中的撤销权以撤销权人单方的意思表示即可产生相应的

法律效力，无须相对人同意。当事人行使撤销权的意思表示应当向人民法院或者仲裁机构作出。

有下列情形之一的，撤销权消灭：①当事人自知道或者应当知道撤销事由之日起 1 年内、重大误解的当事人自知道或者应当知道撤销事由之日起 90 日内没有行使撤销权；②当事人受胁迫，自胁迫行为终止之日起 1 年内没有行使撤销权；③当事人知道撤销事由后明确表示或者以自己的行为表明放弃撤销权；④当事人自民事法律行为发生之日起 5 年内没有行使撤销权的。

4. 效力待定的民事法律行为

1）效力待定的民事法律行为概述

效力待定的民事法律行为是指民事法律行为虽然已经成立，但尚未生效，只有经过特定人的行为，才能确定是否生效的民事法律行为。效力待定的民事法律行为的效力既非有效也非无效，而是处于一种成立但效力不确定的中间状态。

2）效力待定的民事法律行为的情形

（1）限制民事行为能力人实施的纯获利益的民事法律行为或者与其年龄、智力、精神健康状况相适应的民事法律行为有效；实施的其他民事法律行为经法定代理人同意或者追认后有效。

相对人可以催告法定代理人自收到通知之日起 30 日内予以追认。法定代理人未做表示的，视为拒绝追认。民事法律行为被追认前，善意相对人有撤销的权利。撤销应当以通知的方式作出。

（2）行为人没有代理权、超越代理权或者代理权终止后，仍然实施代理行为，未经被代理人追认的，对被代理人不发生效力。

相对人可以催告被代理人自收到通知之日起 30 日内予以追认。被代理人未做表示的，视为拒绝追认。行为人实施的行为被追认前，善意相对人有撤销的权利。撤销应当以通知的方式作出。

行为人实施的行为未被追认的，善意相对人有权请求行为人履行债务或者就其受到的损害请求行为人赔偿。但是，赔偿的范围不得超过被代理人追认时相对人所能获得的利益。

拓展阅读 3.4

相对人知道或者应当知道行为人无权代理的，相对人和行为人按照各自的过错承担责任。

5.民事法律行为被确认无效、被撤销或者确定不发生效力的法律后果

民事法律行为被确认为无效或被撤销后，从行为开始时就没有法律效力。民事法律行为部分无效，不影响其他部分效力的，其他部分仍然有效。此外，民事法律行为无效、被撤销或者确定不发生效力后，行为人因该行为取得的财产，应当予以返还；不能返还或者没有必要返还的，应当折价补偿。有过错的一方应当赔偿对方由此所受到的损失；各方都有过错的，应当各自承担相应的责任。法律另有规定的，依照其规定。

6.附条件和附期限的民事法律行为

1）附条件的民事法律行为

民事法律行为可以附条件，但是根据其性质不得附条件的除外。附生效条件的民事法律行为，自条件成就时生效。附解除条件的民事法律行为，自条件成就时失效。

附条件的民事法律行为，当事人为自己的利益不正当地阻止条件成就的，视为条件已经成就；不正当地促成条件成就的，视为条件不成就。

民事法律行为所附的条件既可以是自然现象、事件，也可以是人的行为。并应当符合下列条件：①所附条件必须是将来发生的事实；②所附条件是将来不确定的事实；③所附条件是双方当事人约定的；④所附条件是合法的。

2）附期限的民事法律行为

民事法律行为可以附期限，但是根据其性质不得附期限的除外。附生效期限的民事法律行为，自期限届至时生效。附终止期限的民事法律行为，自期限届满时失效。

3.4 民事责任

3.4.1 民事责任的概念和分类

1.民事责任的概念

如前所述，民事责任是民事主体违反民事义务的法律后果。民事主体依照法律规定或者按照当事人约定，履行民事义务，承担民事责任。

2.民事责任的分类

（1）财产责任和非财产责任。按照承担方式可以将民事责任划分为财产责

任与非财产责任。财产责任指给付财产为内容的责任，如返还财产、恢复原状、赔偿损失等；非财产责任指责任人承担责任不以财产给付为内容的民事责任，如停止侵害、赔礼道歉等。

（2）按份责任和连带责任。按照责任人之间的关系可以将民事责任划分为按份责任和连带责任。按份责任指责任人按照份额承担的民事责任。《民法典》规定，二人以上依法承担按份责任，能够确定责任大小的，各自承担相应的责任；难以确定责任大小的，平均承担责任。连带责任指的是任一责任人都有向权利主体承担全部责任的民事责任。连带责任，由法律规定或者当事人约定。

（3）侵权责任与违约责任。按照民事责任产生原因可以将民事责任划分为侵权责任与违约责任。侵权责任是指民事主体违反法定义务而损害他人权利应承担的民事责任。违约责任则是民事主体违反合同义务应承担的民事责任。《民法典》规定了二者竞合的解决方式，因当事人一方的违约行为，损害对方人身权益、财产权益的，受损害方有权选择请求其承担违约责任或者侵权责任。

3.4.2　民事责任的承担

1. 民事责任的承担方式

《民法典》规定了承担民事责任的方式，主要有：①停止侵害；②排除妨碍；③消除危险；④返还财产；⑤恢复原状；⑥修理、重作、更换；⑦继续履行；⑧赔偿损失；⑨支付违约金；⑩消除影响、恢复名誉；⑪赔礼道歉。法律规定惩罚性赔偿的，依照其规定。上述承担民事责任的方式，可以单独适用，也可以合并适用。

2. 民事责任承担的特殊情况

（1）因不可抗力不能履行民事义务的，不承担民事责任。法律另有规定的，依照其规定。不可抗力是不能预见、不能避免且不能克服的客观情况。

（2）因正当防卫造成损害的，不承担民事责任。正当防卫超过必要的限度，造成不应有的损害的，正当防卫人应当承担适当的民事责任。

（3）因紧急避险造成损害的，由引起险情发生的人承担民事责任。危险由自然原因引起的，紧急避险人不承担民事责任，可以给予适当补偿。紧急避险采取措施不当或者超过必要的限度，造成不应有的损害的，紧急避险人应当承担适当的民事责任。

（4）因保护他人民事权益使自己受到损害的，由侵权人承担民事责任，受益人可以给予适当补偿。没有侵权人、侵权人逃逸或者无力承担民事责任，受害人请求补偿的，受益人应当给予适当补偿。

（5）因自愿实施紧急救助行为造成受助人损害的，救助人不承担民事责任。

（6）侵害英雄烈士等的姓名、肖像、名誉、荣誉，损害社会公共利益的，应当承担民事责任。

3. 民事责任优先承担

民事主体因同一行为应当承担民事责任、行政责任和刑事责任的，承担行政责任或者刑事责任不影响承担民事责任；民事主体的财产不足以支付的，优先用于承担民事责任。

3.5　诉讼时效

3.5.1　诉讼时效概述

1. 诉讼时效的概念

诉讼时效是指权利人在一定期间内不行使请求权即丧失国家强制力保护的制度。诉讼时效期间是权利人请求人民法院保护其权利的法定期限，该期限虽然在符合法律规定的条件下可以中止、中断和延长，但是，当事人不得通过约定加以改变或者排除适用。诉讼时效制度的主要功能在于督促权利人及时行使权利，维护既定的法律秩序。同时，有利于证据的收集和判断，及时解决纠纷。

诉讼时效期间届满不消灭实体权利。诉讼时效期间的经过，不影响债权人提起诉讼，即债权人不丧失起诉权；根据《民法典》192条和193条的规定，诉讼时效期间届满的，义务人可以提出不履行义务的抗辩。但人民法院不得主动适用诉讼时效的规定。诉讼时效期间届满后，义务人同意履行的，不得以诉讼时效期间届满为由抗辩；义务人已自愿履行的，不得请求返还。

诉讼时效的期间、计算方法以及中止、中断的事由由法律规定，当事人约定无效。当事人对诉讼时效利益的预先放弃无效。法律对仲裁时效有规定的，依照其规定；没有规定的，适用诉讼时效的规定。

2. 不适用诉讼时效的范围

诉讼时效一般主要适用于债权请求权，其他请求权不适用诉讼时效制度。根据《民法典》的规定，下列债权请求权不适用诉讼时效的规定：①请求停止侵害、排除妨碍、消除危险；②不动产物权和登记的动产物权的权利人请求返还财产；③请求支付抚养费、赡养费或者扶养费；④依法不适用诉讼时效的其他请求权。

3.5.2　诉讼时效期间

向人民法院请求保护民事权利的诉讼时效期间为 3 年。法律另有规定的，依照其规定。

诉讼时效期间自权利人知道或者应当知道权利受到损害以及义务人之日起计算。法律另有规定的，依照其规定。但是，自权利受到损害之日起超过 20 年的，人民法院不予保护，有特殊情况的，人民法院可以根据权利人的申请决定延长。

3.5.3　诉讼时效的中止与中断

1. 诉讼时效的中止

诉讼时效的中止是指在诉讼时效进行中，因一定法定事由的发生而使权利人无法行使请求权，暂时停止计算诉讼时效期间。从中止诉讼时效的原因消除之日起满 6 个月，诉讼时效期间届满。

在诉讼时效期间的最后 6 个月内，因下列障碍，不能行使请求权的，诉讼时效中止：①不可抗力；②无民事行为能力人或者限制行为能力人没有法定代理人，或者法定代理人死亡、丧失民事行为能力、丧失代理权；③继承开始后未确定继承人或者遗产管理人；④权利人被义务人或者其他人控制；⑤其他导致权利人不能主张权利的障碍。

2. 诉讼时效的中断

诉讼时效的中断是指在诉讼时效进行中，因法定事由的发生致使已经进行的诉讼时效期间全部归于无效，诉讼时效期间重新计算。诉讼时效期间中断发生在诉讼时效的进行之中，如果诉讼时效尚未开始计算或者诉讼时效期间已经届满，则不适用诉讼时效中断。诉讼时效的中断可以多次进行。

有下列情形之一的，诉讼时效中断，从中断、有关程序终结时起，诉讼时效期间重新计算：①权利人向义务人提出履行请求；②义务人同意履行义务；③权利人提起诉讼或者申请仲裁；④与提起诉讼或者申请仲裁具有同等效力的其他情形。

本章小结

本章主要内容来自《民法典》总则编的有关法律制度。民法调整平等主体的自然人、法人和非法人组织之间的人身关系和财产关系。民法有平等、自愿、公平、诚实信用、合法与公序良俗和绿色原则六个基本原则。民事法律关系是由民法规范调整的社会关系，由主体、内容和客体三个要素构成。民事法律行为是指民事主体通过意思表示设立、变更、终止民事法律关系的行为，是民事法律关系设立、变更和消灭的原因，是一种重要的民事法律事实。有效的民事法律行为必须具备三个条件，即行为人具有相应的民事行为能力，意思表示真实，不违反法律、行政法规的强制性规定，否则会构成无效的民事法律行为、可撤销的民事法律行为或者效力待定的民事法律行为。民事法律行为可以附条件和附期限。

诉讼时效是指权利人在一定期间内不行使请求权即丧失国家强制力保护的制度。普通的诉讼时效期间为 3 年。诉讼时效的中止、中断和延长会对诉权产生重大的影响。

 即测即练

 思考题

1. 民事法律关系的构成要素有哪些？

2. 自然人的民事行为能力有哪些分类？

3. 有效的民事法律行为需要满足哪些条件？

4. 可撤销的民事法律行为有哪些？当事人的撤销权消灭的情形有哪些？

5. 无效的民事法律行为有哪些？

6. 简述诉讼时效的中止和中断制度。

第4章 合同法律制度

学习目标

1. 了解《民法典》关于合同的概念与特征，订立合同的程序、形式，合同成立，缔约过失责任，《中华人民共和国旅游法》（以下简称《旅游法》）关于旅游服务合同概念特征的规定。

2. 熟悉《民法典》关于合同的内容和形式、格式条款、合同的效力、双务合同履行中的抗辩权、债权债务终止法定情形的规定。

3. 掌握《民法典》合同的履行规则，合同的变更和转让，合同的解除，违约责任的承担，不可抗力，《旅游法》关于包价旅游合同订立、履行、变更转让、解除、违约责任的相关规定。

能力目标

1. 建立《民法典》《旅游法》关于合同法律制度的基本知识框架，掌握合同法律的基本制度。

2. 在学习和实践中形成合同方面的法律视角，能够运用合同法律知识规避风险、进行策略调整和解决实际问题。

思政目标

1. 通过合同法律制度的学习，提升合同法律素养。

2.培养自律、知法、懂法、守法、诚实守信、敬业、创新等优秀品质。

思维导图

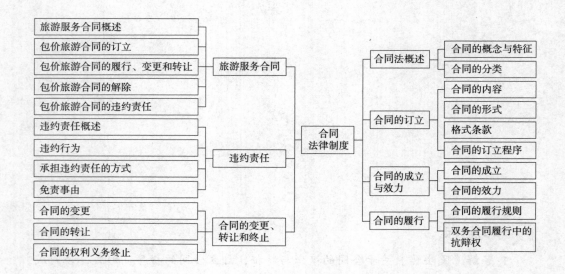

导入案例

张某与D旅游公司签订了一份"长白山五一三日游"的旅游服务合同，准备一家三口五一期间游玩。5月2日，张某等乘坐与D旅游公司合作的恒达公司的大巴车开始了旅程。途中，汽车司机王某经常接打电话，张某多次劝阻，惹得王某十分不悦。在经停某服务区时，王某发现张某一家去洗手间没有回来，便开车迅速驶离。导游员谢某想上前阻止，遭到王某谩骂，谢某便再不作声。张某见大巴车开走，便打了一辆出租车追赶。张某追赶至抚松县与旅行团汇合后入住B酒店，发现预订的"三人标间"实际上只有一张大床。张某要求退房，酒店拒绝。考虑到当地旅游者多，客房爆满，张某只能接受。旅程结束以后，张某打算投诉。

思考题：

1.案例中有哪些主体存在违法行为？应承担什么样的法律责任？

2.如果你是张某，应该如何维护自己的合法权益？

4.1　合同法概述

4.1.1　合同的概念与特征

1.合同的概念

合同，又称契约，是民事主体之间设立、变更、终止民事法律关系的协议。我国主要调整合同的法律是《民法典》合同编部分，分为通则、典型合同和准合同3个分编，共29章，526条，坚持维护契约、平等交换、公平竞争。

合同概念涵盖广泛，但《民法典》合同编中所指的合同是基于交易关系订立的债权合同。婚姻、收养、监护等有关身份关系的协议，适用有关该身份关系的法律规定；没有规定的，可以根据其性质参照适用《民法典》合同编的规定。

非因合同产生的债权债务关系，适用有关该债权债务关系的法律规定；没有规定的，适用《民法典》合同编通则分编的有关规定，但是根据其性质不能适用的除外。

2.合同的特征

（1）合同是一种民事法律行为。合同是当事人设立、变更、终止民事权利义务关系的协议，离不开当事人的意思表示。所以，合同是一种典型的民事法律行为。当事人通过合同按照自己的意愿设立、变更、终止当事人之间的民事法律关系。

（2）合同的目的是当事人设立、变更、终止民事法律关系。合同作为一种民事法律行为，以意思表示为核心。所以合同是具备目的性的，其目的就是设立、变更、终止民事法律关系。

（3）合同当事人法律地位平等。合同是在平等、自愿基础上实施的民事法律行为。合同当事人可以是两个或两个以上，其法律地位平等，一方不得凭借行政权力、经济实力等将自己的意志强加给另一方。这也是民法中平等原则的体现。

（4）合同具有相对性。合同作为当事人之间的合意，依法成立之后，受法律保护，即当事人必须严守合同。这种约束力也是具有相对性的，对合同以外的第三方不具有这种约束效力。《民法典》合同编第465条规定，依法成立的合同，仅对当事人具有法律约束力，但是法律另有规定的除外。

拓展阅读 4.1

4.1.2　合同的分类

根据不同的标准，可将合同分为不同的种类，通常分类有以下几种。

1. 典型合同与非典型合同

根据法律是否对合同规定有确定的名称与调整规则，可将合同分为有名合同与无名合同。有名合同是立法上规定有确定名称与规则的合同，又称典型合同。例如《民法典》合同编第二分编中规定了买卖合同、赠与合同、借款合同、租赁合同、委托合同等 19 类典型合同。无名合同是立法上尚未规定有确定名称与规则的合同，又称非典型合同。

2. 单务合同与双务合同

根据合同当事人是否互相负有对待给付义务，可将合同分为单务合同与双务合同。单务合同是指仅有一方当事人承担义务的合同，如赠与合同。双务合同是指双方当事人互负对待给付义务的合同，如买卖合同、租赁合同等。

3. 有偿合同与无偿合同

根据合同当事人是否为从合同中得到的利益支付对价，可将合同分为有偿合同与无偿合同。有偿合同是指当事人为从合同中得到利益要支付相应对价的合同。无偿合同是指当事人不需为从合同中得到的利益支付相应对价的合同。实践中，有偿合同较多，有一些合同既可以是有偿的也可以是无偿的。

4. 诺成合同与实践合同

根据合同成立是否需要交付标的物，可将合同分为诺成合同与实践合同。诺成合同是在当事人意思表示一致时即告成立的合同，也称不要物合同。实践合同是在当事人意思表示一致后，仍须有实际交付标的物的行为才能成立的合同，也称要物合同。大部分合同属于诺成合同。通常确认某种合同属于实践合同，除根据商务惯例外，还应有相应的法律规定。

5. 要式合同与不要式合同

根据法律是否要求合同必须符合一定的形式才能成立，可将合同分为要式合同与不要式合同。要式合同是必须按照法律规定的特定形式订立方可成立的合同。不要式合同是法律对合同订立未规定特定形式的合同。通常情况下，合同除有法律特别规定外，均属不要式合同。

6. 主合同与从合同

根据合同是否须以其他合同的存在为前提而存在，可将合同分为主合同与从合同。主合同是无须以其他合同存在为前提即可独立存在的合同。从合同是必须以其他合同的存在为前提方可存在的合同，如保证合同。从合同不能独立存在，所以又称附属合同。主合同的成立和效力直接影响从合同的成立与效力。

4.2　合同的订立

4.2.1　合同的内容

合同的内容是当事人订立合同的各项具体意思表示，规定权利义务的具体条款。合同的内容由当事人约定，一般包括下列条款。

1. 当事人的名称或者姓名和住所

当事人是合同的主体，如果不写明当事人，合同就无法确定权利义务的承受者。故此项条款是每一个合同的必备条款。订立合同要把各方当事人的名称或者姓名和住所写准确、写清楚，避免不必要的纠纷。

2. 标的

合同的标的即合同双方当事人权利义务所共同指向的对象。标的是合同成立的必要条件，是合同的必备条款。合同标的的种类有财产和行为两大类。财产可以包括有形财产和无形财产，行为包括劳务和工作成果。

3. 数量

数量包括数字和计量单位，用来衡量标的。数量也是必备条款。合同的数量要准确，应当选择使用双方当事人共同接受的计量单位、计量方法和计量工具。

4. 质量

质量是指标的的具体特征，是标的物内外在素质所达到的水准，如商品的品种、型号、规格、等级、标准等。

5. 价款或者报酬

价款或者报酬是指一方当事人向对方当事人所付代价的货币表现。价款一般是指对提供财产的当事人支付的货币。报酬一般是指对提供劳务或者工作成果的当事人支付的货币。

6. 履行期限、地点和方式

履行期限是指合同中约定的一方当事人向对方当事人履行义务的时间界限。履行期限是衡量合同能否按时履行的标准。

履行地点是指合同约定的当事人履行合同义务和对方当事人接受履行的地点。履行地点关系到履行合同的费用、风险的承担，是合同当事人发生纠纷后确定人民法院对案件地域管辖的依据，有时还是确定所有权是否转移、何时转移的依据。

履行方式是指合同当事人履行合同义务的具体做法。不同种类的合同有不同的履行方式。有的合同需要以转移一定的财产的方式履行，有的需要以提供某种劳务的方式履行，有的需要以交付一定的工作成果的方式履行。履行方式还包括价款或者报酬的交付方式、计算方式等。

7. 违约责任

违约责任是指合同当事人一方或者双方不履行合同义务或者履行合同义务不符合约定时，按照法律规定或者合同的约定应当承担的法律责任。违约责任是合同具有法律约束力的重要体现。

8. 解决争议的方法

解决争议的方法是指合同当事人对合同的履行发生争议时解决的途径和方式。解决争议的方法主要有当事人协商和解、第三人调解、仲裁、诉讼。

为使合同更加严谨，以保护当事人的权益，当事人可以参照各类合同的示范文本订立合同。

当事人对合同条款的理解有争议的，应当依据《民法典》的相关规定，确定争议条款的含义。合同文本采用两种以上文字订立并约定具有同等效力的，对各文本使用的词句推定具有相同含义。各文本使用的词句不一致的，应当根据合同的相关条款、性质、目的以及诚信原则等予以解释。

4.2.2　合同的形式

合同的形式指的是合同的外在表现形式，是合同内容的载体。当事人订立合同，可以采用口头形式、书面形式和其他形式。

1. 口头形式

口头形式是指以对话形式订立合同的形式。口头形式的合同简便易行，但缺点是发生争议时难以举证确认责任，不够安全。所以，重要的合同不宜采用口头形式。

2. 书面形式

书面形式是合同书、信件、电报、电传、传真等可以有形地表现所载内容的形式。以电子数据交换、电子邮件等方式能够有形地表现所载内容,并可以随时调取查用的数据电文,视为书面形式。对法律、行政法规规定采用书面形式的合同,当事人应当采用书面形式。

3. 其他形式

当事人未以书面形式或者口头形式订立合同,但从双方从事的民事行为能够推定双方有订立合同意愿的,可以认定是以"其他形式"订立的合同,如"推定"和"默示"。但法律另有规定的除外。

4.2.3　格式条款

1. 格式条款的含义

格式条款又称附合合同、定型化合同,是当事人为了重复使用而预先拟定,并在订立合同时未与对方协商的条款。格式条款的适用可以简化签约程序、加快交易速度、减少交易成本,便捷和高效的特点使其在实践中具有非常广泛的应用。但是,由于格式条款是由一方当事人拟定,且在合同谈判中不容对方协商修改,双方地位实际上并不平等,其条款内容难免有不公平之处。所以《民法典》合同编对其适用做有特别规定,以保证格式条款的非提供方的合法权益。

2. 格式条款提供方的义务

《民法典》规定,采用格式条款订立合同的,提供格式条款的一方应当遵循公平原则确定当事人之间的权利和义务,并采取合理的方式提示对方注意免除或者减轻其责任等与对方有重大利害关系的条款,按照对方的要求,对该条款予以说明。提供格式条款的一方未履行提示或者说明义务,致使对方没有注意或者理解与其有重大利害关系的条款的,对方可以主张该条款不成为合同的内容。所谓"采取合理的方式"是指在合同订立时采用足以引起对方注意的文字、符号、字体等特别标识,并按照对方的要求对该格式条款予以说明。提供格式条款一方对已尽合理提示及说明义务承担举证责任。

3. 格式条款的效力

具有符合《民法典》总则部分第六章第三节"民事法律行为的效力"(详见本书3.3节)和《民法典》合同编关于免责条款无效(详见本书4.3节)的规定;提供格式条款一方不合理地免除或者减轻其责任、加重对方责任、限制对方主要权利的;提供格式条款一方排除对方主要权利的,该格式条款无效。

4. 格式条款的解释

对格式条款的理解发生争议的，应当按照通常理解予以解释。对格式条款有两种以上解释的，应当作出不利于提供格式条款一方的解释。格式条款和非格式条款不一致的，应当采用非格式条款。

4.2.4　合同的订立程序

当事人订立合同，可以采取要约、承诺或者其他方式。

1. 要约

1）要约的概念

要约是希望与他人订立合同的意思表示，该意思表示应当符合下列条件：内容具体、确定；表明经受要约人承诺，要约人即受该意思表示约束。"具体"是指要约的内容经过对方的承诺就成为合同的内容，所以应具备合同能够成立的必备条款。"确定"是指要约应当是要约人考虑的最后结果，不能含糊不清，否则极易出现纠纷。表明经受要约人承诺，要约人即受该意思表示约束，是指要约人表达出强烈的缔约意图，也是要约与要约邀请的主要区别。

2）要约邀请

要约邀请是希望他人向自己发出要约的表示，不属于订立合同的法定程序，是订立合同的准备行为。拍卖公告、招标公告、招股说明书、债券募集办法、基金招募说明书、商业广告和宣传、寄送的价目表等为要约邀请。

商业广告和宣传的内容符合要约条件的，构成要约。另外，悬赏广告虽名为"广告"，但其本质也属于要约。悬赏人以公开方式声明对完成特定行为的人支付报酬的，完成该行为的人可以请求其支付。

3）要约的生效和失效

要约本质是意思表示，故要约生效适用《民法典》总则编的规定，详见本书3.3节"意思表示"部分内容。

要约失效是指要约丧失法律效力，即要约人不再受到要约的约束，受要约人也失去了承诺的权利。有下列情形之一的，要约失效：①要约被拒绝；②要约被依法撤销；③承诺期限届满，受要约人未作出承诺；④受要约人对要约的内容作出实质性变更。

4）要约的撤回和撤销

要约撤回是指要约人在发出要约后、要约生效前，使要约不发生法律效力的意思表示。要约未生效，要约人撤回要约不会对交易产生不良影响，因此要约可以撤回。行为人撤回意思表示的通知应当在意思表示到达相对人前或者与意思表示同时到达相对人。

要约撤销是指要约人在要约生效后，使要约丧失法律效力的意思表示。要约可以撤销，但是有下列情形之一的除外：①要约人以确定承诺期限或者其他形式明示要约不可撤销；②受要约人有理由认为要约是不可撤销的，并已经为履行合同做了合理准备工作。撤销要约的意思表示以对话方式作出的，该意思表示的内容应当在受要约人作出承诺之前为受要约人所知道；撤销要约的意思表示以非对话方式作出的，应当在受要约人作出承诺之前到达受要约人。

2. 承诺

1）承诺的概念

承诺是受要约人同意要约的意思表示。承诺生效时合同成立，但是法律另有规定或者当事人另有约定的除外。承诺应当具备以下条件。

（1）承诺必须由受要约人向要约人作出。如果由受要约人的代理人作出承诺，代理人须有合法的委托手续；承诺若由第三人作出或者向第三人作出，则不是承诺，而视为新要约。

（2）承诺的内容应当和要约的内容一致。受要约人对要约的内容作出实质性变更的，为新要约。有关合同标的、数量、质量、价款或者报酬、履行期限、履行地点和方式、违约责任和解决争议方法等的变更，是对要约内容的实质性变更。承诺对要约的内容作出非实质性变更的，除要约人及时表示反对或者要约表明承诺不得对要约的内容作出任何变更外，该承诺有效。合同的内容以承诺的内容为准。

（3）承诺应当在要约确定的期限内到达要约人。由于承诺只有到达要约人时才生效，因此，到达应当有一定的期限限制，以利于提高交易的效率。要约没有确定承诺期限的，承诺应当依照下列规定到达：要约以对话方式作出的，应当即时作出承诺；要约以非对话方式作出的，承诺应当在合理期限内到达。

承诺应当以通知的方式作出；但是，根据交易习惯或者要约表明可以通过行为作出承诺的除外。

2）承诺的生效

由于承诺生效时合同成立，所以确定承诺到达要约人的时间非常重要。以通知方式作出的承诺，同要约的生效相同，生效时间适用《民法典》总则编的规定，详见本书 3.3 节"意思表示"部分内容。承诺不需要通知的，根据交易习惯或者要约的要求作出承诺的行为时生效。

3）承诺的迟延和迟到

承诺的迟延是受要约人超过承诺期限发出承诺，或者在承诺期限内发出承诺，按照通常情形不能及时到达要约人的情况。这种情况下，迟延的承诺为新要约；但是，要约人及时通知受要约人该承诺有效的除外。

受要约人在承诺期限内发出承诺，按照通常情形能够及时到达要约人，但是因其他原因致使承诺到达要约人时超过承诺期限的，为承诺的迟到。除要约人及时通知受要约人因承诺超过期限不接受该承诺外，该承诺有效。

4）承诺的撤回

承诺可以撤回。承诺的撤回与前文"要约的撤回"规定相同。

3. 国家订货合同及强制要约、强制承诺

国家根据抢险救灾或者其他需要下达国家订货任务、指令性任务的，有关民事主体之间应当依照有关法律、行政法规规定的权利和义务订立合同。

依照法律、行政法规的规定负有发出要约义务的当事人，应当及时发出合理的要约。依照法律、行政法规的规定负有作出承诺义务的当事人，不得拒绝对方合理的订立合同要求。

4.3　合同的成立与效力

4.3.1　合同的成立

1. 合同成立的时间

1）一般规则

在一般情况下，承诺生效时合同成立。但是法律另有规定或者当事人另有约定的除外。

2）特殊规则

当事人采用合同书形式订立合同的，自当事人均签名、盖章或者按指印时合同成立。在签名、盖章或者按指印之前，当事人一方已经履行主要义务，对方接受时，该合同成立。法律、行政法规规定或者当事人约定合同应当采用书面形式订立，当事人未采用书面形式但是一方已经履行主要义务，对方接受时，该合同成立。

当事人采用信件、数据电文等形式订立合同要求签订确认书的，签订确认书时合同成立。当事人一方通过互联网等信息网络发布的商品或者服务信息符合要约条件的，对方选择该商品或者服务并提交订单成功时合同成立，但是当事人另有约定的除外。

2. 合同成立的地点

1）一般规则

通常情况下，承诺生效的地点为合同成立的地点。

2）特殊规则

采用数据电文形式订立合同的，收件人的主营业地为合同成立的地点。收件人没有主营业地的，其住所地为合同成立的地点。当事人另有约定的，按照其约定。

当事人采用合同书形式订立合同的，最后签名、盖章或者按指印的地点为合同成立的地点，但是当事人另有约定的除外。

3. 缔约过失责任

1）缔约过失责任的概念

缔约过失责任是指合同当事人在订立合同的过程中，因违反法律规定、违背诚实信用原则，致使合同未能成立并给对方造成损失而应承担的损害赔偿责任。缔约过失责任发生在合同成立之前，保护的是先合同义务，与违约责任保护合同义务有明显区别。

2）缔约过失责任的适用情形

《民法典》合同编规定，当事人在订立合同过程中有下列情形之一，造成对方损失的，应当承担赔偿责任：①假借订立合同，恶意进行磋商；②故意隐瞒与订立合同有关的重要事实或者提供虚假情况；③有其他违背诚信原则的行为。

同样作为先合同义务的保密义务也受到法律保护。当事人在订立合同过程中知悉的商业秘密或者其他应当保密的信息，无论合同是否成立，不得泄露或者不正当地使用；泄露、不正当地使用该商业秘密或者信息，造成对方损失的，应当承担赔偿责任。

4.3.2　合同的效力

合同的效力是指依法成立后的合同在当事人之间产生的法律约束力。

1. 合同的生效

合同的生效，是指已经依法成立的合同，发生相应的法律效力。合同的生效是以合同成立为前提的。合同的成立，指当事人经过要约和承诺，意思表示一致而达成协议。合同的成立是合同存在的事实状态，而合同的生效则是合同取得了国家法律的认可，产生了法律效力。合同作为一种民事法律行为，应具备《民法典》总则编第六章民事法律行为中规定的关于有效的民事法律行为的三个要件（详见本书 3.3 节）。同时《民法典》合同编规定，依法成立的合同，自成立时生效，但是法律另有规定或者当事人另有约定的除外。依照法律、行政法规的规定，合同应当办理批准等手续的，依照其规定。未办理批准等手续影响合同生效的，不影响合同中履行报批等义务条款以及相关条款的效力。应当办理申请批准等手续的当事人未履行义务的，对方可以请求其承担违反该义务的责任。依照法律、行政法规的规定，合同的变更、转让、解除等情形应当办理批准等手续的，适用上述规定。

2. 合同的效力规则

合同按照效力可分为有效合同、无效合同、可撤销的合同和效力待定的合同。由于在《民法典》总则部分对民事法律行为作出了相应的规定，合同作为一种民事法律行为，《民法典》合同编对合同生效、无效、可撤销合同和效力待定合同没有具体规定的，适用《民法典》总则部分第六章"民事法律行为效力"的有关规定（详见本书 3.3 节）。

（1）法人的法定代表人或者非法人组织的负责人超越权限订立的合同的效力。法人的法定代表人或者非法人组织的负责人超越权限订立的合同，除相对人知道或者应当知道其超越权限外，该代表行为有效，订立的合同对法人或者非法人组织发生效力。

（2）当事人超越经营范围订立的合同的效力。当事人超越经营范围订立的合同的效力，应当依照《民法典》总则部分第六章"民事法律行为效力"的有关规定（详见本书 3.3 节）和《民法典》合同编的有关规定确定，不得仅以超越经营范围确认合同无效。

（3）无权代理人订立合同的效力。无权代理人以被代理人的名义订立合同，被代理人已经开始履行合同义务或者接受相对人履行的，视为对合同的追认。

（4）免责条款的无效。合同中的造成对方人身损害的、因故意或者重大过失造成对方财产损失的免责条款无效。免责条款是合同的免责事由之一（详见本书4.6 节）。

（5）合同中有关解决争议方法的条款的效力。合同不生效、无效、被撤销或者终止的，不影响合同中有关解决争议方法的条款的效力。

4.4　合同的履行

4.4.1　合同的履行规则

1. 合同履行的基本规则

合同的履行，是指合同各方依据法律规定和合同的约定所为的给付行为。合同的履行应当遵循全面、诚信和绿色的原则。

当事人应当按照约定全面履行自己的义务。在合同的履行中，当事人应当遵循诚信原则，根据合同的性质、目的和交易习惯履行通知、协助、保密等义务。当事人在履行合同过程中，应当避免浪费资源、污染环境和破坏生态。

合同成立后也应遵循情势变更原则。合同成立后，合同的基础条件发生了当事人在订立合同时无法预见的、不属于商业风险的重大变化，继续履行合同对于当事人一方明显不公平的，受不利影响的当事人可以与对方重新协商；在合理期限内协商不成的，当事人可以请求人民法院或者仲裁机构变更或者解除合同。人民法院或者仲裁机构应当结合案件的实际情况，根据公平原则变更或者解除合同。

合同生效后，当事人不得因姓名、名称的变更或者法定代表人、负责人、承办人的变动而不履行合同义务。

2. 合同没有约定或约定不明的履行规则

合同生效后，当事人就质量、价款或者报酬、履行地点等内容没有约定或者约定不明确的，可以协议补充；不能达成补充协议的，按照合同相关条款或者交易习惯确定。依照上述履行原则仍不能确定的，适用下列规定。

（1）质量要求不明确的履行规则。质量要求不明确的，按照强制性国家标准履行；没有强制性国家标准的，按照推荐性国家标准履行；没有推荐性国家标准的，按照行业标准履行；没有国家标准、行业标准的，按照通常标准或者符合合同目的的特定标准履行。

（2）价款或者报酬不明确的履行规则。价款或者报酬不明确的，按照订立合同时履行地的市场价格履行；依法应当执行政府定价或者政府指导价的，依照规定履行。执行政府定价或者政府指导价的，在合同约定的交付期限内政府价格调整时，按照交付时的价格计价。逾期交付标的物的，遇价格上涨时，按照原价格执行；价格下降时，按照新价格执行。逾期提取标的物或者逾期付款的，遇价格上涨时，按照新价格执行；价格下降时，按照原价格执行。

（3）履行地点不明确的履行规则。履行地点不明确，给付货币的，在接受货币一方所在地履行；交付不动产的，在不动产所在地履行；其他标的，在履行义务一方所在地履行。

（4）履行期限不明确的履行规则。履行期限不明确的，债务人可以随时履行，债权人也可以随时请求履行，但是应当给对方必要的准备时间。

（5）履行方式不明确的履行规则。履行方式不明确的，按照有利于实现合同目的的方式履行。

（6）履行费用的负担不明确的履行规则。履行费用的负担不明确的，由履行义务一方负担；因债权人原因增加的履行费用，由债权人负担。

3. 其他情况下的履行规则

1）电子合同的履行

通过互联网等信息网络订立的电子合同的标的为交付商品并采用快递物流方式交付的，收货人的签收时间为交付时间。电子合同的标的为提供服务的，生成的电子凭证或者实物凭证中载明的时间为提供服务时间；前述凭证没有载明时间或者载明时间与实际提供服务时间不一致的，以实际提供服务的时间为准。电子合同的标的物为采用在线传输方式交付的，合同标的物进入对方当事人指定的特定系统且能够检索识别的时间为交付时间。电子合同当事人对交付商品或者提供服务的方式、时间另有约定的，按照其约定。

2）金钱之债的履行

以支付金钱为内容的债，除法律另有规定或者当事人另有约定外，债权人可以请求债务人以实际履行地的法定货币履行。

3）选择之债的履行

标的有多项而债务人只需履行其中一项的，债务人享有选择权；但是，法律另有规定、当事人另有约定或者另有交易习惯的除外。享有选择权的当事人在约定期限内或者履行期限届满未做选择，经催告后在合理期限内仍未选择的，选择权转移至对方。

当事人行使选择权应当及时通知对方，通知到达对方时，标的确定。标的确定后不得变更，但是经对方同意的除外。

可选择的标的发生不能履行情形的，享有选择权的当事人不得选择不能履行的标的，但是该不能履行的情形是由对方造成的除外。

4）按份之债的履行

债权人为二人以上，标的可分，按照份额各自享有债权的，为按份债权；债务人为二人以上，标的可分，按照份额各自承担债务的，为按份债务。按份债权人或者按份债务人的份额难以确定的，视为份额相同。

5）连带之债的履行

债权人为二人以上，部分或者全部债权人均可以请求债务人履行债务的，为连带债权；债务人为二人以上，债权人可以请求部分或者全部债务人履行全部债务的，为连带债务。连带债权或者连带债务，由法律规定或者当事人约定。连带债务人之间的份额难以确定的，视为份额相同。

实际承担债务超过自己份额的连带债务人，有权就超出部分在其他连带债务人未履行的份额范围内向其追偿，并相应地享有债权人的权利，但是不得损害债权人的利益。其他连带债务人对债权人的抗辩，可以向该债务人主张。被追偿的连带债务人不能履行其应分担份额的，其他连带债务人应当在相应范围内按比例分担。

6）债权人分立、合并或变更住所未通知债务人致使履行困难

债权人分立、合并或者变更住所没有通知债务人，致使履行债务发生困难的，债务人可以中止履行或者将标的物提存。

7）提前履行

债权人可以拒绝债务人提前履行债务，但是提前履行不损害债权人利益的除外。债务人提前履行债务给债权人增加的费用，由债务人负担。

8）部分履行

债权人可以拒绝债务人部分履行债务，但是部分履行不损害债权人利益的除外。债务人部分履行债务给债权人增加的费用，由债务人负担。

9）涉及第三人的合同履行

（1）向第三人履行的合同。当事人约定由债务人向第三人履行债务的合同是利他合同。当事人约定由债务人向第三人履行债务的，债务人未向第三人履行债务或者履行债务不符合约定的，应当向债权人承担违约责任。法律规定或者当事人约定第三人可以直接请求债务人向其履行债务，第三人未在合理期限内明确拒绝，债务人未向第三人履行债务或者履行债务不符合约定的，第三人可以请求债务人承担违约责任；债务人对债权人的抗辩，可以向第三人主张。

（2）由第三人履行的合同。当事人约定由第三人向债权人履行债务，第三人不履行债务或者履行债务不符合约定的，债务人应当向债权人承担违约责任。

债务人不履行债务，第三人对履行该债务具有合法利益的，第三人有权向债权人代为履行；但是，根据债务性质、按照当事人约定或者依照法律规定只能由债务人履行的除外。债权人接受第三人履行后，其对债务人的债权转让给第三人，但是债务人和第三人另有约定的除外。

4.4.2　双务合同履行中的抗辩权

在双务合同的履行中，合同当事人对对方负有义务，其履行直接影响对方的合同利益，产生了履行上的牵连性。所以在双务合同的履行中设置抗辩权，使当事人在法定情况下可以对抗对方的请求权，当事人的拒绝履行行为不构成违约，更好地维护当事人的合法权益。

1. 同时履行抗辩权

同时履行抗辩权，是指双务合同的当事人应同时履行义务的，一方在对方未履行前，有拒绝对方请求自己履行合同的权利。《民法典》合同编规定，当事人互负债务，没有先后履行顺序的，应当同时履行。一方在对方履行之前有权拒绝其履行要求。一方在对方履行债务不符合约定时，有权拒绝其相应的履行要求。

2. 后履行抗辩权

后履行抗辩权，是指双务合同中应先履行义务的一方当事人未履行时，另一方当事人有拒绝对方请求履行的权利。《民法典》合同编规定，当事人互负债务，有先后履行顺序，应当先履行债务一方未履行的，后履行一方有权拒绝其履行请求。先履行一方履行债务不符合约定的，后履行一方有权拒绝其相应的履行请求。

3. 不安抗辩权

不安抗辩权，是指双务合同中应先履行义务的一方当事人，有证据证明对方当事人不能或可能不能履行合同义务时，在对方当事人未履行合同或就合同履行提供担保之前，有暂时中止履行合同的权利。《民法典》合同编规定，应当先履行债务的当事人，有确切证据证明对方有下列情形之一的，可以中止履行：①经营状况严重恶化；②转移财产、抽逃资金，以逃避债务；③丧失商业信誉；④有丧失或者可能丧失履行债务能力的其他情形。

当事人没有确切证据中止履行合同，应当承担违约责任。当事人行使不安抗辩权中止履行的，应当及时通知对方。对方提供适当担保时，应当恢复履行。中止履行后，对方在合理期限内未恢复履行能力且未提供适当担保的，视为以自己的行为表明不履行主要债务，中止履行的一方可解除合同并可以请求对方承担违约责任。

拓展阅读 4.2

4.5　合同的变更、转让和终止

4.5.1　合同的变更

合同变更指合同内容的变更。合同是由当事人协商一致而订立的，经当事人协商一致，可以变更合同。当事人对合同变更的内容应做明确约定。当事人对合同变更的内容约定不明确的，推定为未变更。

合同变更后，当事人应当按照变更后的合同履行。合同的变更，仅对变更后未履行的部分有效，对已履行的部分无溯及力。因合同的变更而使一方当事人受到经济损失的，受损一方可向另一方当事人要求损失赔偿。

4.5.2　合同的转让

合同的转让，即合同主体的变化，指当事人将合同的权利和义务全部或者部分转让给第三人。《民法典》合同编将其分为债权的转让和债务的转让，当事人一方经对方同意，可以将自己在合同中的权利和义务一并转让给第三人。

1. 债权转让

债权人可以将债权的全部或者部分转让给第三人，其中债权人是让与人，第三人是受让人。下列情形中的债权不得转让：①债权性质不得转让；②按照当事人约定不得转让；③依照法律规定不得转让。当事人约定非金钱债权不得转让的，不得对抗善意第三人。当事人约定金钱债权不得转让的，不得对抗第三人。因债权转让增加的履行费用，由让与人负担。

债权人转让债权，无须债务人同意，但应当通知债务人。未通知债务人的，该转让对债务人不发生效力。债权转让的通知不得撤销，但是经受让人同意的除外。债权人转让债权的，受让人取得与债权有关的从权利，但是该从权利专属于债权人自身的除外。受让人取得从权利不因该从权利未办理转移登记手续或者未转移占有而受到影响。

债权人转让权利，无须债务人同意，但债权人转让权利不得损害债务人的利益，不应影响债务人的权利。债务人接到债权转让通知后，债务人对让与人的抗辩，可以向受让人主张。

有下列情形之一的，债务人可以向受让人主张抵销：①债务人接到债权转让通知时，债务人对让与人享有债权，且债务人的债权先于转让的债权到期或者同时到期；②债务人的债权与转让的债权是基于同一合同产生。

2. 债务转移

债务人将债务的全部或者部分转移给第三人的，应当经债权人同意。债务人或者第三人可以催告债权人在合理期限内予以同意，债权人未做表示的，视为不同意。因为新债务人的资信情况以及履行债务的能力，都必须得到债权人的认可，以免债权人的利益受到不利影响。债务人转移债务的，新债务人可以主张原债务人对债权人的抗辩；原债务人对债权人享有债权的，新债务人不得向债权人主张抵销。新债务人应当承担与主债务有关的从债务，但是该从债务专属于原债务人自身的除外。

第三人与债务人约定加入债务并通知债权人，或者第三人向债权人表示愿意加入债务，债权人未在合理期限内明确拒绝的，债权人可以请求第三人在其愿意承担的债务范围内和债务人承担连带债务。

3. 合同权利与义务的一并转让

合同的权利义务可以一并转让，称为合同权利义务的概括转让，其本质是由第三人取代合同转让方的地位，产生新的合同关系。《民法典》合同编对此进行了规定：当事人一方经对方同意，可以将自己在合同中的权利和义务一并转让给第三人。合同权利和义务一并转让的，适用债权转让、债务转移的有关规定。

4.5.3　合同的权利义务终止

合同的权利义务终止是指因发生法律规定或当事人约定的情况，使当事人之间的权利义务关系消灭，而使合同终止法律效力。

1. 合同权利义务终止的原因

有下列情形之一的，债权债务终止：①债务已经履行；②债务相互抵销；③债务人依法将标的物提存；④债权人免除债务；⑤债权债务同归于一人；⑥法律规定或者当事人约定终止的其他情形。合同解除的，该合同的权利义务关系终止。

债权债务终止后，有时当事人还负有后合同义务。根据诚实信用原则和交易习惯，债权债务终止后，当事人应当履行通知、协助、保密、旧物回收等义务。当事人一方违反后合同义务，给对方当事人造成损失，应当向其赔偿实际损失。

债权债务终止时，债权的从权利同时消灭，但是法律另有规定或者当事人另有约定的除外。此外，合同的权利义务关系终止，不影响合同中结算和清理条款的效力。

2. 清偿

债务已经按照合同约定履行就是清偿。清偿是合同终止的最主要和最常见的原因。合同的履行一般应由本人完成，代理人或者第三人也可以清偿，产生合同终止的效果。

债务人对同一债权人负担的数项债务种类相同，债务人的给付不足以清偿全部债务的，除当事人另有约定外，由债务人在清偿时指定其履行的债务。债务人未做指定的，应当优先履行已经到期的债务；数项债务均到期的，优先履行对债权人缺乏担保或者担保最少的债务；均无担保或者担保相等的，优先履行债务人负担较重的债务；负担相同的，按照债务到期的先后顺序履行；到期时间相同的，按照债务比例履行。

债务人在履行主债务外还应当支付利息和实现债权的有关费用，其给付不足以清偿全部债务的，除当事人另有约定外，应当按照下列顺序履行：①实现债权的有关费用；②利息；③主债务。

3. 合同的解除

合同的解除，是指已成立生效的合同因发生法律规定的情形或经当事人协商一致，而使合同关系终止。合同的解除分为合意解除与法定解除两种情况。

1）合意解除

合意解除是指根据当事人事先约定的情况或经当事人协商一致而解除合同。在订立合同时，当事人可以约定一方解除合同的事由。解除合同的事由发生时，解除权人可以解除合同。

2）法定解除

法定解除是指根据法律规定的情形而解除合同。有下列情形之一的，当事人可以解除合同：①因不可抗力致使不能实现合同目的；②在履行期限届满前，当事人一方明确表示或者以自己的行为表明不履行主要债务；③当事人一方迟延履行主要债务，经催告后在合理期限内仍未履行；④当事人一方迟延履行债务或者有其他违约行为致使不能实现合同目的；⑤法律规定的其他情形。以持续履行的债务为内容的不定期合同，当事人可以随时解除合同，但是应当在合理期限之前通知对方。

3）合同解除的效力

对于合同解除的法律效力是否溯及既往，《民法典》合同编做了较为灵活的处理，规定合同解除后，尚未履行的，终止履行；已经履行的，根据履行情况和合同性质，当事人可以请求恢复原状或者采取其他补救措施，并有权请求赔偿损失。合同因违约解除的，解除权人可以请求违约方承担违约责任，但是当事人另有约定的除外。主合同解除后，担保人对债务人应当承担的民事责任仍应当承担担保责任，但是担保合同另有约定的除外。

4）合同解除权的行使

当事人一方依法主张解除合同的，应当通知对方。合同自通知到达对方时解除；通知载明债务人在一定期限内不履行债务则合同自动解除，债务人在该期限内未履行债务的，合同自通知载明的期限届满时解除。对方对解除合同有异议的，任何一方当事人均可以请求人民法院或者仲裁机构确认解除行为的效力。当事人一方未通知对方，直接以提起诉讼或者申请仲裁的方式依法主张解除合同，人民法院或者仲裁机构确认该主张的，合同自起诉状副本或者仲裁申请书副本送达对方时解除。

法律规定或者当事人约定解除权行使期限，期限届满当事人不行使的，该权利消灭。法律没有规定或者当事人没有约定解除权行使期限，自解除权人知道或者应当知道解除事由之日起一年内不行使，或者经对方催告后在合理期限内不行使的，该权利消灭。

4. 债务抵销

当事人互为债权人和债务人时，对债务可行使抵销的权利，抵销产生使合同终止的效力。抵销分为法定抵销与约定抵销。法定抵销是指依法律规定的抵销条件抵销合同债务，约定抵销是指依当事人自行达成的协议抵销合同债务。

当事人互负债务，该债务的标的物种类、品质相同的，任何一方可以将自己的债务与对方的到期债务抵销；但是，根据债务性质、按照当事人约定或者依照法律规定不得抵销的除外。当事人主张抵销的，应当通知对方，通知自到达对方时生效。抵销不得附条件或者附期限。当事人互负债务，标的物种类、品质不相同的，经协商一致，也可以抵销。

5. 提存

1）提存的条件

提存是指在合同履行中，由于合同债权人的原因，债务人无法向其交付合同标的物时，债务人将标的物提交给提存机关而使合同权利义务终止的一种法律制度。有下列情形之一，致使债务人难以履行债务，债务人可以将标的物提存：①债权人无正当理由拒绝受领；②债权人下落不明；③债权人死亡未确定继承人、遗产管理人，或者丧失民事行为能力未确定监护人；④法律规定的其他情形。

标的物不适于提存或者提存费用过高的，债务人依法可以拍卖或者变卖标的物，提存所得的价款。

2）提存的效力

债务人将标的物或者将标的物依法拍卖、变卖所得价款交付提存部门时，提存成立。提存成立的，视为债务人在其提存范围内已经交付标的物。

标的物提存后，债务人应当及时通知债权人或者债权人的继承人、遗产管理人、监护人、财产代管人。

标的物提存后，毁损、灭失的风险由债权人承担。提存期间，标的物的孳息归债权人所有。提存费用由债权人负担。

3）提存物的领取

债权人可以随时领取提存物。但是，债权人对债务人负有到期债务的，在债权人未履行债务或者提供担保之前，提存部门根据债务人的要求应当拒绝其领取提存物。债权人领取提存物的权利，自提存之日起 5 年内不行使而消灭，提存物扣除提存费用后归国家所有。

债权人未履行对债务人的到期债务，或者债权人向提存部门书面表示放弃领取提存物权利的，债务人负担提存费用后有权取回提存物。

6. 债的免除与混同

（1）债的免除。债权人免除债务人部分或者全部债务的，债权债务部分或者全部终止，但是债务人在合理期限内拒绝的除外。

（2）债的混同。债权和债务同归于一人的，即债权债务混同时，债权债务终止，但是损害第三人利益的除外。

4.6　违约责任

4.6.1　违约责任概述

1. 违约责任的概念和特征

违约责任是当事人违反合同义务所应承担的民事责任。根据《民法典》合同编的规定，当事人一方不履行合同义务或者履行合同义务不符合约定的，应当承担继续履行、采取补救措施或者赔偿损失等违约责任。

违约责任的法律特征有：①违约责任主要表现为财产责任，可由当事人在法律规定的范围内事先约定；②违约责任作为民事责任的一种，以补偿性为主、惩罚性为辅；③违约责任具有相对性，即违约责任只能在合同关系的当事人之间发生。如《民法典》规定，当事人一方因第三人的原因造成违约的，应当依法向对方承担违约责任。当事人一方和第三人之间的纠纷，依照法律规定或者按照约定处理。

2. 违约责任的归责原则

归责原则指的是确定违反合同义务的一方当事人承担民事责任的法律原则。该原则是确定行为人承担民事规则的根据和标准，有过错责任原则和严格责任原则两种。过错责任原则指的是在一方违反合同义务时，应以过错作为确定责任的依据。严格责任原则则相反，也就是只要合同当事人有违约行为的存在，除了法定或者约定的免责事由以外，都应当承担违约责任。

我国合同法律制度采取了严格责任为主、过错责任为例外的归责原则。一般情况下，只要当事人实施了违约行为，就推定其主观上存在过错。对方仅需证明违约方的行为构成违约即可要求对方承担违约责任。

4.6.2　违约行为

违约行为是指合同当事人不履行或者不适当履行合同义务的行为。违约行为的发生以合同关系存在为前提，是构成违约责任的首要条件。没有违约行为就谈不上当事人承担违约责任。

1. 不履行和不适当履行

违约行为可分为不履行和不适当履行两大类。不履行是指当事人根本没有履行合同义务。不适当履行是指当事人虽然有履行合同的行为，但履行的内容不符合同的约定。

2. 届期违约和预期违约

按照违约行为发生的时间，违约行为可分为届期违约和预期违约。当事人在合同履行期限届满后不履行合同为届期违约，也称实际违约。预期违约指的是当事人在合同履行期限届满之前便以明示或暗示的行为表示将不履行合同。追究预期违约行为的责任，可以更好地保障合同当事人的正当权益。《民法典》合同编规定，当事人一方明确表示或者以自己的行为表明不履行合同义务的，对方可以在履行期限届满前请求其承担违约责任。同时如前文所述，《民法典》对合同法定解除情形的规定也包括预期违约。

3. 单方违约和双方违约

按照违约的人数，违约行为可分为单方违约和双方违约。一方当事人违约称为单方违约，双方当事人都违约的就是双方违约。单方违约的，单方承担违约责任。当事人都违约的，应当各自承担相应的责任。

4.6.3　承担违约责任的方式

1. 实际履行

实际履行是指在一方违反合同时，另一方有权要求其依据合同的约定继续履行合同。当然，当事人一方不履行债务或者履行债务不符合约定，根据债务的性质不得强制履行的，对方可以请求其负担由第三人替代履行的费用。

（1）金钱债务的实际履行。当事人一方未支付价款、报酬、租金、利息，或者不履行其他金钱债务的，对方可以请求其支付。

（2）非金钱债务的实际履行。当事人一方不履行非金钱债务或者履行非金钱债务不符合约定的，对方可以请求履行，但是有下列情形之一的，当事人不能要求继续履行：①法律上或者事实上不能履行，如作为特定物的标的物已经灭失或者毁损，不能要求对方继续履行；②债务的标的不适于强制履行或者履行费用过高；③债权人在合理期限内未请求履行。有前述规定的三种除外情形之一，致使不能实现合同目的的，人民法院或者仲裁机构可以根据当事人的请求终止合同权利义务关系，但是不影响违约责任的承担。

2. 采取补救措施

补救措施，是债务人履行合同义务不符合约定，可根据合同履行情况要求债务人采取的补救履行措施。当事人履行合同义务，履行不符合约定的，应当按照当事人的约定承担违约责任。对违约责任没有约定或者约定不明确，可以协议补充，不能达成补充协议的，按照合同相关条款或者交易习惯确定。若仍不能确定，受损害方根据标的性质以及损失的大小，可以合理选择请求对方承担修理、更换、重作、退货、减少价款或者报酬等违约责任。

3. 损害赔偿

损害赔偿是指当事人一方不履行合同义务或者履行合同义务不符合约定的，在履行义务或者采取补救措施后，对方还有其他损失的，应当承担的损失赔偿责任。

损害赔偿采取完全赔偿原则，即损害赔偿范围应当相当于因违约所造成的受害人的实际损失和合同履行后的可得利益损失。但是损害赔偿不得超过违约一方订立合同时预见到或者应当预见到的因违约可能造成的损失。同时根据诚信原则，当事人一方违约后，对方应当采取适当措施防止损失的扩大；没有采取适当措施致使损失扩大的，不得就扩大的损失请求赔偿。当事人因防止损失扩大而支出的合理费用，由违约方负担。

债务人按照约定履行债务，债权人无正当理由拒绝受领的，债务人可以请求债权人赔偿增加的费用。在债权人受领迟延期间，债务人无须支付利息。

4. 支付违约金

违约金是按照当事人预先约定，一方当事人违约时应当根据违约情况向对方支付的一定数额的金钱。违约金的主要特点在于免除非违约方的举证责任，确保债权的顺利实现。所以，支付违约金可以与实际履行的违约责任承担方式并存。

（1）违约金的构成。当事人可以约定一方违约时应当根据违约情况向对方支付一定数额的违约金，也可以约定因违约产生的损失赔偿额的计算方法。

（2）违约金的调整。违约金具有补偿性而非惩罚性，约定违约金数额时应当预先估计违约可能造成的损失，并与此大致相当。因此，约定的违约金低于造成的损失的，人民法院或者仲裁机构可以根据当事人的请求予以增加；约定的违约金过分高于造成的损失的，人民法院或者仲裁机构可以根据当事人的请求予以适当减少。当事人就迟延履行约定违约金的，违约方支付违约金后，还应当履行债务。

（3）违约金与定金竞合。当事人既约定违约金，又约定定金的，一方违约时，对方可以选择适用违约金或者定金条款。定金不足以弥补一方违约造成的损失的，对方可以请求赔偿超过定金数额的损失。

定金属于合同担保的一种方式。当事人可以约定一方向对方给付定金作为债权的担保。定金合同自实际交付定金时成立。定金的数额由当事人约定；但是，不得超过主合同标的额的 20%，超过部分不产生定金的效力。实际交付的定金数额多于或者少于约定数额的，视为变更约定的定金数额。

因具备担保作用，所以定金具备一定惩罚性，相关规则被称为"定金罚则"。债务人履行债务的，定金应当抵作价款或者收回。给付定金的一方不履行债务或者履行债务不符合约定，致使不能实现合同目的的，无权请求返还定金；收受定金的一方不履行债务或者履行债务不符合约定，致使不能实现合同目的的，应当双倍返还定金。

4.6.4　免责事由

免责事由又称免责条件，是指法律规定或者合同约定的当事人对其不履行或者不适当履行合同义务免予承担违约责任的条件，通常包括不可抗力、受侵害人过错、免责条款。

1. 不可抗力

不可抗力是指当事人不能预见、不能避免并且不能克服的客观情况。

不可抗力是指一种客观情况，不可抗力的不可预见是指合同当事人以现有的技术水平和经验无法预知客观情况的发生。不可避免是指当事人虽尽最大努力，但对不可抗力及其损害后果的发生都不能加以克服，因而无法履行或者适当履行合同义务。

当事人因第三人的原因导致其违约的，不得作为不可抗力而免责，而应当向对方承担违约责任。当事人一方和第三人之间的纠纷，依照法律规定或者当事人之间的约定解决。

不可抗力可分为：①自然原因的不可抗力，即达到一定强度的自然现象，如地震、台风、洪水等；②社会原因的不可抗力，即由于社会矛盾激化而构成的不能预见、不能避免并不能克服的客观情况，如战争、武装冲突、罢工等；③国家原因的不可抗力。国家权力的行使及其后果，有时也是人们所无法预见、不能避免并且不能克服的，构成不可抗力。此外，当事人可以在合同中约定不可抗力的范围。

不可抗力对合同履行的影响大小及影响范围各异。因此，免除违约责任的范围也应当有所不同。部分或者全部免责有赖于不可抗力对当事人履行合同义务的影响程度，但是法律另有规定的除外。而且，不可抗力作为免责事由以其发生于合同履行期间为条件，如果不可抗力发生在当事人一方迟延履行后，则迟延履行一方当事人不得以不可抗力作为免责事由。因不可抗力不能履行合同的，应当及时通知对方，以减轻可能给对方造成的损失，并应当在合理期限内提供证明。

2. 受侵害人过错

受侵害人过错是指受侵害人对于违约行为或者违约损害后果的发生或者扩大存在过错。《民法典》合同编规定，当事人一方违约造成对方损失，对方对损失的发生有过错的，可以减少相应的损失赔偿额。

3. 免责条款

免责条款是指当事人在合同中约定的，旨在免除或者限制其将来可能发生的违约责任的条款。免责条款的产生结合了风险管理的需求和合同的意思自治原则。当发生免责条款规定情形时，当事人即使有违约行为，也可以免除或者减轻违约责任。但如前文所述，《民法典》规定，在合同中约定的"造成对方人身损害的"或者"因故意或重大过失造成对方财产损失的"的免责条款无效。

4.7　旅游服务合同

4.7.1　旅游服务合同概述

1. 旅游服务合同的概念和特征

1）旅游服务合同的概念

旅游服务合同是旅游经营者与旅游者约定旅游活动过程中旅行社和旅游者之间权利义务关系的协议。

旅游服务合同是有关部门受理投诉、司法部门审理案件的重要依据，是保护旅游者与旅游经营者合法权益的重要手段，对旅游市场的规范也起重要作用。故《旅游法》第五章专门规定了旅游服务合同，同时规定旅行社组织和安排旅游活动，应当与旅游者订立合同。

旅游服务合同属于典型合同，优先适用《旅游法》的规定，如《旅游法》没有规定，则适用《民法典》合同编的规定。

2）旅游服务合同的特征

（1）旅游服务合同是双务、有偿、诺成合同。旅游服务合同中旅行社向旅游者提供旅游服务，旅游者支付相应费用，权利义务具有对价性，体现了其双务、有偿的性质。同时，旅游服务合同自当事人双方意思表示一致时即可成立，属于诺成合同。

（2）旅游服务合同的标的具有特殊性。旅游服务合同的标的是旅游服务，一般是指安排旅程及提供交通、餐饮、住宿、导游及其他有关服务，与其他合同有着明显的区别。

（3）旅游服务合同多为格式合同。因旅游行业的常规需要，实践中多数旅行社都会预先拟定好格式合同以降低交易成本、提高交易效率。但格式化的旅游服务合同也常出现损害旅游者利益的条款，有必要对其进行法律规制。

2. 旅游服务合同的分类

（1）包价旅游合同。包价旅游合同即传统意义上的组团合同，在实践中大量存在。《旅游法》规定，包价旅游合同，是指旅行社预先安排行程，提供或者通过履行辅助人提供交通、住宿、餐饮、游览、导游或者领队等两项以上旅游服务，旅游者以总价支付旅游费用的合同。

（2）旅游代办合同。旅游代办合同，是实践中另一种常见的合同。旅游者基于自助旅游的需要，借助旅行社的专业和渠道，委托旅行社进行行程设计，代订机票、车票、客房，代办出境、入境和签证手续，以及代办旅游保险等。这些过程中旅游者与旅行社之间签订的合同就是旅游代办合同。《旅游法》规定，旅行社接受旅游者的委托，为其代订交通、住宿、餐饮、游览、娱乐等旅游服务，收取代办费用的，应当亲自处理委托事务。因旅行社的过错给旅游者造成损失的，旅行社应当承担赔偿责任。旅行社接受旅游者的委托，为其提供旅游行程设计、旅游信息咨询等服务的，应当保证设计合理、可行，信息及时、准确。

4.7.2　包价旅游合同的订立

1. 包价旅游合同的形式

《旅游法》规定包价旅游合同应当采用书面形式。主要是因为旅游活动涉及的环节较多，细节复杂，容易产生纠纷，故相对于口头形式，书面形式更加适合包价旅游合同。如果未订立书面形式的包价旅游合同，旅游者已经交纳费用并随团出游，根据《民法典》的规定，仍视为合同成立。

实践中订立包价旅游合同，亦可参考使用国家或地方政府相关部门发布的示范文本。

2. 包价旅游合同的内容

包价旅游合同包括：①旅行社、旅游者的基本信息；②旅游行程安排；③旅游团成团的最低人数；④交通、住宿、餐饮等旅游服务安排和标准；⑤游览、娱乐等项目的具体内容和时间；⑥自由活动时间安排；⑦旅游费用及其交纳的期限和方式；⑧违约责任和解决纠纷的方式；⑨法律、法规规定和双方约定的其他事项。

旅行社应当在旅游行程开始前向旅游者提供旅游行程单。旅游行程单是包价旅游合同的组成部分。

同时为了避免纠纷，《旅游法》还规定，旅行社委托其他旅行社代理销售包价旅游产品并与旅游者订立包价旅游合同的，应当在包价旅游合同中载明委托社和代理社的基本信息。旅行社依照本法规定将包价旅游合同中的接待业务委托给地接社履行的，应当在包价旅游合同中载明地接社的基本信息。安排导游为旅游者提供服务的，应当在包价旅游合同中载明导游服务费用。

3. 包价旅游合同的说明、告知义务

订立包价旅游合同时，旅行社应当向旅游者详细说明前述合同第②项至第⑧项所载内容。同时《旅游法》规定，订立包价旅游合同时，旅行社应当向旅游者告知下列事项：①旅游者不适合参加旅游活动的情形；②旅游活动中的安全注意事项；③旅行社依法可以减免责任的信息；④旅游者应当注意的旅游目的地相关法律、法规和风俗习惯、宗教禁忌，依照中国法律不宜参加的活动等；⑤法律、法规规定的其他应当告知的事项。在包价旅游合同履行中，遇有上述规定事项的，旅行社也应当告知旅游者。

4.7.3　包价旅游合同的履行、变更和转让

1. 包价旅游合同的履行

包价旅游合同一旦签订，就对合同当事人产生法律约束力。故旅行社应当按照包价旅游合同的约定履行义务，不得擅自变更旅游行程安排。

但基于旅游行业专业性的要求，以及旅游活动固有的跨地域性特征，组团社可以将接待业务委托给有资质的地接社履行，但必须符合法律规定。《旅游法》规定，经旅游者同意，旅行社将包价旅游合同中的接待业务委托给其他具有相应资质的地接社履行的，应当与地接社订立书面委托合同，约定双方的权利和义务，向地接社提供与旅游者订立的包价旅游合同的副本，并向地接社支付不低于接待和服务成本的费用。地接社应当按照包价旅游合同和委托合同提供服务。

2. 包价旅游合同的变更

如前所述，旅行社不得随意变更包价旅游合同的内容以及行程安排。但旅游者有需要变更行程的，应该与旅行社进行协商，取得旅行社的同意。《旅游法》规定，旅行社根据旅游者的具体要求安排旅游行程，与旅游者订立包价旅游合同的，旅游者请求变更旅游行程安排，因此增加的费用由旅游者承担，减少的费用退还旅游者。

3. 包价旅游合同的转让

旅游需要旅游者本人参加，但在实践中难免发生旅游者无法按照原计划进行旅游活动的情况。如直接解除旅游合同，将会导致旅行社的部分损失，而允许旅游者将合同权利义务转让给第三人则能尽量避免双方的合同损失。《旅游法》规定，旅游行程开始前，旅游者可以将包价旅游合同中自身的权利义务转让给第三人，旅行社没有正当理由的，不得拒绝，因此增加的费用由旅游者和第三人承担。

包价旅游合同的转让有两点需要注意：①旅游者转让其权利义务应该在旅游行程开始前；②旅行社如果遇有正当理由可以拒绝旅游者的转让请求，如旅游活动对旅游者的身份或者身体素质等有特殊要求、第三人签证办理会延误出团时间等情况。

4.7.4　包价旅游合同的解除

1. 未达成团人数的包价旅游合同解除

组团旅游时，旅游团达到一定人数可以为旅行社带来规模收入，同时可据此

向交通、住宿、景区等经营者争取相应的优惠，并带来更低、更具竞争力的出团价格。这是旅游行业的惯例。所以，从维护旅行社合法收益的角度考虑，并平衡旅游者的权利，赋予旅行社法定解除合同的权利。《旅游法》规定，旅行社招徕旅游者组团旅游，因未达到约定人数不能出团的，组团社可以解除合同。但是，境内旅游应当至少提前7日通知旅游者，出境旅游应当至少提前30日通知旅游者。因未达到约定人数不能出团的，组团社经征得旅游者书面同意，可以委托其他旅行社履行合同。组团社对旅游者承担责任，受委托的旅行社对组团社承担责任。旅游者不同意的，可以解除合同。

因未达到约定的成团人数解除合同的，组团社应当向旅游者退还已收取的全部费用。

2. 因旅游者原因的包价旅游合同解除

为保障旅游者的合法权益，旅行社一般不得随意解除合同，但旅游者有下列情形之一的，旅行社可以解除合同，享有法定解除合同的权利：①患有传染病等疾病，可能危害其他旅游者健康和安全的；②携带危害公共安全的物品且不同意交有关部门处理的；③从事违法或者违反社会公德的活动的；④从事严重影响其他旅游者权益的活动，且不听劝阻、不能制止的；⑤法律规定的其他情形。

因上述规定情形解除合同的，组团社应当在扣除必要的费用后，将余款退还旅游者；给旅行社造成损失的，旅游者应当依法承担赔偿责任。

3. 因不可抗力造成的包价旅游合同解除及变更

旅游行程中如遇客观意外情况不能继续履行合同，则可以考虑解除或者变更合同以保护合同当事人的权益。客观意外情况包括不可抗力和旅行社、履行辅助人已尽合理注意义务仍不能避免的事件。

《旅游法》规定，因不可抗力或者旅行社、履行辅助人已尽合理注意义务仍不能避免的事件，影响旅游行程的，按照下列情形处理。

（1）合同不能继续履行的，旅行社和旅游者均可以解除合同。合同不能完全履行的，旅行社经向旅游者作出说明，可以在合理范围内变更合同；旅游者不同意变更的，可以解除合同。

（2）合同解除的，组团社应当在扣除已向地接社或者履行辅助人支付且不可退还的费用后，将余款退还旅游者；合同变更的，因此增加的费用由旅游者承担，减少的费用退还旅游者。

（3）危及旅游者人身、财产安全的，旅行社应当采取相应的安全措施，因此支出的费用，由旅行社与旅游者分担。

（4）造成旅游者滞留的，旅行社应当采取相应的安置措施。因此增加的食宿费用，由旅游者承担；增加的返程费用，由旅行社与旅游者分担。

4. 旅游者解除包价旅游合同的后果

因旅游者个人原因不能参与行程或者中途必须退出行程的情况，发生了旅游合同的解除，就涉及旅游费用的退还问题。《旅游法》规定，旅游行程结束前，旅游者解除合同的，组团社应当在扣除必要的费用后，将余款退还旅游者。因为不是旅行社的原因导致合同解除，则允许旅行社扣除部分必要的合理费用，包括已支付给履行辅助人但无法退还的费用，以及旅游行程实际发生的费用。

5. 旅行社的协助返程义务

旅游行程中解除合同的，还涉及旅游者返程的问题。旅游者在旅游中身处异地，返程通常需要旅行社的协助。《旅游法》规定，旅行社应当协助旅游者返回出发地或者旅游者指定的合理地点。

关于返程的费用的承担：①旅游者因个人原因主动解除合同或旅行社根据《旅游法》66 条的规定行使解除权的，返程费用由旅游者自己承担；②根据《旅游法》67 条的规定，因不可抗力或者旅行社、履行辅助人已尽合理注意义务仍不能避免的事件，导致合同不能继续履行，或者旅游者不同意调整行程而解除合同的，返程费用由旅行社与旅游者合理分担；③《旅游法》68 条规定，由于旅行社或者履行辅助人的原因导致合同解除的，返程费用由旅行社承担。

4.7.5　包价旅游合同的违约责任

1. 旅行社的违约责任

旅行社不履行包价旅游合同义务或者履行合同义务不符合约定的，应当依法承担继续履行、采取补救措施或者赔偿损失等违约责任；造成旅游者人身损害、财产损失的，应当依法承担赔偿责任。旅行社具备履行条件，经旅游者要求仍拒绝履行合同，造成旅游者人身损害、滞留等严重后果的，旅游者还可以要求旅行社支付旅游费用 1 倍以上、3 倍以下的赔偿金。

由于旅游者自身原因导致包价旅游合同不能履行或者不能按照约定履行，或者造成旅游者人身损害、财产损失的，旅行社不承担责任。

　　在旅游者自行安排活动期间，旅行社未尽到安全提示、救助义务的，应当对旅游者的人身损害、财产损失承担相应责任。

　　2. 地接社、履行辅助人的违约责任

　　由于地接社、履行辅助人的原因导致违约的，由组团社承担责任；组团社承担责任后可以向地接社、履行辅助人追偿。

　　由于地接社、履行辅助人的原因造成旅游者人身损害、财产损失的，旅游者可以要求地接社、履行辅助人承担赔偿责任，也可以要求组团社承担赔偿责任；组团社承担责任后可以向地接社、履行辅助人追偿。但是，由于公共交通经营者的原因造成旅游者人身损害、财产损失的，由公共交通经营者依法承担赔偿责任，旅行社应当协助旅游者向公共交通经营者索赔。

　　住宿经营者应当按照旅游服务合同的约定为团队旅游者提供住宿服务。住宿经营者未能按照旅游服务合同提供服务的，应当为旅游者提供不低于原定标准的住宿服务，因此增加的费用由住宿经营者承担；但由于不可抗力、政府因公共利益需要采取措施造成不能提供服务的，住宿经营者应当协助安排旅游者住宿。

　　3. 旅游者的违约责任

　　旅游者在旅游活动中或者在解决纠纷时，损害旅行社、履行辅助人、旅游从业人员或者其他旅游者的合法权益的，依法承担赔偿责任。

本章小结

　　合同是民事主体之间设立、变更、终止民事法律关系的协议。订立合同可以采取要约、承诺或者其他方式。合同应当包括足以确定双方当事人主要权利和义务的基本条款，尤其是格式条款的适用应当合法。合同的生效是指已经依法成立的合同对当事人产生相应的法律效力。合同履行中，应当遵循全面、诚信和绿色原则，对当事人没有约定或者约定不明确的条款应当按照法律规定确定当事人的权利和义务。双务合同的履行中，当事人可以行使抗辩权。合同的变更、转让和解除应当符合法定条件和程序。当事人违反合同约定的义务，应当承担继续履行、采取补救措施或者赔偿损失等违约责任。旅游活动应当订立旅游服务合同，其中包价旅游合同的订立、履行、变更和解除应当符合法律规定。

即测即练

 思考题

1. 合同的一般条款包括哪些？合同有哪些形式？

2. 合同履行应当遵循哪些基本规则？

3. 简述不安抗辩权行使的条件。

4. 合同法定解除的情形有哪些？

5. 简述违约责任的承担方式。

6. 包价旅游合同应包括哪些内容？

第 5 章　侵权责任法律制度

 学习目标

1. 了解《民法典》关于侵权责任一般规定的内容；人身损害、财产损失、精神损害的责任承担的规定。

2. 熟悉《民法典》关于监护人、用人单位责任，宾馆等经营场所、公共场所的经营者、管理者或者群众性活动的组织者责任，机动车交通事故责任，高度危险活动损害责任的规定。

3. 掌握《民法典》关于饲养动物损害、建筑物和物件损害责任的规定。

 能力目标

提高学生依法分析问题、解决侵权问题的能力。

 思政目标

掌握侵权责任法律制度基本内容，培养学生的道德素质和职业素质。

思维导图

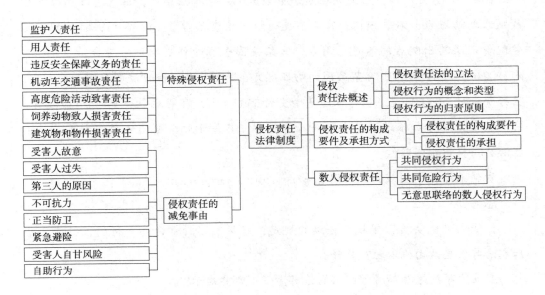

导入案例

2021 年 12 月 1 日，某幼儿园某坡分园代表包括宫某某在内的 22 名职工及家属与随州 A 旅行社签订《团队境内旅游合同》，合同约定：随州 A 旅行社组织该幼儿园包括宫某某在内的 22 名职工家属组成的团队到横冲 B 旅游公司经营的保康县横冲 C 滑雪场一日游，本次旅游出发时间为 2021 年 12 月 4 日 6 时，结束时间 2021 年 12 月 4 日 21 时。随州 A 旅行社安排了导游为该旅行团进行导游服务。随州 A 旅行社与横冲 B 旅游公司签订了《横冲国际滑雪场区域代理协议》。该 22 人滑雪旅游团出行前，随州 A 旅行社在建立的微信群中发送了《12 月 4 日保康横冲滑雪出团通知》，该通知除载明出发时间、集合地点外，注意事项中还载明出行必备物品：口罩……帽子、手套、袜子。随州 A 旅行社另为本次组团旅游购买了旅游综合保险、天安保险意外伤害险及旅行社责任险。2021 年 12 月 4 日，随州 A 旅行社组织该旅游团到达横冲 B 滑雪场后，宫某某没有佩戴滑雪手套在滑雪时不慎摔倒，致其右手指受伤。横冲 B 旅游公司在横冲滑雪场设置有《滑雪者须知》《滑雪者安全指南》《滑雪者行为规则》《滑雪场使用指南》及"滑雪是高危运动项目，请佩戴头盔、手套"的提示牌。并用中英文两种语言循环播放滑雪安全须知。自滑雪场开滑之日，保康县某某镇卫生院即派有医务人员进驻该景区。

当日宫某某在保康县某某镇卫生院治疗，横冲 B 旅游公司支付治疗费用 79.34 元。2021 年 12 月 5 日，宫某某在随州市某医院急诊科检查后，该院急诊病历首页载明诊断结果为：右手损伤。宫某某支付该次检查治疗费 142.43 元；随后的 7 天住院费用及其出院后的治疗费用等，宫某某因手指受伤支出医疗费合计 2 810.02 元，2021 年 12 月 29 日，宫某某因药物性皮炎在随州市某医院皮肤科住院治疗 6 天，医疗费合计 2 004.34 元，医疗保险基金支付 553.74 元，宫某某个人支付 1 450.60 元。宫某某主张在参加旅游活动中造成人身损害，其基于此向随州 A 旅行社和横冲 B 旅游公司提出损害赔偿。

资料来源：中国裁判文书网 http// wenshu.court.gov.cn.

思考题：

1. 依据《民法典》侵权责任编的规定，宫某某因滑雪受伤支付的医疗费（含后期治疗）应该由谁承担？为什么？

2. 此次事故给参加滑雪旅游的旅游者带来哪些启示？

3. 此次事故给旅行社及滑雪经营者带来哪些启示？

5.1　侵权责任法概述

5.1.1　侵权责任法的立法

随着经济社会的发展，新的侵权类型不断出现，现行法律规定较为原则，缺乏可操作性。根据第十届、第十一届全国人大常委会的立法规划和立法计划，人大常委会法制工作委员会启动立法工作。2009 年 12 月 26 日，第十一届全国人大常委会第十二次会议通过，自 2010 年 7 月 1 日起施行的《中华人民共和国侵权责任法》（以下简称《侵权责任法》）。该法详细规定了侵权行为的构成要件以及侵权责任的内容与承担方式。2020 年 5 月 28 日，第十三届全国人民代表大会第三次会议通过《民法典》，"侵权责任"成为《民法典》的第七编（以下简称"侵权责任编"），并于 2021 年 1 月 1 日起施行，《侵权责任法》同时废止。

5.1.2　侵权行为的概念和类型

1. 侵权行为的概念

侵权行为，指侵害他人权利或利益的行为。《民法典》分别增加了对人身自由、人格尊严、个人信息、数据、网络虚拟财产保护的规定，以上属于《民法典》侵权责任编保护的民事权益。

2. 侵权行为的类型

侵权行为种类很多，依据不同的标准可以划分为不同的类型，但最为重要的一种分类方式是以归责原则为标准，划分为一般侵权行为和特殊侵权行为。凡是适用过错责任原则的侵权行为就属于一般侵权行为，这些侵权行为在法律中并不逐一列举；而如果是适用作为例外的无过错责任、过错推定责任原则的侵权行为，则需要由法律作出特别的规定，因而称之为特殊侵权行为。

5.1.3　侵权行为的归责原则

归责原则是确认和追究行为人侵权责任的基本规则。

1. 过错责任原则

过错责任原则，是指以行为人的过错为依据，判断行为人对其造成的损害应否承担侵权责任的归责原则。《民法典》规定，行为人因过错侵害他人民事权益造成损害的，应当承担侵权责任。

2. 过错推定责任

过错推定责任，是指损害事实发生后，依照法律的规定，推定行为人具有过错，如行为人不能证明自己没有过错的，应当承担侵权责任。《民法典》规定，依照法律规定推定行为人有过错，其不能证明自己没有过错的，应当承担侵权责任。

3. 无过错责任原则

无过错责任原则，是指无论行为人是否有过错，法律规定应当承担侵权责任的，行为人应当对其行为所造成的损害承担侵权责任。《民法典》规定，行为人造成他人民事权益损害，不论行为人有无过错，法律规定应当承担侵权责任的，依照其规定。

4. 公平责任原则

公平责任原则，是指在法律规定的情形下，根据当事人双方的财产状况等因素，由双方公平合理地分担损失。《民法典》规定，受害人和行为人对损害的发生都没有过错的，依照法律的规定由双方分担损失。

5.2　侵权责任的构成要件及承担方式

5.2.1　侵权责任的构成要件

1. 加害行为

加害行为是行为人实施的加害于受害人民事权益的不法行为，其不具有意思表示的要素，属于一种事实行为。

2. 损害

损害，也称损害后果，指受害人一方因他人的侵害行为或者准侵害行为而遭受的人身、精神或财产方面的不利后果。依据《民法典》的规定，损害可以分为人身损害、财产损失和精神损害。

3. 因果关系

法律上的因果关系，指损害结果和造成损害的原因之间的关联性，是各种法律责任中确定责任归属的基础。侵权责任中的因果关系，指行为或物件与损害事实之间前因后果的联系。因果关系的形态主要包括一因一果、一因多果、多因一果和多因多果四种。

4. 过错

过错，指行为人的一种可归责的心理状况，表现为故意和过失两种形态。故意，指行为人预见到损害结果的发生并希望或放任该结果发生的心理状态，分为直接故意和间接故意。过失，指行为人因疏忽或轻信而未达到应有的注意程度的一种不正常或不良的心理状态，分为疏忽大意的过失和过于自信的过失。

5.2.2　侵权责任的承担

1. 侵权责任的承担方式

侵权责任的承担方式，指侵权人承担侵权责任的具体方法。《民法典》规定，承担侵权责任的方式主要有：①停止侵害；②排除妨碍；③消除危险；④返还财产；⑤恢复原状；⑥赔偿损失；⑦赔礼道歉；⑧消除影响、恢复名誉。法律规定惩罚性赔偿的，依照其规定。以上承担侵权责任的方式，可以单独适用，也可以合并适用。

2. 侵权损害赔偿

1）财产损害赔偿

《民法典》规定，侵害他人财产的，财产损失按照损失发生时的市场价格或者其他合理方式计算。

《民法典》规定，侵害他人人身权益造成财产损失的，按照被侵权人因此受到的损失或者侵权人因此获得的利益赔偿；被侵权人因此受到的损失以及侵权人因此获得的利益难以确定，被侵权人和侵权人就赔偿数额协商不一致，向人民法院提起诉讼的，由人民法院根据实际情况确定赔偿数额。

2）人身损害赔偿

依据《民法典》的规定，侵害他人造成人身损害的，应当赔偿医疗费、护理费、交通费、营养费、住院伙食补助费等为治疗和康复支出的合理费用，以及因误工减少的收入。造成残疾的，还应当赔偿辅助器具费和残疾赔偿金；造成死亡的，还应当赔偿丧葬费和死亡赔偿金。因同一侵权行为造成多人死亡的，可以以相同数额确定死亡赔偿金。被侵权人死亡的，其近亲属有权请求侵权人承担侵权责任。被侵权人为组织，该组织分立、合并的，承继权利的组织有权请求侵权人承担侵权责任。被侵权人死亡的，支付被侵权人医疗费、丧葬费等合理费用的人有权请求侵权人赔偿费用，但是侵权人已经支付该费用的除外。

3）精神损害赔偿

精神损害赔偿，指自然人因人身权益受到不法侵害而导致严重精神痛苦，受害人因此可以就其精神痛苦要求金钱上的赔偿，以对受害人予以抚慰并制裁不法行为人。《民法典》规定，侵害自然人人身权益造成严重精神损害的，被侵权人有权请求精神损害赔偿。因故意或者重大过失侵害自然人具有人身意义的特定物造成严重精神损害的，被侵权人有权请求精神损害赔偿。

5.3 数人侵权责任

数人侵权是与单独侵权相对应的，指行为人是两个或两个以上的人。数人侵权主要包括共同侵权行为、共同危险行为和无意思联络的数人侵权行为三种类型。

5.3.1　共同侵权行为

共同侵权行为，指数人基于共同过错而侵害他人的合法权益，依法应当承担连带赔偿责任的侵权行为。《民法典》规定，二人以上共同实施侵权行为，造成他人损害的，应当承担连带责任。可见，共同侵权行为的本质特征在于数人致人损害，在主观上具有共同的过错。

在上述简单的共同侵权中，数人之间没有明确的分工，但是在一些事前通谋或者基于其他共同故意的共同侵权中，数人之间可能会具有不同的分工。

5.3.2　共同危险行为

共同危险行为，指数人实施的危险行为都有造成他人损害的可能，但是不知数人中何人造成实际损害的侵权行为。《民法典》规定，二人以上实施危及他人人身、财产安全的行为，其中一人或者数人的行为造成他人损害，能够确定具体侵权人的，由侵权人承担责任；不能确定具体侵权人的，行为人承担连带责任。

5.3.3　无意思联络的数人侵权行为

无意思联络的数人侵权行为，指数个行为人并无共同的过错，而因为偶然结合的行为致受害人遭受同一损害。《民法典》规定，二人以上分别实施侵权行为造成同一损害，每个人的侵权行为都足以造成全部损害的，行为人承担连带责任。《民法典》规定，二人以上分别实施侵权行为造成同一损害，能够确定责任大小的，各自承担相应的责任；难以确定责任大小的，平均承担责任。

在法律规定承担连带责任情况下，《民法典》规定，二人以上依法承担连带责任的，权利人有权请求部分或者全部连带责任人承担责任。同时，在连带责任人内部责任上，《民法典》规定，连带责任人的责任份额根据各自责任大小确定；难以确定责任大小的，平均承担责任。实际承担责任超过自己责任份额的连带责任人，有权向其他连带责任人追偿。

5.4　侵权责任的减免事由

免责事由指减轻或免除行为人责任的事由，也称抗辩事由。免责事由在广义上既包括免除行为人责任的事由，也包括减轻行为人责任的事由。

5.4.1　受害人故意

受害人故意，指受害人明知自己的行为会发生损害后果，仍然追求损害后果的发生，或者放任损害后果的发生。《民法典》规定，损害是因受害人故意造成的，行为人不承担责任。

5.4.2　受害人过失

受害人过失，指受害人疏忽大意或者盲目自信，实施某种积极作为行为或者消极不作为行为，该行为对损害的发生具有原因力的情况。《民法典》规定，被侵权人对同一损害的发生或者扩大有过错的，可以减轻侵权人的责任。

拓展阅读 5.2

5.4.3　第三人的原因

第三人的原因，指除原告和被告之外的第三人对原告的损害的发生或扩大具有过错，此种过错包括故意和过失。《民法典》规定，损害是因第三人造成的，第三人应当承担侵权责任。

5.4.4　不可抗力

不可抗力是不能预见、不能避免且不能克服的客观情况。《民法典》规定，因不可抗力不能履行民事义务的，不承担民事责任。法律另有规定的，依照其规定。据此可见，在法律没有特别规定的情况下，原则上不可抗力可以作为免责事由。

5.4.5　正当防卫

正当防卫，指公共利益、他人或本人的人身或其他利益受到不法侵害时，行为人所采取的一种防卫措施。法律规定，正当防卫给他人造成损害的，正当防卫人不承担责任。但正当防卫超过必要的限度，给他人造成不应有的损害的，正当防卫人应当承担适当的民事责任。

5.4.6　紧急避险

紧急避险，指为了使公共利益、本人或他人的合法权益免受正在发生的损害为限，不得已而采取的致公共利益、他人或本人损害的行为。法律规定，紧急避险造成他人损害的，由引起险情发生的人承担民事责任。由自然原因引起的危险，紧急避险人不承担责任，可以给予适当补偿。采取紧急避险措施不当或者超过必要的限度，造成不应有的损害，紧急避险人应当承担适当的责任。

5.4.7　受害人自甘风险

《民法典》规定，自愿参加具有一定风险的文体活动，因其他参加者的行为受到损害的，受害人不得请求其他参加者承担侵权责任；但是，其他参加者对损害的发生有故意或者重大过失的除外。活动组织者的责任适用本法规定。此处特指自甘风险的具有一定风险的文体活动的组织者对于造成受害人损害是否承担侵权责任，应当适用违反安全保障义务侵权责任和教育机构损害责任的规定。

5.4.8　自助行为

自助行为具有正当性，造成他人损害时，行为人不承担侵权责任。《民法典》规定，合法权益受到侵害，情况紧迫且不能及时获得国家机关保护，不立即采取措施将使其合法权益受到难以弥补的损害的，受害人可以在保护自己合法权益的必要范围内采取扣留侵权人的财物等合理措施；但是，应当立即请求有关国家机关处理。受害人采取的措施不当造成他人损害的，应当承担侵权责任。

5.5　特殊侵权责任

特殊侵权责任，指行为人因侵害或者损害他人民事权益、依照法律规定采取过错推定方式，或者无论行为人是否有过错，都应当依法承担的民事责任。

5.5.1　监护人责任

1.概念

监护人责任，指监护人就无民事行为能力人或限制民事行为能力人造成他人的损害，依法所应承担的责任。《民法典》规定，无民事行为能力人、限制民事行为能力人造成他人损害的，由监护人承担侵权责任。监护人尽到监护责任的，可以减轻其侵权责任。这就在法律上确立了监护人责任制度，该制度有利于督促监护人履行其监护责任，避免被监护人侵害他人权益，也有利于对受害人进行救济。

2. 构成要件

（1）加害人是无民事行为能力人、限制民事行为能力人。《民法典》规定，无民事行为能力人包括未满八周岁的未成年人和不能辨认自己行为的成年人；限制民事行为能力人包括已经满八周岁的未成年人和不能完全辨认自己行为的成年人，其中前者不包括以自己的劳动收入为主要来源的 16 周岁以上不满 18 周岁的人。

（2）造成他人损害。只有在无民事行为能力人或限制民事行为能力人造成他人损害的时候，监护人才承担侵权责任。

（3）无民事行为能力人、限制民事行为人没有独立财产。《民法典》规定，有财产的无民事行为能力人、限制民事行为能力人造成他人损害的，从本人财产中支付赔偿费用。不足部分，由监护人赔偿。据此，如果被监护人有自己的独立财产，则不能要求监护人承担完全责任。

3. 监护人责任的承担

依据《民法典》的规定，监护人的责任范围是以被监护人能否承担责任、承担多大的责任为前提的。监护人尽到监护责任的，可以减轻其侵权责任。该规则将公平理念引入无过错责任中，减轻了监护人的责任。

5.5.2　用人责任

1. 概念

用人责任，指被用工者因执行工作任务或劳务造成他人损害，用工者所应承担的侵权责任。《民法典》规定，用人单位的工作人员因执行工作任务造成他人损害的，由用人单位承担侵权责任。用人单位承担侵权责任后，可以向有故意或者重大过失的工作人员追偿。个人之间形成劳务关系，提供劳务一方因劳务造成他人损害的，由接受劳务一方承担侵权责任。接受劳务一方承担侵权责任后，可以向有故意或者重大过失的提供劳务一方追偿。提供劳务一方因劳务自己受到损害的，根据双方各自的过错承担相应的责任。提供劳务期间，因第三人的行为造成提供劳务一方损害的，提供劳务一方有权请求第三人承担侵权责任，也有权请求接受劳务一方给予补偿。接受劳务一方补偿后，可以向第三人追偿。上述对单位和个人用工责任的规定，对于保护受害人的合法权益、维护正常的用工关系、促进社会生活的和谐发展具有重要意义。

2. 构成要件

（1）被用工者致他人损害。用人责任成立的前提是被用工者实施了侵权行为，如果被用工者没有实施侵权行为，则用工责任无法成立。被用工者，指为他人提供劳务或工作，并受他人指挥或监督的人。如果被用工者的行为虽然造成了损害，但是存在法定的免责事由，自然也不构成用人责任。

（2）存在用工关系。用工关系，指用工者和被用工者之间因用工而形成的关系。用工关系的存在并不一定以劳动合同的存在为前提，即使在临时用工中，当事人没有签订劳动合同，也可以形成用工关系，因此《民法典》中的用工关系比《劳动法》中的劳动关系的范围更宽泛。

（3）被用工者因执行工作任务或劳务造成他人损害。在单位用工关系中，用人责任必须是单位的工作人员执行工作任务造成他人损害；在个人劳务关系中，被用工者因提供劳务而造成他人损害，用工者也要承担责任。

3. 劳务派遣相关责任的承担

劳务派遣，指由劳务派遣机构与被派遣劳动者签订劳动合同，由劳动者向接受劳务派遣的实际用工单位给付劳动的特殊劳动关系。《民法典》规定，劳务派遣期间，被派遣的工作人员因执行工作任务造成他人损害的，由接受劳务派遣的用工单位承担侵权责任；劳务派遣单位有过错的，承担相应的责任。

5.5.3　违反安全保障义务的责任

1. 概念

违反安全保障义务的责任，指侵权人未尽到法律、合同、习惯等产生的对他人的安全保障义务，造成他人损害时应承担的赔偿责任。《民法典》规定，宾馆、商场、银行、车站、机场、体育场馆、娱乐场所等经营场所、公共场所的经营者、管理者或者群众性活动的组织者，未尽到安全保障义务，造成他人损害的，应当承担侵权责任。

2. 构成要件

（1）责任主体。经营场所、公共场所的经营者、管理者或者群众性活动的组织者负有安全保障义务之人是特定的主体，即"宾馆、商场、银行、车站、机场、体育场馆、娱乐场所等经营场所、公共场所的经营者、管理者或者群众性活动的组织者"。

（2）未尽到安全保障义务。《民法典》并没有对此作出明确规定，从我国司法实践来看，在判断行为人是否违反安全保障义务时，应当考虑行为人安全保障义务的范围、损害的来源、侵害的强度以及损害预防的能力等多种因素，综合加以判断。

（3）他人遭受了损害。"他人"指安全保障义务人及其工作人员之外的人，这些人可能与安全保障义务人有某种合同关系，也可能曾经有合同关系但已经消灭，也可能完全没有任何合同关系。此外，无论受害人是因安全保障义务人的行为直接遭受侵害，还是因第三人的侵权行为遭受损害，该损害都必须与安全保障义务人未尽安全保障义务的行为之间存在因果关系。

3.违反安全保障义务责任的承担

依据《民法典》的规定，在没有直接侵权人时，安全保障义务人违反了安全保障义务，就要承担全部侵权责任。因第三人的行为造成他人损害的，由第三人承担侵权责任；经营者、管理者或者组织者未尽到安全保障义务的，承担相应的补充责任。经营者、管理者或者组织者承担补充责任后，可以向第三人追偿。据

拓展阅读 5.3

此，实施行为的第三人所承担的责任为第一顺序的责任，且是独立的责任。只有在受害人无法从第三人那里获得救济的情况下，才应当要求违反安全保障义务的人承担责任，这就是所谓的补充责任，而且在承担以后可以向第三人追偿。

5.5.4　机动车交通事故责任

1.概念

机动车交通事故责任，指因机动车在道路上运行造成交通事故，导致他人人身或财产的损害，机动车一方所应承担的侵权责任。依据《中华人民共和国道路交通安全法》（以下简称《道路交通安全法》）的规定，"机动车"，是指以动力装置驱动或者牵引，上道路行驶的供人员乘用或者用于运送物品以及进行工程专项作业的轮式车辆。包括汽车，摩托车、非农用拖拉机、各种专用机械车、特种车等用于载人、载物和从事某种作业的轮式车辆。

2.构成要件

（1）机动车因交通事故造成损害。《民法典》规定，机动车发生交通事故造成损害的，依照道路交通安全法律和本法的有关规定承担赔偿责任。依据《道路交

通安全法》的规定，"交通事故"，是指车辆在道路上因过错或者意外造成的人身伤亡或者财产损失的事件。

（2）机动车运行与损害之间具有因果联系。在机动车一方与非机动车、行人之间发生交通事故的情况下，需要强调机动车运行造成了损害。实践中，机动车交通事故责任在因果关系判断上往往需要借助于公安交通机关对交通事故的认定。

（3）机动车一方不能证明自己没有过错。在机动车与非机动车或行人之间发生事故时，机动车致人损害的责任主要是过错推定责任，机动车一方必须在事故发生之后证明自己没有过错，才能在法定范围内减轻其责任。

3. 机动车交通事故责任的承担

（1）租赁、借用机动车情况下侵权责任主体之确定。《民法典》规定，因租赁、借用等情形机动车所有人、管理人与使用人不是同一人时，发生交通事故造成损害，属于该机动车一方责任的，由机动车使用人承担赔偿责任；机动车所有人、管理人对损害的发生有过错的，承担相应的赔偿责任。

（2）转让而未过户情况下侵权责任主体之确定。《民法典》规定，当事人之间已经以买卖或者其他方式转让并交付机动车但是未办理登记，发生交通事故造成损害，属于该机动车一方责任的，由受让人承担赔偿责任。

（3）机动车被盗窃、抢劫或者抢夺，以及盗开他人机动车情况下侵权责任主体之确定。《民法典》规定，盗窃、抢劫或者抢夺的机动车发生交通事故造成损害的，由盗窃人、抢劫人或者抢夺人承担赔偿责任。盗窃人、抢劫人或者抢夺人与机动车使用人不是同一人，发生交通事故造成损害，属于该机动车一方责任的，由盗窃人、抢劫人或者抢夺人与机动车使用人承担连带责任。保险人在机动车强制保险责任限额范围内垫付抢救费用的，有权向交通事故责任人追偿。未经允许驾驶他人机动车，发生交通事故造成损害，属于该机动车一方责任的，由机动车使用人承担赔偿责任。

（4）挂靠营运情况下侵权责任主体之确定。《民法典》规定，以挂靠形式从事道路运输经营活动的机动车，发生交通事故造成损害，属于该机动车一方责任的，由挂靠人和被挂靠人承担连带责任。

（5）转让拼装车、报废车造成损害情形下侵权责任主体之确定。《民法典》规定，以买卖或者其他方式转让拼装或者已经达到报废标准的机动车，发生交通事故造成损害的，由转让人和受让人承担连带责任。

4. 责任保险与赔付顺序

我国法律规定了机动车道路交通事故强制责任保险制度，此外，机动车所有人等还可以从保险公司购买自愿性质的机动车交通事故责任商业第三者责任险。在发生机动车交通事故赔偿责任时，法律规定了赔付顺序。《民法典》规定，机动车发生交通事故造成损害，属于该机动车一方责任的，先由承保机动车强制保险的保险人在强制保险责任限额范围内予以赔偿；不足部分，由承保机动车商业保险的保险人按照保险合同的约定予以赔偿；仍然不足或者没有投保机动车商业保险的，由侵权人赔偿。

5.5.5　高度危险活动致害责任

1. 概念

高度危险活动致害责任，指从事法律明确规定的高度危险活动（包括高空、高压、地下挖掘活动或者使用高速轨道运输工具），经营者应当承担的严格责任。

2. 构成要件

（1）必须从事高空、高压、地下挖掘活动或者使用高速轨道运输工具。从事高度危险活动是高度危险活动致害责任的基础和前提。依据《民法典》的规定，高度危险活动是法律具体列举的活动，包括高空作业、高压活动、地下挖掘活动和使用高速轨道运输工具。从规定来看，属于封闭性列举，没有兜底规定。

（2）因高度危险活动造成他人损害。此处的损害既包括财产损害，也包括人身损害。

（3）高度危险活动与损害后果之间存在因果关系。高度危险活动责任无须证明责任人的主观过错，但是仍然要以高度危险活动与受害人的损害之间具有因果关系为前提。如果完全是因为受害人的故意行为、不可抗力造成了损害，因果关系中断，行为人不承担侵权责任。

3. 高度危险活动责任的承担

《民法典》规定，从事高空、高压、地下挖掘活动或者使用高速轨道运输工具造成他人损害的，经营者应当承担侵权责任；但是，能够证明损害是因受害人故意或者不可抗力造成的，不承担责任。被侵权人对损害的发生有重大过失的，可以减轻经营者的责任。承担高度危险责任，法律规定赔偿限额的，依照其规定，

拓展阅读 5.4

但是行为人有故意或者重大过失的除外。这是对最高赔偿限额的确认，主要考虑到高度危险责任的特殊性，因为这种活动是对社会有益的活动，法律要给予其特殊的保护。

5.5.6　饲养动物致人损害责任

1. 概念

饲养动物致人损害责任，指饲养的动物造成他人人身或财产损害，动物饲养人或者管理人应当承担的侵权责任。《民法典》规定的饲养动物还包括遗弃、逃逸的动物致害，这对于规范人们饲养动物的行为、救济受害人的损害都具有十分重要的意义。

2. 构成要件

（1）必须是饲养的动物造成损害。《民法典》中动物的概念有其特定的含义，其主要限定于饲养的动物。野生动物致人损害，不属于饲养动物致人损害的范围。

（2）必须是基于动物固有危险的实现而造成的损害。动物的固有危险，指基于动物的固有本性，脱离于具体的人的指使和控制而造成对他人的损害。

（3）造成了受害人的损害。《民法典》规定，饲养的动物造成他人损害的，动物饲养人或者管理人应当承担侵权责任；但是，能够证明损害是因被侵权人故意或者重大过失造成的，可以不承担或者减轻责任。

（4）饲养的动物与损害之间存在因果关系。在饲养动物致人损害的情况下，因果关系指动物致害与损害之间引起与被引起的关系。按照举证责任的一般规则，原告应当举证证明被告饲养的动物造成其损害。

3. 饲养动物致人损害责任的特殊规则

（1）违反管理规定饲养动物和禁止饲养的危险动物致人损害的责任。《民法典》规定，违反管理规定，未对动物采取安全措施造成他人损害的，动物饲养人或者管理人应当承担侵权责任；但是，能够证明损害是因被侵权人故意造成的，可以减轻责任。禁止饲养的烈性犬等危险动物造成他人损害的，动物饲养人或者管理人应当承担侵权责任。这两条规定采用的是严格的无过错责任原则，即便受害人对于损害的发生具有重大过失，也不能减轻侵权人的责任，只有受害人存在故意时才能免责。

（2）动物园的动物致人损害的责任。《民法典》规定，动物园的动物造成他人损害的，动物园应当承担侵权责任；但是，能够证明尽到管理职责的，不承担侵权责任。该条规定采用的是过错推定责任原则。动物园可以通过证明尽到管理职责而免除责任，但是鉴于动物园所承担的独特的社会功能，不应该只是承担善良管理人的注意义务，而应该承担更高的符合其专业管理动物的注意义务。如果动物园能够证明被侵权人或者被害人对于损害的发生也有过错，可以减轻动物园的责任；能够证明损害是受害人故意造成的，动物园不承担责任；如果是第三人过错致使动物造成他人损害的，被侵权人可以选择向动物园请求赔偿，也可以向第三人请求赔偿，在选择向动物园请求赔偿时，动物园不能以第三人的过错提出抗辩。

（3）遗弃或逃逸的动物致人损害的责任。《民法典》规定，遗弃、逃逸的动物在遗弃、逃逸期间造成他人损害的，由原动物饲养人或者管理人承担侵权责任。本条规定采用的是无过错责任原则。

（4）因第三人过错致使动物致人损害的责任。《民法典》规定，因第三人的过错致使动物造成他人损害的，被侵权人可以向动物饲养人或者管理人请求赔偿，也可以向第三人请求赔偿。动物饲养人或者管理人赔偿后，有权向第三人追偿。

5.5.7　建筑物和物件损害责任

1. 概念

建筑物和物件损害责任，指建筑物和物件的所有人、管理人或者其他主体对其所管理的建筑物或物件致人损害承担的侵权责任。建筑物和物件损害责任适用过错责任或过错推定责任。

2. 构成要件

（1）建筑物、构筑物或者其他设施及其搁置物、悬挂物致人损害责任。建筑物、构筑物或者其他设施及其搁置物、悬挂物致人损害责任的构成要件：①必须是物件；②受害人遭受损害；③建筑物、构筑物或者其他设施及其搁置物、悬挂物倒塌、塌陷、脱落、坠落与受害人遭受损失之间存在因果关系；④所有人、管理人或者使用人存在推定的过失。

拓展阅读 5.5

（2）抛掷物或坠物致人损害责任。抛掷物或坠物致人损害责任的构成要件：①发生高楼抛掷物或坠物的情形；②受害人遭受损害；③从建筑物抛掷物品与受害人损害之间具有因果关系；④难以确定具体侵权人。

（3）堆放物致人损害责任。堆放物致人损害责任的构成要件：①堆放物倒塌、滚落或者滑落；②受害人遭受损害；③堆放物倒塌、滚落或者滑落与受害人遭受损害之间存在因果关系；④堆放人有过错。

（4）妨碍通行物致人损害责任。妨碍通行物致人损害责任的构成要件：①在公共道路上堆放、倾倒、遗撒妨碍通行的物品；②受害人遭受损害；③妨碍通行的物品与受害人遭受损害之间存在因果关系；④堆放人、倾倒人、遗撒人有过错。

（5）林木致人损害责任。林木致人损害责任的构成要件：①林木发生折断、倾倒或者果实坠落；②受害人遭受损害；③折断、倾倒的林木或者坠落的果实与受害人遭受损害之间存在因果关系；④林木的所有人或者管理人存在推定的过失。

（6）地面施工致害责任。地面施工致害责任的构成要件：①行为人是在公共场所、道旁或者通道上从事挖坑、修缮、安装地下设施等作业的施工人；②行为人违反设置明显标志和采取安全措施的注意义务；③受害人遭受损害；④行为人违反注意义务之不作为与受害人所受损害之间有因果关系。

（7）地下设施致人损害责任。地下设施致人损害责任的构成要件：①地下设施欠缺覆盖物或者覆盖物有缺陷；②受害人遭受损失；③地下设施欠缺覆盖物或者覆盖物有缺陷与受害人遭受损失之间存在因果关系；④管理人存在推定的过失。

3. 建筑物和物件损害责任的承担

（1）建筑物、构筑物或者其他设施及其搁置物、悬挂物致人损害责任。依据《民法典》的规定，损害责任如下：①所有人、管理人或者使用人的责任。建筑物、构筑物或者其他设施及其搁置物、悬挂物发生脱落、坠落造成他人损害，所有人、管理人或者使用人不能证明自己没有过错的，应当承担侵权责任；②所有人、管理人或者使用人的追偿权。所有人、管理人或者使用人赔偿后，有其他责任人的，有权向其他责任人追偿；③建设单位与施工单位的连带责任。建筑物、构筑物或者其他设施倒塌、塌陷造成他人损害的，由建设单位与施工单位承担连带责任，但是建设单位与施工单位能够证明不存在质量缺陷的除外；④其他责任人的责任。因所有人、管理人、使用人或者第三人的原因，建筑物、构筑物或者其他设施倒塌、塌陷造成他人损害的，由所有人、管理人、使用人或者第三人承担侵权责任。建设单位、施工单位赔偿后，有其他责任人的，有权向其他责任人追偿。

（2）抛掷物或坠物致人损害责任。《民法典》规定，禁止从建筑物中抛掷物品。从建筑物中抛掷物品或者从建筑物上坠落的物品造成他人损害的，由侵权人依法承担侵权责任；经调查难以确定具体侵权人的，除能够证明自己不是侵权人的外，由可能加害的建筑物使用人给予补偿。可能加害的建筑物使用人补偿后，有权向侵权人追偿。发生上述规定的情形的，公安等机关应当依法及时调查，查清责任人。

（3）堆放物致人损害责任。《民法典》规定，堆放物倒塌、滚落或者滑落造成他人损害，堆放人不能证明自己没有过错的，应当承担侵权责任。

（4）妨碍通行物致人损害责任。《民法典》规定，在公共道路上堆放、倾倒、遗撒妨碍通行的物品造成他人损害的，由行为人承担侵权责任。公共道路管理人不能证明已经尽到清理、防护、警示等义务的，应当承担相应的责任。

（5）林木致人损害责任。《民法典》规定，因林木折断、倾倒或者果实坠落等造成他人损害，林木的所有人或者管理人不能证明自己没有过错的，应当承担侵权责任。

（6）地面施工致人损害责任。《民法典》规定，在公共场所或者道路上挖掘、修缮安装地下设施等造成他人损害，施工人不能证明已经设置明显标志和采取安全措施的，应当承担侵权责任。

（7）地下设施致人损害责任。《民法典》规定，窨井等地下设施造成他人损害，管理人不能证明尽到管理职责的，应当承担侵权责任。

本章小结

侵权行为，指侵害他人权利或利益的行为，可分为一般侵权行为和特殊侵权行为。侵权责任的构成要件为加害行为、损害、因果关系、过错。侵权赔偿分为财产损害赔偿、人身损害赔偿和精神损害赔偿。数人侵权是与单独侵权相对应的，指行为人是两个或两个以上的人。数人侵权主要包括共同侵权行为、共同危险行为和无意思联络的数人侵权行为三种类型。免责事由在广义上既包括免除行为人责任的事由，也包括减轻行为人责任的事由，分为受害人故意、受害人过失、第三人的原因、不可抗力、正当防卫、紧急避险、受害人自甘风险、自助行为。特殊侵权责任，指行为人因侵害或者损害他人民事权益，依照法律规定采取过错推定方式，或者无论行为人是否有过错，都应当依法承担的民事责任。

即测即练

 思考题

1. 比较过错责任、过错推定、无过错责任、公平责任概念之间的不同之处。

2. 如何理解我国侵权责任法确立的侵权损害赔偿制度?

3. 阐述无意思联络的数人侵权行为的概念、构成要件与责任。

4. 特殊侵权责任适用哪些归责原则?

5. 高度危险活动致害责任的构成要件有哪些?

第6章 旅游法基础知识

🔍 学习目标

1. 了解《旅游法》的框架及其修正的内容。

2. 熟悉《旅游法》关于立法目的、适用范围、总则及主要法律制度的规定。

🔍 能力目标

运用所学旅游法基本知识与理论、方法分析旅游业发展趋势。

🔍 思政目标

1. 了解我国旅游法立法历程及旅游业发展成就。

2. 掌握当前规范和指导我国旅游经营与管理的各种法律法规及政策的系统的理论知识。

🔍 思维导图

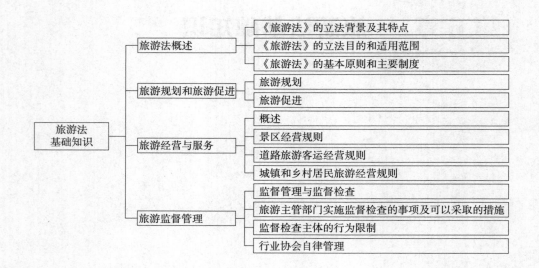

🔍 导入案例

某年4月24日，某电视台记者许某通过某旅游网站报名参加"特价35元/人起"厦门鼓浪屿一日游。鼓浪屿一日游产品由厦门H旅游服务有限公司委托厦门B国际旅行社有限公司在某旅游网上发布，行程包括参观自贸区及鼓浪屿自由行等。厦门B国际旅行社有限公司招徕记者许某并收取报名费35元后，将许某交给厦门H旅游服务有限公司接待。厦门H旅游服务有限公司将许某并入散拼团，并委派元某执行导游任务。厦门H旅游服务有限公司接待记者许某一行33人实际产生亏损155元。4月25日，元某将许某一行33人带入位于象屿××××区时代广场的乳胶购物店进行购物。为弥补亏损，厦门H旅游服务有限公司安排记者许某所在的团队到上述购物店购物，获取上述购物店给予的回扣等不正当利益共100元（含导游40元），加上自费项目奖励，接待最终该团获利30元。

资料来源：中国裁判文书网 http//wenshu.court.gov.cn.

思考题：

1. H旅游服务有限公司、B国际旅行社有限公司以及某旅游网之间是什么法律关系？对这种经营关系，《旅游法》有哪些法律规定？

2. 本案中涉及"零负团费"问题。什么是"零负团费"？对"零负团费"问题，《旅游法》是如何规定的？

6.1　旅游法概述

旅游法有广义和狭义之分。广义的旅游法，指调整旅游活动领域中各种社会关系的法律规范的总称，包括狭义的旅游法，以及其他调整旅游活动领域社会关系的法律、法规等规范性文件。狭义的旅游法，指调整游览、度假、休闲等形式的旅游活动以及为旅游活动提供相关服务中发生的权利义务关系的基本法。本章所指旅游法为狭义的旅游法，即由第十二届全国人民代表大会常务委员会第二次会议于 2013 年 4 月 25 日通过、自 2013 年 10 月 1 日起施行的《旅游法》。

6.1.1　《旅游法》的立法背景及其特点

1. 立法背景

《旅游法》是改革开放初期启动的立法项目之一，曾列入七届全国人大常委会立法规划和国务院立法计划。2009 年 12 月，全国人大财政经济委员会牵头组织国家发展和改革委员会、国家旅游局等 23 个部门和有关专家成立旅游法起草组。两年多来，起草组先后举行 5 次全体会议，分别到十几个省（区、市）和有关国家开展调研考察，召开了数十次座谈会、研讨会和论证会，深入研究国内外旅游业发展和旅游立法的情况与经验，先后形成了三个阶段性草案文本和数十个修改稿，并多次征求有关部门和省（区、市）的意见。2012 年 3 月 14 日，财政经济委员会第 64 次全体会议审议并通过了旅游法草案。2013 年 4 月 25 日，在第十二届全国人大常委会第二次会议上表决通过了《旅游法》，该法于同年 10 月 1 日生效。

（1）修正的内容。2016 年 11 月 7 日，国家主席习近平签署中华人民共和国主席令（第 57 号），公布了第十二届全国人民代表大会常务委员会第二十四次会议于同日通过并生效的对《旅游法》关于领队规定作出的修改。2018 年 10 月 26 日第十三届全国人民代表大会常务委员会第六次会议《关于修改〈中华人民共和国野生动物保护法〉等十五部法律的决定》第二次修正，对《旅游法》作出修改，将 83 条中的"工商行政管理、产品质量监督"修改为"市场监督管理"；将 95 条、第 104 条中的"工商行政管理部门"修改为"市场监督管理部门"。

（2）立法框架。《旅游法》设十章共 112 条。其具体包括：第一章总则，共 8 条，规定了立法目的、适用范围、原则等；第二章旅游者，共 8 条，规定了旅游者的权利和义务；第三章旅游规划和促进，共 11 条，规定了旅游规划的编制、与相关规划的衔接、旅游促进与保障等；第四章旅游经营，共 29 条，规定了旅行社的设立和经营业务范围、旅游经营的规则、旅游经营者和履行辅助人的权利义务和责任等；第五章旅游服务合同，共 19 条，规定了旅游服务合同的类别，包价旅游合同的内容和形式，合同当事人的权利、义务和责任等；第六章旅游安全，共 7 条，确立了旅游安全的责任主体，旅游安全全过程管理制度等；第七章旅游监督管理，共 8 条，确立了旅游综合监管制度，规定了行业组织自律规范；第八章旅游纠纷处理，共 4 条，规定了旅游投诉统一受理制度、纠纷处理途径和方法等；第九章法律责任，共 16 条，规定了违反本法应当承担的法律责任；第十章附则，共 2 条，规定了相关用语的含义、法律的生效。

2. 特点

（1）采取综合立法模式。采用综合立法模式，究其原因：①综合性产业特征的需要；②跨部门、跨行业特征的需要；③旅游业在促进、管理、民事等方面都有立法需求。《旅游法》规定的内容比较全面，涵盖发展原则、规划和促进、旅游者权利、旅游经营、旅游监管等，民事、行政、经济法律规范并重。综合立法的优点是，在同一部法律中将旅游业发展最主要、最根本的问题囊括其中，能够满足明确旅游业发展促进措施、确立统一的市场规则和规范的权利义务关系、建立国家旅游发展协调机制等方面紧迫的立法需求，立法成本小、效力高。

（2）在权益平衡基础上注重保护旅游者。其表现在：①坚持以人为本，安全第一，以保障旅游者合法权益为主线；②注重平衡各方权益，厘清政府与旅游者和旅游经营者，旅游者和旅游经营者，旅游者和旅游从业人员、旅游经营者之间的权利、义务和责任；③在维护权益总体平衡的基础上，更加突出以旅游者为本，在强化政府监管、公共服务、旅游经营规则、民事行为规范、各方旅游安全保障义务、旅游纠纷解决等方面均有多项保护旅游者权益的相关规定。

（3）规范市场秩序，完善市场规则。其表现在：①充分发挥市场配置资源的基础性要求，明确、细化各市场主体的权利义务关系，着力解决部门、行业和地区分割的问题，实行统一的服务标准和市场准则；②在合同部分针对旅游活动的特殊性设定若干规范，使民事规范在维护市场秩序和保障各方权益方面的作用更充分、更贴合；③坚持诚信经营、公平竞争，严格规范旅游经营者的经营行为，为逐步形成良好、有序的旅游市场环境提供法律保障；④总结旅游业发展和旅游监管的经验，充分吸收行之有效的政策和制度，使之制度化、规范化。

（4）借鉴吸收国际立法经验。世界上有 60 多个国家制定了《旅游法》，国际组织也制定了相关规定。立足我国旅游业发展经验和现实需求，在借鉴的基础上，做好与国际通行的行业规则的衔接，对国际旅游法律法规进行了选择性的吸收和创新。

6.1.2 《旅游法》的立法目的和适用范围

1. 立法目的

（1）保障旅游者和旅游经营者的合法权益，规范旅游市场秩序。我国旅游市场的经营规则尚不健全，竞争秩序不够规范，旅游者的合法权益受到损害的情况时有发生，产生的恶劣影响在社会上引起很大反响，迫切需要以法律的形式作出规范。通过立法明确旅游行业的经营规范，切实维护旅游者的合法权益，创造旅游业发展的良好法治环境。

（2）保护和合理利用旅游资源。旅游资源是旅游者进行旅游活动的基础和前提条件。从某种意义上而言，旅游资源具有不可替代性。因此，保护旅游资源是旅游开发利用的前提，合理利用是实现资源保护的有效途径。旅游立法强调在有效保护旅游资源的前提下，依法合理利用旅游资源，实现保护和合理利用的有机统一。

（3）促进旅游业持续健康发展。旅游法的立法目的就是促进旅游业持续健康发展，充分发挥旅游业对经济建设、文化建设、社会建设、生态文明建设的综合推动作用。

2. 适用范围

《旅游法》规定，在中华人民共和国境内的和在中华人民共和国境内组织到境外的游览、度假、休闲等形式的旅游活动，以及为旅游活动提供相关服务的经营活动，适用本法。

（1）地域范围。《旅游法》作为国内法，其效力仅限于我国境内的旅游活动和旅游经营活动。①在我国境内的旅游活动，主要包括公民在境内的旅游活动和外国旅游者在我国境内的旅游活动；②我国境内的由我国旅行社等经营者组织的出境旅游活动的全程，包括对派出的领队的管理，对境外导游和我国旅游者活动的监督、劝阻，旅游活动的内容安排都适用《旅游法》。

（2）主体、行为范围。《旅游法》规范和调整的对象主要包括两类：①从事游览、度假、休闲等形式的旅游活动；②为这些旅游活动提供相关服务的经营活动。

从主体范围而言，《旅游法》未对适用主体作出具体限定，因此，凡从事上述活动的单位和个人都应当遵守《旅游法》。对于行为范围，除观光、休闲、度假等有特定目的的旅游活动和经营行为外，由于旅游涉及面广，包含食、住、行、游、购、娱各个环节。《旅游法》规定，为旅游活动提供相关服务的其他行业的经营行为也纳入《旅游法》的调整范围。

6.1.3 《旅游法》的基本原则和主要制度

1. 基本原则

（1）社会效益、经济效益和生态效益相统一的原则。《旅游法》规定了旅游业发展应当遵循社会效益、经济效益和生态效益相统一的原则。

（2）依法合理利用旅游资源的原则。从旅游资源利用的实际情况看，部分地区存在重开发、轻保护，重硬件、轻软件等问题，低水平重复建设、热衷于拆旧建新现象较多，自然、历史文化遗产遭到破坏，生态环境保护不容乐观。对此，《旅游法》规定了国家鼓励各类市场主体在有效保护旅游资源的前提下，依法合理利用旅游资源的原则。

（3）公共资源应当体现公益性质的原则。按照社会效益、经济效益和生态效益相统一的原则，利用公共资源建设的游览场所应当更多地体现社会效益，这是旅游业发展到现阶段的必然要求。《旅游法》规定了利用公共资源建设的游览场所应当体现公益性质的原则，规定残疾人、老年人、未成年人等依法享受便利和优惠，对具有公益性的城市公园、博物馆、纪念馆等应当逐步免费开放。

2. 主要制度

（1）旅游综合协调管理制度。《旅游法》规定，国务院建立健全旅游综合协调机制，对旅游业发展进行综合协调。县级以上地方人民政府应当加强对旅游工作的组织和领导，明确相关部门或者机构，对本行政区域的旅游业发展和监督管理进行统筹协调。其具体内容包括：国务院建立健全旅游综合协调机制，确立地方政府统筹协调旅游业发展和管理的职能，建立健全旅游市场综合监管机制，整合投诉受理机构、投诉受理部门间转办、处理结果告知的旅游投诉统一受理制度。

（2）旅游者权益保护制度。旅游者权益保护制度内容包括：设旅游者专章，规定旅游者的权利、义务和权利保障措施；对政府旅游公共服务及基础设施建设提出明确要求；对旅游经营者及其从业人员设定较为严格的行为规范和义务；在遵循《中华人民共和国消费者权益保护法》(以下简称《消费者权益保护法》)和《民法典》合同编一般性原则的基础上，根据旅游活动的特点，规定针对性强的、特殊的旅游者的权利及其救助途径。

（3）旅游促进和公共服务制度。为满足日益增长的旅游消费需求，提高旅游服务质量，《旅游法》规定了旅游促进和公共服务制度。其内容包括：对各级政府安排资金提出要求，并明确了资金用途；规定政府将旅游业发展纳入国民经济和社会发展规划，制定有利于旅游业持续健康发展的产业扶持政策；完善旅游基础设施建设；政府无偿向旅游者提供旅游景区、线路、交通、气象、住宿等必要的信息和咨询服务；建立统一的旅游形象宣传推广；鼓励和支持发展旅游职业教育和培训。

（4）资源保护和旅游利用制度。旅游资源的合理利用十分重要，为此，《旅游法》规定了资源保护和旅游利用制度。其内容包括：规定编制完整的规划体系，明确编制主体和内容；明确旅游规划与其他规划的关系；规定旅游资源事前、事中、事后保护利用制度，资源的旅游利用原则；规定景区流量控制制度，完善景区门票价格制度。

（5）旅游服务合同制度。《旅游法》确立了旅游服务合同制度。其内容包括：规范了旅游服务合同的类别、内容、形式；规范了旅游经营者与旅游者的合同权利与义务；规定特殊情况下对旅游者保护的规则，诸如告知、说明义务，协助返程义务，无正当理由不得拒绝旅游者替换的义务，规定时间内无条件退货、退费的义务等；规范了特殊的责任承担，包括旅行社与旅游者之间，诸如采取安全措施费用的合理分担，滞留安置返程费用的分担，自行安排活动期间的责任承担，旅游者自身原因导致责任的承担，委托社和代理社之间、组团社和地接社之间、旅行社和旅行辅助人之间的特殊责任的承担；规定了特殊的合同变更、解除制度，诸如不能成团的特殊处理、单方解除合同、旅游者的任意解除合同权、旅行社的法定解除合同权、因不可抗力等影响行程的处理等。

（6）规范旅游市场、提高服务质量制度。《旅游法》规定了规范旅游市场、提高服务质量制度。其主要内容包括：在平衡旅游者与旅游经营者权益的基础上，设立相关民事法律规范，规范旅游经营者的经营行为；对旅游行业全链条重点领域的经营行为进行规范；规范旅游综合监管机制；明确旅游行业组织的自律规范。

（7）旅游安全保障制度。安全是旅游业的生命线。《旅游法》第六章规定了旅游安全，设立了旅游安全保障制度。其主要内容包括：明确包括政府统一负责、部门依法履职，旅游经营者主体责任，旅游者的自我保护义务的主体责任制度；规定旅游安全的全程责任制度，诸如政府风险提示、流量控制、旅游经营者安全评估、说明警示义务、高风险旅游项目许可、购买责任保险和提示旅游者购买意外保险、旅游者掌握相关信息和告知相关信息的事前预防，政府安全监管和救助、旅游经营者的报告和救助、旅游者遵守安全规定的义务、事中管理，政府、旅游经营者的事后处置，旅游者的配合和依法承担费用的义务。

6.2   旅游规划和旅游促进

6.2.1   旅游规划

1. 旅游规划的编制主体

旅游业的持续健康发展，离不开政府的支持和合理的规划。《旅游法》规定，国务院和县级以上地方人民政府应当将旅游业发展纳入国民经济和社会发展规划。国务院和省、自治区、直辖市人民政府以及旅游资源丰富的设区的市和县级人民政府，应当按照国民经济和社会发展规划的要求，组织编制旅游发展规划。对跨行政区域且适宜进行整体利用的旅游资源进行利用时，应当由上级人民政府组织编制或者由相关地方人民政府协商编制统一的旅游发展规划。

2. 旅游规划的内容和专项规划的规定

《旅游法》第18条规定，旅游发展规划应当包括旅游业发展的总体要求和发展目标，旅游资源保护和利用的要求和措施，以及旅游产品开发、旅游服务质量提升、旅游文化建设、旅游形象推广、旅游基础设施和公共服务设施建设的要求和促进措施等内容。

根据旅游发展规划，县级以上地方人民政府可以编制重点旅游资源开发利用的专项规划，对特定区域内的旅游项目、设施和服务功能配套提出专门要求。

本条对旅游发展规划的内容以及专项规划做了规定。

3. 旅游规划与相关规划的关系

《旅游法》规定，旅游发展规划应当与土地利用总体规划、城乡规划、环境保护规划以及其他自然资源和文物等人文资源的保护和利用规划相衔接。

1）旅游规划与其他规划

（1）与土地利用总体规划相衔接。

（2）与城乡规划相衔接。

（3）与环境保护规划相衔接。

（4）与其他自然资源、文物等保护和利用规划相衔接。

2）政府编制以及有关设施的规划和建设应当有利于促进旅游业的发展

《旅游法》规定，各级人民政府编制土地利用总体规划、城乡规划，应当充分考虑相关旅游项目、设施的空间布局和建设用地要求。规划和建设交通、通信、供水、供电、环保等基础设施和公共服务设施，应当兼顾旅游业发展的需要。

4. 旅游规划的评估

《旅游法》规定，各级人民政府应当组织对本级政府编制的旅游发展规划的执行情况进行评估，并向社会公布。

（1）政府是旅游发展规划评估的组织主体。

（2）评估的内容及组织。评估的内容包括：规划确定的内容是否得到了严格执行，通过执行，发现规划本身存在哪些问题。发现规划没有得到严格执行的，政府应该建立严格的责任追究制，通过内部程序进行解决，纠正偏差；发现规划本身存在问题的，应该及时调整或修编。

（3）评估的结果应当向社会公布。

6.2.2　旅游促进

1. 旅游产业的政策扶持

《旅游法》规定，国务院和县级以上地方人民政府应当制定并组织实施有利于旅游业持续健康发展的产业政策，推进旅游休闲体系建设，采取措施推动区域旅游合作，鼓励跨区域旅游线路和产品开发，促进旅游与工业、农业、商业、文化、卫生、体育、科教等领域的融合，扶持少数民族地区、革命老区、边远地区和贫困地区旅游业发展。

（1）推进旅游休闲体系建设。

（2）推进旅游休闲体系建设的措施。措施包括保障国民旅游休闲时间，改善国民旅游休闲环境，推进国民旅游休闲基础设施建设，加强国民旅游休闲产品开发与活动组织，完善国民旅游休闲公共服务，提升国民旅游休闲服务质量等。

（3）推动区域旅游合作。区域旅游合作可以实现整体规划、优势互补、信息互通、资源互享、市场共有、项目共建、效益共赢，从而推动本区域旅游业的发展。

（4）促进与其他产业融合发展。促进旅游与工业、农业、商业、文化、卫生、体育、科教等领域的融合，如促进各具特色的农业观光和体验性旅游活动的开展，促进"农家乐"、休闲农庄等旅游产品的发展，促进合理利用民族村寨、古村古镇进行特色景观旅游村镇的建设，促进生态旅游、森林旅游、商务旅游、体育旅游、工业旅游、医疗健康旅游、邮轮游艇旅游的发展，促进旅游购物的发展，促进以大型国际展会、重要文化活动和体育赛事为平台进行旅游活动等。

（5）扶持老少边穷地区旅游发展。

2. 提供资金保障

《旅游法》规定，国务院和县级以上地方人民政府应当根据实际情况安排资金，加强旅游基础设施建设、旅游公共服务和旅游形象推广。

3. 旅游形象推广

《旅游法》规定，国家制定并实施旅游形象推广战略。国务院旅游主管部门统筹组织国家旅游形象的境外推广工作，建立旅游形象推广机构和网络，开展旅游国际合作与交流。县级以上地方人民政府统筹组织本地的旅游形象推广工作。

4. 构建旅游公共服务体系

《旅游法》规定，国务院旅游主管部门和县级以上地方人民政府应当根据需要建立旅游公共信息和咨询平台，无偿向旅游者提供旅游景区、线路、交通、气象、住宿、安全、医疗急救等必要信息和咨询服务。设区的市和县级人民政府有关部门应当根据需要在交通枢纽、商业中心和旅游者集中场所设置旅游咨询中心，在景区和通往主要景区的道路设置旅游指示标识。

旅游资源丰富的设区的市和县级人民政府可以根据本地的实际情况，建立旅游客运专线或者旅游者中转站，为旅游者在城市及周边旅游提供服务。

（1）政府是旅游公共服务的主体。

（2）提供旅游公共服务，是政府的一项职责。其包括提供旅游公共信息服务、旅游交通便捷服务、旅游便民惠民服务等旅游公共服务。可见，涉及多个部门、多个产业，应当由政府统一协调和推动。

（3）旅游公共信息和咨询服务。旅游公共信息和咨询平台包括旅游咨询服务中心、旅游集散中心等实体，也包括网络、咨询电话等载体。

（4）建立旅游客运专线和旅游者中转站。

5. 旅游职业教育和培训

《旅游法》规定，国家鼓励和支持发展旅游职业教育和培训，提高旅游从业人员素质。通过立法促进旅游业人力资源的发展，是转变发展方式、增加劳动就业的迫切需要。

6.3　旅游经营与服务

6.3.1　概述

1. 旅游经营者

1）旅游经营者的含义

《旅游法》规定，旅游经营者，是指旅行社、景区以及为旅游者提供交通、住宿、餐饮、购物、娱乐等服务的经营者。

2）旅游经营者的义务及责任承担

《旅游法》规定，旅游经营者在经营活动中应履行相应的责任。《旅游法》规定，对违反本法规定的旅游经营者其从业人员，旅游主管部门和有关部门应当记入信用档案，向社会公布。

（1）履行旅游合同。《旅游法》规定，为旅游者提供交通、住宿、餐饮、娱乐等服务的经营者，应当符合法律、法规规定的要求，按照合同约定履行义务。

（2）提供合格产品。《旅游法》规定，旅游经营者应当保证其提供的商品和服务符合保障人身、财产安全的要求。旅游经营者取得相关质量标准等级的，其设施和服务不得低于相应标准；未取得质量标准等级的，不得使用相关质量等级的称谓和标识。

（3）不得进行商业贿赂。《旅游法》规定，旅游经营者销售、购买商品或者服务，不得给予或者收受贿赂。旅游经营者给予或者收受贿赂的，由市场监督管理部门按照有关法律、法规的规定处罚；情节严重的，并由旅游主管部门吊销旅行社业务经营许可证。

（4）保护旅游者个人信息。《旅游法》规定，旅游经营者对其在经营活动中知悉的旅游者个人信息，应当予以保密。

（5）承担连带责任。《旅游法》规定，景区、住宿经营者将其部分经营项目或者场地交由他人从事住宿、餐饮、购物、游览、娱乐、旅游交通等经营的，应当对实际经营者的经营行为给旅游者造成的损害承担连带责任。

（6）履行报告义务。《旅游法》规定，旅游经营者组织、接待出入境旅游，发现旅游者从事违法活动或者有违反本法第 16 条规定情形的，应当及时向公安机关、旅游主管部门或者我国驻外机构报告。

（7）投保责任险。《旅游法》规定，国家根据旅游活动的风险程度，对旅行社、住宿、旅游交通以及本法第 47 条规定的高风险旅游项目等经营者实施责任保险制度。

2. 旅游市场规则

《旅游法》规定，国家建立健全旅游服务标准和市场规则，禁止行业垄断和地区垄断。旅游经营者应当诚信经营，公平竞争，承担社会责任，为旅游者提供安全、健康、卫生、方便的旅游服务。

旅游市场规则主要包括以下几个。

（1）诚信经营，即在经营活动中应以诚信为本，公平确定与交易对方的权利义务，讲求信用，严格履行合同。

（2）公平竞争，即在经营活动中应当公平对待竞争对手，不得以虚假宣传、假冒他人标识、进行贿赂等不正当手段参与市场竞争，损害竞争对手的合法权益，破坏市场竞争秩序。

（3）承担社会责任，即旅游经营者在履行法律、行政法规规定的强制性义务的基础上，为实现自身和社会可持续发展，在道德规范、商业伦理方面应承担包括防止环境污染、保护生态、维护职工权益以及参与社会公益事业等社会责任。

（4）为旅游者提供安全、健康、卫生、方便的旅游服务，满足旅游者参与旅游活动的基本需求和保障。

6.3.2　景区经营规则

《旅游法》规定，景区是指为旅游者提供游览服务、有明确的管理界限的场所或者区域。

1. 开放条件

《旅游法》规定，景区开放应当具备下列条件，并听取旅游主管部门的意见：①有必要的旅游配套服务和辅助设施；②有必要的安全设施及制度，经过安全风险评估，满足安全条件；③有必要的环境保护设施和生态保护措施；④法律、行政法规规定的其他条件。

（1）有必要的旅游配套服务和辅助设施。这是实现景区旅游功能的必备条件。旅游配套服务和辅助设施一般包括：住宿接待设施及其服务、餐饮设施及其服务、旅游购物设施及其服务、文化娱乐设施及其服务、医疗设施及其服务、景区交通设施及其服务，具体如供水、排水、供电、停车场、通信、公厕、垃圾箱、无障碍设施，以及景区区域界限、服务设施、游览解说系统、通用指示标志、旅游者中心、救助电话等。

（2）有必要的安全设施及制度。景区要有旅游安全设施及制度，主要包括：①场所的安全保障，如景区内道路交通、卫生环境、山体、植被、物种或水域、雷电等自然环境危害的防范设备等；②设施设备的安全保障，如工程管线、游乐设施设备、消防设施、防灾设施设备等；③针对旅游者的安全保障制度等，如治安保卫、安全救护、安全警示标识、安全使用说明、紧急救援配置、景区流量控制等安全制度和预案情况、安全操作从业人员和管理人员状况及安全培训等。

（3）有必要的环境保护设施和生态保护措施。景区应根据其资源的特质和要求，采取相关措施，包括必要的污水处理设施、生态公厕、旅游者容量的控制、植被及绿地的保护、噪声的限制、空气质量的监控等，为旅游者创造良好的旅游环境，实现生态文明的要求。

（4）法律、行政法规规定的其他条件。各类型的景区还要同时适用相关法律、行政法规的规定。

（5）法律责任。《旅游法》规定，景区不符合本法规定的开放条件而接待旅游者的，由景区主管部门责令停业整顿直至符合开放条件，并处 2 万元以上 20 万元以下罚款。

2. 门票管理

《旅游法》规定，利用公共资源建设的景区的门票以及景区内的游览场所、交通工具等另行收费项目，实行政府定价或者政府指导价，严格控制价格上涨。拟收费或者提高价格的，应当举行听证会，征求旅游者、经营者和有关方面的意见，论证其必要性、可行性。利用公共资源建设的景区，不得通过增加另行收费项目等方式变相涨价；另行收费项目已收回投资成本的，应当相应降低价格或者取消收费。公益性的城市公园、博物馆、纪念馆等，除重点文物保护单位和珍贵文物收藏单位外，应当逐步免费开放。

1）严格控制价格上涨

严格控制景区门票等价格上涨是基本原则和要求。

在定价机制上，实行政府定价或者政府指导价。根据《旅游法》的规定，实行政府定价或者政府指导价的，不单是利用公共资源建设的景区的门票，还包括利用公共资源建设的景区内的"园中园"等游览场所和索道、摆渡车船、电瓶车等交通工具的收费。

在定价程序上，拟收费或者提高价格应当听证。利用公共资源建设的景区及其相关服务拟提高收费价格的，应当举行听证会，从而保障价格调整的公开、公平、公正、效率，增加价格调整的科学性和透明度，保障旅游者、经营者等相关方面都有景区门票及相关收费定价的知情权和参与权，使各利益相关方的诉求和意见得到有效表达，从而充分论证价格调整的必要性和可行性。

为了防止利用公共资源建设的景区变相涨价，在规定政府定价和政府指导价的基础上，明确景区不得通过增加另行收费项目等方式变相涨价。

2）公益性城市公园、博物馆、纪念馆的逐步免费开放

公益性主要是指非营利性和社会效益性。《旅游法》规定，利用公共资源建设的游览场所应当体现公益性质。城市公园与人民群众的生活密切相关，成为人民日常休憩、锻炼、放松的基本生活必需品；博物馆、纪念馆免费开放符合世界文物展示业的发展趋势，有利于完善我国现代国民教育体系，利用其教育功能，发挥其社会价值，有利于加强国际文化交流和中华民族优秀文化的宣传推广。

3）景区门票等价格的公示、合并售票、暂停开放减少收费的规定

景区门票价格是旅游价格的主要组成部分，直接关系到旅游者的合法权益。《旅游法》规定，景区应当在醒目位置公示门票价格、另行收费项目的价格及团体收费价格。景区提高门票价格应当提前 6 个月公布。将不同景区或者同一景区内不同游览场所的门票合并出售的，合并后的价格不得高于各单项门票的价格之和，且旅游者有权选择购买其中的单项票。景区内的核心游览项目因故暂停向旅游者开放或者停止提供服务的，应当公示并相应减少收费。

4）法律责任

《旅游法》规定，景区违反本法规定，擅自提高门票或者另行收费项目的价格，或者有其他价格违法行为的，由有关主管部门依照有关法律、法规的规定处罚。

3. 承载量

景区接待旅游者不得超过景区主管部门核定的最大承载量，并可以采取门票预约等方式，对景区接待旅游者的数量进行控制。旅游者数量可能达到最大承载量时，景区应当提前公告并同时向当地人民政府报告，景区和当地人民政府应当及时采取疏导、分流等措施。"景区"包括城市公园、风景名胜区等，其主管部门包括城市主管园林部门、建设主管部门、水利主管部门、林业主管部门等。

（1）景区是流量控制的责任主体。景区的主要责任：景区接待旅游者不得超过景区主管部门核定的最大承载量；景区应当在其收费处、入口处、网站，必要时还要通过旅游公共服务信息平台、公共媒体等途径公布最大承载量，保障旅游者的知情权和选择权；景区应当制定并实施旅游者流量控制方案，做好各项预案；在旅游者数量可能达到最大承载量时，应当提前广而告之提醒旅游者，并同时向当地人民政府报告，根据旅游流量控制方案、预案，采取切实可行的疏导、分流等措施，保障安全。

（2）当地人民政府对景区流量控制负有统筹职责。当景区旅游者数量可能达到最大承载量时，当地人民政府在接到景区的报告后，应调动各方资源，指挥、指导、协助景区及时采取疏导、分流等措施。

（3）景区主管部门具有核定和监督景区承载量的职责。核定景区最大承载量有两种方式：①在景区制定规划时核定旅游者容量；②在景区开放时核定旅游者容量。确定景区最大承载量需要考虑多方面的因素，一般包括自然环境承载力、经济环境承载力和社会环境承载力三个方面。景区主管部门可以通过专家评估等方式进行核定。

（4）景区采取流量控制的主要方式。景区应当公布景区主管部门核定的最大承载量，制定和实施旅游者流量控制方案。可以采取门票预约、实时公布景区旅游者数量、发布旅游建议等方式对景区接待旅游者的数量进行控制。合理设计景区内的游览线路，提高旅游者的流动率；设置明确、清晰的景区指示牌，避免误导旅游者，造成不必要的拥堵；提前、及时公布景区流量，保持景区流量信息实时畅通，供旅游者选择和参考；合理设计旅游者排队的方式和途径。

（5）法律责任。《旅游法》规定，景区在旅游者数量可能达到最大承载量时，未依照本法规定公告或者未向当地人民政府报告，未及时采取疏导、分流等措施，或者超过最大承载量接待旅游者的，由景区主管部门责令改正，情节严重的，责令停业整顿 1 个月至 6 个月。

6.3.3　道路旅游客运经营规则

《旅游法》规定，从事道路旅游客运的经营者应当遵守道路客运安全管理的各项制度，并在车辆显著位置明示道路旅游客运专用标识，在车厢内显著位置公示经营者和驾驶人信息、道路运输管理机构监督电话等事项。

1. 遵守道路客运安全管理的各项制度

目前，在国家层面，与道路客运安全管理相关的安全制度主要是《道路交通安全法》《道路运输条例》《道路旅客运输及客运站管理规定》和《关于加强道路交通安全工作的意见》，道路旅游客运经营者均应遵守。地方性旅游法规对道路旅游客运作出规定的，道路旅游客运经营者也应当遵守这些规定。

2. 明示道路旅游客运经营的相关信息

（1）明示专用标识。从事道路旅游客运的经营者，应当在车辆显著位置明示道路旅游客运专用标识。其目的是加强道路旅游客运市场的管理，形成品牌效应，提升道路旅游客运服务水平。

（2）公布规定事项。从事道路旅游客运的经营者，应当在车厢内显著位置公示经营者和驾驶人信息、道路运输管理机构监督电话。其目的是方便旅客在接受旅游客运服务过程中维护自身合法权益，加强对从事道路旅游客运经营者的监督。经营者的信息包括经营者的名称、性质、法人代表或者负责人、联系方式以及取得道路客运经营许可、线路、经营期限等内容。驾驶人信息包括驾驶人姓名、年龄、取得相应的机动车驾驶证，经道路运输管理机构对有关客运法规、机动车维修和旅客急救基本知识考核合格而取得的相应从业资格证书等内容。

6.3.4　城镇和乡村居民旅游经营规则

城镇和乡村居民利用自有住宅或者其他条件从事旅游经营的活动，在满足旅游发展需要的同时，在传承文化、解决就业、提高生活水平、增加收入等方面有着积极的作用。为鼓励、支持、引导和规范城镇与乡村居民从事旅游经营活动，

《旅游法》规定，城镇和乡村居民利用自有住宅或其他条件依法从事旅游经营，其管理办法由省、自治区、直辖市制定。

6.4　旅游监督管理

6.4.1　监督管理与监督检查

1. 主体

（1）监督管理的主体。《旅游法》规定，县级以上人民政府旅游主管部门和有关部门依照《旅游法》和有关法律、法规的规定，在各自职责范围内对旅游市场实施监督管理。这表明，对旅游市场实施监督管理的主体为县级以上人民政府旅游主管部门和有关部门。

"旅游主管部门"，是指县级以上人民政府中负责旅游工作的机构。"有关部门"，是指县级以上人民政府旅游主管部门以外的其他涉及旅游工作的部门，如市场监督管理、交通等执法部门，以及景区主管部门、价格主管部门、负责安全生产监督管理的部门、公安机关等。

（2）监督检查的主体。《旅游法》规定，县级以上人民政府应当组织旅游主管部门、有关主管部门和市场监督管理、交通等执法部门对相关旅游经营行为实施监督检查。这表明，旅游主管部门、有关主管部门和市场监督管理、交通等执法部门是实施相关监督检查的主体。

拓展阅读 6.1

2. 依据

《旅游法》规定，监督管理、监督检查的法律依据，为《旅游法》和有关法律、法规的规定。所谓"法律"，是指由全国人大或者全国人大常委会通过的规范性文件，所谓"法规"，是指包括国务院制定的行政法规，以及地方人大及其常委会依法制定的地方性法规。

3. 对象

根据《旅游法》的相关规定，相关旅游经营行为，主要包括旅行社及其从业人员、景区以及为旅游者提供交通、住宿、餐饮、娱乐等服务的经营者的经营行为。

6.4.2 旅游主管部门实施监督检查的事项及可以采取的措施

1. 监督检查事项

《旅游法》规定了县级以上人民政府旅游主管部门监督检查的事项范围。其主要包括：经营旅行社业务以及从事导游、领队服务是否取得经营、执业许可；旅行社的经营行为；导游和领队等旅游从业人员的服务行为；法律、法规规定的其他事项。

2. 实施监督检查可以采取的措施

监督检查，又称现场检查，是旅游主管部门履行监督职责、实施监督管理的一种重要方式，同时也是旅游主管部门作为执法机关执行法律的一种重要手段。《旅游法》明确了旅游主管部门在实施监督检查时可以采取的措施。可以对涉嫌违法的合同、票据、账簿以及其他资料进行查阅、复制。

6.4.3 监督检查主体的行为限制

1. 不得违法收费及参与旅游经营活动

《旅游法》规定，旅游主管部门履行监督管理职责，不得违反法律、行政法规的规定向监督管理对象收取费用。旅游主管部门及其工作人员不得参与任何形式的旅游经营活动。

2. 规范实施监督检查职责

《旅游法》规定，旅游主管部门和有关部门依法实施监督检查，其监督检查人员不得少于二人，并应当出示合法证件。监督检查人员少于二人或者未出示合法证件的，被检查单位和个人有权拒绝。此处的合法证件，是指地方政府法制部门或国务院有关主管部门颁发的行政执法证件，行政机关工作人员的工作证不在此列。

3. 履行保密义务

《旅游法》规定，监督检查人员对在监督检查中知悉的被检查单位的商业秘密和个人信息应当依法保密。

行政机关及其工作人员在进行旅游监督检查时，可能需要查阅经营者的合同、票据、账簿等资料，这些资料有的可能是企业的商业秘密，一旦泄露，将有可能对经营者的经营造成损失；旅游经营者直接面对广大旅游者，旅行社、住宿等旅游经营者按照有关法律法规的规定，或者按照交易习惯，通常会要求旅游者向其提供必要的个人信息，这些信息往往会在企业保存一段时间，且其数量较大，监督检查人员在检查中难免会接触到，不经当事人同意泄露，将可能对当事人的生产、生活造成麻烦，甚至带来损失。

因此，泄露其在监督检查中知悉的被检查单位的商业秘密和个人信息的，属于违法行为，将依法受到追究，承担相应的法律责任。

4. 法律责任

《旅游法》规定，旅游主管部门和有关部门的工作人员在履行监督管理职责中，滥用职权、玩忽职守、徇私舞弊，尚不构成犯罪的，依法给予处分。

6.4.4　行业协会自律管理

《旅游法》规定，依法成立的旅游行业组织，实行自律管理。依法成立的旅游行业组织依照法律、行政法规和章程的规定，制定行业经营规范和服务标准，对其会员的经营行为和服务质量进行自律管理，组织开展职业道德教育和业务培训，提高从业人员素质。

1. 自律管理的依据

行业组织的章程和自律管理规范，是由会员共同制定、反映会员共同利益和意愿的行为规则，对全体会员具有约束力，也是行业组织进行自律管理的依据。旅游行业组织应当根据本行业的实际情况和需要，制定并不断完善行业经营规范和服务标准，作为自律管理的依据。

2. 监督会员的经营行为和服务质量

旅游行业组织应当按照法律、行政法规和自律规范规定的要求与标准，对会员的经营行为和服务质量进行监督，考核其合法合规性，对不合法、不合规的会员，依照自律规定予以惩戒。可按照本行业组织制定的经营规范和服务标准，对会员的经营行为和服务质量进行考核和评价，对于服务质量优良的会员，可以向社会公示或者给予奖励。

3. 开展培训提高从业者素质

旅游行业组织应当采取多种方式，对从业人员开展职业道德教育和业务培训，提高从业人员素质。旅游行业组织对从业人员进行职业道德教育和业务培训，属于公益性质，应当按照有关规定和本组织的规范进行。通过组织开展职业道德教育和业务培训活动，加强旅游从业人员的诚信教育，培养其爱岗敬业精神，提升其业务能力和水平，不断提高旅游从业人员的素质，保障旅游业的持续健康发展。

本章小结

旅游法分为广义和狭义两种。广义的旅游法，指调整旅游活动领域中各种社会关系的法律规范的总称，包括狭义的旅游法，以及其他调整旅游活动领域社会关系的法律、法规等规范性文件。狭义的旅游法，指调整游览、度假、休闲等形式的旅游活动以及为旅游活动提供相关服务中发生的权利义务关系的基本法。《旅游法》规定了旅游规划和促进、旅游经营与服务、旅游监督管理以及相关法律责任等基本内容。

即测即练

思考题

1. 旅游法的主要内容及基本特征有哪些？

2. 旅游促进制度有哪些重要内容？

3. 通过对旅游立法内容的学习，你认为我国旅游立法应注意哪些问题？

4. 旅游景区开放应具备哪些条件？

5. 关于景区门票，《旅游法》是如何规定的？

第7章 旅游消费者权益保护法律制度

 **学习目标**

1. 掌握旅游消费者权益争议的解决途径。

2. 掌握旅游损害赔偿责任主体的确定方法。

3. 熟悉旅游投诉的程序。

 **能力目标**

1. 能够正确分析处理旅游投诉案件，提升分析问题与解决问题的能力。

2. 小组合作探究法，学会与人合作，能够总结旅游投诉处理的方式与途径，培养学生归纳总结的能力。

 **思政目标**

1. 培养在旅游工作过程中的法律服务意识。

2. 提升旅游从业人员的专业法律素养。

思维导图

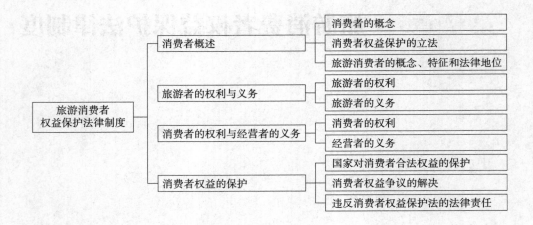

导入案例

2020 年元旦，李某一家七口经咨询准备参加某旅行社组织的"海南春节旅行团"旅游线路。双方于 2020 年 1 月 15 日签订了正式旅游合同，合同约定旅行社将于 1 月 25—29 日为李某家 7 人提供往返机票及当地住宿及相关旅游活动，合同签订当日李某就已付清全部旅行费用。某旅行社随后也向三亚某酒店及某旅行社交付了本旅行团全部房费及包机费用。1 月 23 日，李某以新冠疫情发展不可控为由，多次以微信方式向旅行社员工表达退团退费的要求，旅行社不同意退费，但表示可以协商延期或变更旅游项目。1 月 25 日，李某一家七口未能成行，旅行社至今也没有退费。

思考题：

1. 旅游者是否有要求退还旅游费用的权利？

2. 旅行社拒绝退费违反了什么规定？

7.1 消费者概述

7.1.1 消费者的概念

关于消费者的概念，在各国法律以及一国各部门法中不尽相同。

《消费者权益保护法》将"为生活消费需要购买、使用商品或者接受服务"的行为界定为消费者的消费行为。根据这一规定，所谓消费者，是指为满足生活需要而购买、使用商品或接受服务的，由国家专门法律确认其主体地位和保护其消费权益的个人。

消费者与生产者及销售者不同，他或她必须是产品和服务的最终使用者而不是生产者、经营者。也就是说，他或她购买商品的目的主要是用于个人或家庭需要而不是经营或销售，这是消费者最本质的一个特点。作为消费者，其消费活动的内容不仅包括为个人与家庭生活需要而购买和使用产品，而且包括为个人和家庭生活需要而接受他人提供的服务。但无论是购买和使用商品还是接受服务，其目的都只是满足个人和家庭需要，而不是生产和经营的需要。

7.1.2　消费者权益保护的立法

《消费者权益保护法》开宗明义地规定了该法的立法宗旨是保护消费者的合法权益，维护社会经济秩序，以促进社会主义市场经济的健康发展。

1. 消费者权益保护法的适用范围

《消费者权益保护法》从主体及其行为的角度规定了该法的适用范围。

（1）消费者为生活消费需要购买、使用商品或者接受服务，其权益受该法保护。

（2）经营者为消费者提供其生产、销售的商品或者提供服务，应当遵守该法。

（3）农民购买、使用直接用于农业生产的生产资料，这种消费本不属于《消费者权益保护法》的调整范围，但作为例外情况纳入《消费者权益保护法》保护的范围。

2. 消费者权益保护法的基本原则

《消费者权益保护法》的四项原则如下。

（1）经营者应当依法提供商品或者服务。

（2）经营者与消费者进行交易应当遵循自愿、平等、公平、诚实信用的原则。

（3）国家保护消费者的合法权益不受侵犯。

（4）一切组织和个人对损害消费者合法权益的行为进行社会监督。

7.1.3　旅游消费者的概念、特征和法律地位

1. 旅游消费者的概念

旅游消费者是为了满足自己较高层次的精神生活消费的需要，更好地满足其

发展与享受的消费需求所进行的从旅游市场购买、使用旅游商品和接受旅游服务，实现其旅游目的的自然人。

2. 旅游消费的特征

与普通消费活动相比，旅游消费的特征表现如下。

1）旅游消费是一种以精神消费为重点的消费

从产生旅游消费的需求来看，旅游消费者的必要旅游需求不是具体的物品，而是其花费一定的时间、货币和精力所购买的一次完整的旅游经历和体验。从这个意义上衡量，旅游消费追求的是一种精神层次上的享受，它往往比较注重精神内容，这是旅游消费区别于普通消费的显著特点之一。

2）旅游消费是以无形的旅游服务为主要消费对象

旅游产品是由旅游资源、旅游设施、旅游服务、旅游商品等多种要素构成的，其中既包含物质产品也包含精神产品。但从旅游消费者的消费需求来看，在旅游产品当中，只有旅游服务才能最终满足旅游消费者获得一次完整体验和经历的需求，旅游设施、旅游资源、旅游商品等物质产品只起辅助作用，所以说旅游服务才是旅游消费的主要对象。

3）旅游消费具有异域性

旅游消费者进行旅游活动，其主要目的就是其求知、求新、求异的心理需要，所以旅游消费活动基本上都是离开经常居住地到异地甚至是异域进行的。

4）旅游消费关系复杂化

（1）作为适应现代经济发展需要的高级消费方式，旅游消费活动涉及政治、经济、文化等广泛的社会领域，集吃、住、行、游、购、娱六要素为一体是旅游消费的根本特征。

（2）旅游活动是一种跨地区或者跨国度的消费活动，旅游消费的异地性以及旅游目的地的差异使得旅游消费关系越来越复杂。

（3）旅游经营者凭借旅游资源、设施等专业条件，专门从事招徕和接待，为旅游者提供餐饮、住宿、交通、游览、购物、娱乐等综合性服务，这种综合性服务是在众多部门的参与下联合实现的，它们之间通过委托、代理等方式，共同向旅游消费者提供服务，旅游消费过程中存在多个中间环节参与旅游经济活动，这使得旅游消费关系更加复杂。

3. 旅游消费者的法律地位

旅游消费者在旅游活动中处于被动的、弱者的地位，需要我们用法律去进行特殊保护，以平衡旅游消费者与旅游经营者的法律地位。

对旅游消费者法律地位的正确认识，不仅是保护旅游消费者合法权益的需要，也是促进旅游业发展、间接保护旅游业者的需要。旅游消费者是旅游业持续发展的原动力，保护其合法权益不仅是旅游业者的法定义务，也是其自身利益的客观需要。

4. 我国旅游消费者合法权益保护的立法现状

我国现存的旅游消费者合法权益保护系统的制度部分主要如下。

（1）《宪法》《民法典》《消费者权益保护法》等基本法律。

（2）与旅游消费者合法权益保护有关的一些部门法。

（3）旅游行政部门颁布的一些规章、条例等构成的部门法规。

（4）与旅游消费者合法权益保护有关的一些地方性法规和规章。

7.2　旅游者的权利与义务

7.2.1　旅游者的权利

1. 自由旅行的权利

宪法规定，劳动者有休息的权利。而休息权中就包含了旅行的权利。

2. 对旅游产品的知悉权

旅游产品的知悉权，指旅游者在购买旅游产品时对旅游经营者提供的线路、服务等享有了解真实情况的权利。旅游经营者不能欺诈和误导旅游者。

3. 安全旅行的权利

在旅游活动中，旅游者的人身、财产的安全要得到保障。旅游经营者为旅游者提供的旅游项目及服务必须符合有关的安全标准。例如，酒店、消防安全设备，需要旅行社为旅游者办理保险等。

4. 自主选择权

选择旅游线路或者服务是旅游者自己的权利，任何企业和个人都不能把自己的意志强加给旅游者。旅游者可以自己选择旅行社，自己决定购买或不购买旅游产品，可以对旅游项目进行比较、鉴别，选择自己决定的旅游路线。

5. 公平交易和缔结合同的权利

旅游者与旅游经营者之间是平等的主体，旅游者有权获得旅游服务的质量保障，有权要求合理的价格。因此，旅游者与旅游经营者之间要订立旅游服务合同，以合同的形式将双方的权利和义务确定下来，以保障旅游者权益。

6. 获得赔偿的权利

在旅游活动中，旅游者的人身、财产权利受到侵害时，应依法得到赔偿和补救。旅游经营者因自身的行为对旅游者造成损害时，应对旅游者予以赔偿。

7. 旅游者的人格权

旅游者不分国籍、种族、性别、年龄、文化、宗教信仰等因素，在旅游活动中享有法律上一律平等权利，旅游者的风俗习惯得到尊重和保护，不能受到歧视。

8. 投诉权和诉讼权

当旅游者的合法权益受到侵害时，可以直接与损害其利益的旅游经营者进行交涉，要求其赔偿损失；旅游部门、消费者协会的投诉部门，依法进行处理。还可以直接向人民法院起诉，要求人民法院保护自己的合法权益。

7.2.2　旅游者的义务

1. 按合同约定支付有关费用

支付费用是旅游者的主要义务。这里的费用包括劳务报酬和服务报酬等。旅游者应按合同约定的时间、数额、方式及时支付有关费用给旅行社，除约定的免费服务项目外，旅行社提供的其他服务，旅游者接受的旅行社提供的其他服务，还应另外支付费用。

2. 文明旅游、安全配合义务

旅游者在旅游活动中应当遵守社会公共秩序和社会公德，尊重当地的风俗习惯、文化传统和宗教信仰，爱护旅游资源，保护生态环境，遵守旅游文明行为规范。

3. 保护旅游设备、设施

旅游者在旅游过程中，必须遵守旅游合同约定，并爱护和保护旅游设备、设施，造成损害的，应该依法赔偿。

7.3　消费者的权利与经营者的义务

7.3.1　消费者的权利

1. 安全权

消费者在购买、使用商品和接受服务时，享有人身、财产安全不受损害的权利。对可能危及人身、财产安全的商品和服务，经营者应当向消费者作出真实的说明和明确的警示，并说明和标明正确使用商品或者接受服务的方法以及防止危害发生的方法。

2. 知悉真情权

消费者享有知悉商品真实情况的权利。

3. 自主选择权

消费者享有自由选择商品或者服务的权利。

4. 公平交易权

消费者在购买商品或者接受服务时，有权获得质量保障、价格合理、计量正确等公平交易条件，有权拒绝经营者的强制交易行为。

5. 求偿权

消费者因购买、使用商品或者接受服务受到人身、财产损害时，享有依法获得赔偿的权利。

6. 结社权

消费者享有依法成立维护自身合法权益的社会团体的权利。

7. 获得有关知识权

消费者享有获得有关消费和消费者权益保护方面的知识的权利。

8. 人格尊严和民族风俗习惯受尊重的权利

消费者在购买、使用商品和接受服务时，享有人格尊严、民族风俗习惯得到尊重的权利。

9. 监督权

消费者享有对商品和服务以及保护消费者权益工作进行监督的权利。有权检举、控告侵害消费者权益的行为，有权对保护消费者工作提出批评、建议。

7.3.2　经营者的义务

经营者的义务，即为各类经营者需要履行的义务。根据《消费者权益保护法》的规定，经营者需要履行以下 10 项义务。

1. 履行法定或约定义务

经营者向消费者提供商品或者服务，按照法律、法规的规定履行义务。

经营者和消费者约定的，应当按照约定履行义务，但双方的约定不得违背法律、法规的规定。

2. 听取意见、接受监督

经营者应当听取消费者对其提供的商品或者服务的意见，经营者还应当接受消费者的监督和社会的监督，即接受监督的义务。

3. 保证人身和财产安全

经营者应当保证其提供的商品或者服务符合保障人身、财产安全的要求。对可能危及人身、财产安全的商品和服务，应当向消费者作出真实的说明和明确的警示，并说明和标明正确使用商品或者接受服务的方法以及防止危害发生的方法。当经营者发现其提供的商品或者服务存在严重缺陷，即消费者正确使用商品或者接受服务仍然可能对人身、财产安全造成危害时，经营者应当立即向有关行政部门报告，并告知消费者和采取防止危害发生的措施。

拓展阅读 7.1

4. 提供真实信息

经营者应当向消费者提供有关商品或者服务的真实信息，不得做引人误解的虚假宣传。该义务还包括：经营者对消费者就其提供的商品或者服务的质量和使用方法等问题提出的询问，应当做真实、明确的答复；经营者提供的商品应当明码标价。

5. 标明真实名称和标记

经营者应当标明其真实名称和标记。该义务还要求租赁他人柜台或者场地的经营者，应当标明其真实名称和标记。

6. 出具凭证、单据

购货凭证或服务单据是消费合同的书面证明。应当按照国家有关规定或者商业惯例向消费者出具购货凭证或者服务单据；如果消费者索要购货凭证或者服务单据，经营者必须出具。

7. 保证质量

经营者应当保证在正常使用商品或者接受服务的情况下，其提供的商品或者服务应当具有的质量、性能、用途和有效期限；但消费者在购买该商品或者接受该服务前已经知道其存在瑕疵的除外。经营者以广告、产品说明、实物样品或者其他方式表明商品或者服务的质量状况的，应当保证其提供的商品或者服务的实际质量与表明的质量状况相符。

8. 履行"三包"义务

经营者要严格按照国家规定或者与消费者的约定，承担包修、包换、包退或者其他责任的，应当按照国家规定或者约定履行，不得故意拖延或者无理拒绝。

9. 不得作出不公平、不合理的规定

经营者不得以格式合同、通知、声明、店堂告示等方式作出对消费者不公平、不合理的规定，或者减轻、免除其损害消费者合法权益应当承担的责任。如果经营者在这些格式合同、通知、声明、店堂告示中含有对消费者不公平、不合理的规定内容，或者减轻、免除其责任的内容，其内容判定无效。

10. 禁止侵犯人格权

经营者不得对消费者进行侮辱、诽谤，不得搜查消费者的身体及其携带的物品，不得侵犯消费者的人身自由。

7.4　消费者权益的保护

7.4.1　国家对消费者合法权益的保护

消费者权益保护分为立法保护、行政保护、司法保护、社会保护几个方面。

1. 立法保护

立法保护是指国家通过制定《消费者权益保护法》等有关消费者保护的法律法规和规章，不断建立健全消费者权益保护的法律制度。

2. 行政保护

行政保护是指各级人民政府及其所属机构依照《消费者权益保护法》等相关法律法规和规章，通过依法行使行政权力、履行法定职责来保护消费者合法权益。

3. 司法保护

司法保护是指公安机关、检察院、法院依法惩处经营者在提供商品和服务中侵害消费者合法权益的违法犯罪行为，以及法院依法及时审理涉及消费者权益争议的案件。

4. 社会保护

社会保护是指组织和个人进行社会监督；大众传播媒介进行舆论监督；消费者组织和行业组织对消费者的保护。

其中行政保护在消费者权益保护中具有非常重要的作用，《消费者权益保护法》和国务院"三定方案"赋予市场监督管理部门重要的保护消费者权益的职责，市场监督管理部门所实施的就是行政保护。

市场监督管理部门实施消费者权益行政保护的种类主要包括以下四种。

（1）制定和完善消费者权益保护制度。

（2）从事市场监管和行政执法活动。

（3）接受并处理消费者的投诉和举报。

（4）开展消费教育与引导。

《消费者权益保护法》规定，消费者有权检举和控告侵害消费者权益的行为，消费者和经营者发生消费者权益争议的，可以向有关行政部门申诉，行政机关有依法接受并处理消费者申诉举报的义务和责任。处理消费者的申诉举报是行政机关直接面对消费者的行政保护行为，既包括对消费者与经营者之间的民事争议居中进行调解，也包括对调解过程中发现以及消费者举报的经营者涉嫌违法的行为依法进行处理。对于具名举报的，相关处理情况还应当及时反馈举报的消费者。

7.4.2 消费者权益争议的解决

1. 消费者权益争议的概念

消费者权益争议是指在消费领域中，消费者与经营者之间因权利义务关系产生的矛盾纠纷。其主要表现为消费者在购买、使用商品或接受服务中，由于经营者不依法履行义务或不适当履行义务使消费者的合法权益受到损害或消费者对经营者提供的商品或服务不满意，双方因此而产生的矛盾纠纷。

2. 消费者权益争议的特点

1）是在消费领域或消费过程中产生的

根据《消费者权益保护法》的有关规定，其具体范围包括：消费者为生活消费需要购买、使用商品或者接受服务过程与经营者之间产生的争议；经营者在为消费者提供其生产、销售的商品或者提供服务时与消费者产生的争议；农民在购买、使用直接用于农业生产的生产资料过程中与经营者发生的争议。

2）是关于消费者权利或者经营者义务的争议

尽管实际生活中消费纠纷千差万别，有的因产品质量而起，有的因服务价格而生，有的甚至因双方斗气而生，但其核心集中在权利义务上。商品和服务的背后，隐藏的是消费者的权利和经营者的义务。

3）消费者争议具有民事纠纷的性质

经营者与消费者之间发生的实体法律关系一般只能是民事性质的法律关系。因为，双方的法律地位平等，彼此不存在隶属关系，而与国家行政机关发生纠纷，不属于消费者争议。国家以民事主体身份为消费者提供服务时，亦可能在国家机关与消费者之间发生争议（如不合理收费引起的争议）。在这种情况下，国家机关与经营者地位相当，其与消费者之间的争议具有民事争议的性质，属于消费者争议。

消费者权益争议的一方是消费者，而另一方是经营者；否则，不属于消费者权益争议。

3. 消费者权益争议的解决途径

根据《消费者权益保护法》的规定，解决消费者权益争议的途径有五条，这五条途径由消费者自主选择。

（1）与经营者协商解决。

（2）请求消费者协会调解。

（3）向有关行政部门申诉。

（4）根据与经营者达成的仲裁协议提请仲裁机构仲裁。

（5）向人民法院提起诉讼。

7.4.3 违反消费者权益保护法的法律责任

《消费者权益保护法》对侵害消费者合法权益的行为区分不同情况，规定经营者应分别或者同时承担民事责任、行政责任和刑事责任。

1. 侵犯消费者合法权益的民事责任

1）一般规定

经营者提供商品或者服务有下列情形之一的，除本法另有规定外，应当依照产品质量法和其他有关法律、法规的规定，承担民事责任：

（1）商品存在缺陷的。

（2）不具备商品应当具备的使用性能而出售时未做说明的。

（3）不符合在商品或者其包装上注明采用的商品标准的。

（4）不符合商品说明、实物样品等方式表明的质量状况的。

（5）生产国家明令淘汰的商品或者销售失效、变质的商品的。

（6）销售的商品数量不足的。

（7）服务的内容和费用违反约定的。

（8）法律、法规规定的其他损害消费者权益的情形。

当侵犯消费者权益的行为同时符合《消费者权益保护法》和《民法典》等普通民事法律的民事责任要件时，《消费者权益保护法》保护消费者权益。

2）特殊规定

（1）"三包"责任。《消费者权益保护法》明确规定，对国家规定或者经营者与消费者约定包修、包换、包退的商品，经营者应当负责修理、更换或者退货。在保修期内两次修理仍不能正常使用的，经营者应当负责更换或者退货。对于"三包"的大件商品，消费者要求经营者修理、更换、退货的，经营者应当承担运输等合理费用。

（2）邮购商品的民事责任。以邮购方式买卖商品是现代社会商品销售的一种手段。由于买卖双方并不直接见面，作为购买方的消费者又无力调查经营方的资信和实力，往往货款寄出，却得不到满意的商品，甚至根本得不到商品。为此，《消费者权益保护法》规定，经营者以邮购方式提供商品的，应当按照约定提供。未按照约定提供的，应当按照消费者的要求履行约定或者退回货款；并应当承担消费者必须支付的合理费用。

（3）预收款方式提供商品或服务的责任。在某些情况下，经营者先预收部分款项，提供商品或服务后再与消费者进行结算。《消费者权益保护法》规定，经营者以预收款方式提供商品或服务的，应当按照约定提供。未按照约定提供的，应依照消费者的要求履行约定或者退回预付款；并应当承担预付款的利息、消费者必须支付的合理费用。

（4）消费者购买的商品，依法经有关行政部门认定为不合格的，消费者可以要求退货，经营者应当负责退货，而不得无理拒绝。

根据这一规定，一般商品，发现问题后应经过修理、更换，仍无法使用的再予以退货；对不合格商品，只要消费者要求退货，经营者即应负责办理，不得以修理、更换或者其他借口延迟或者拒绝消费者退货要求。

3）因提供商品或服务造成人身伤害、人格受损、财产损失的民事责任及赔偿范围

（1）人身伤害的民事责任。经营者提供商品或服务，造成消费者或其他人受伤、残疾、死亡的，应承担下列责任：①造成消费者或者其他受害人人身伤害的，应当支付医疗费、治疗期间的护理费、因误工减少的收入等费用；②造成残疾的，除上述费用外，还应支付残疾者生活自助具费、生活补助费、残疾赔偿金以及由其抚养的人所必需的生活费等费用；③造成消费者或其他受害人死亡的，应当支付丧葬费、死亡赔偿金以及由死者生前抚养的人所必需的生活费用。

（2）侵犯消费者人格尊严、人身自由的民事责任。《消费者权益保护法》规定：消费者享有人格尊严，经营者不得对消费者侮辱、诽谤，不得侵犯消费者的人身自由。违反上述规定的，经营者应当停止侵害、恢复名誉、消除影响、赔礼道歉，并赔偿损失。

（3）财产损害的民事责任。经营者提供商品或者服务，造成消费者财产损害的，应当以修理、重作、更换、退货、补足商品数量、退还货款和服务费用或者赔偿损失等方式承担民事责任。同时，《消费者权益保护法》承认并尊重消费者与经营者的自由订约权。双方对财产损害的补偿有约定的，可按照约定履行。

（4）对欺诈行为的惩罚性规定。《消费者权益保护法》规定：经营者提供商品或者服务有欺诈行为的，应当按照消费者的要求增加赔偿其受到的损失，增加赔偿的金额为消费者购买商品的价款或者接受服务的费用的 3 倍；增加赔偿的金额不足 500 元的，则为 500 元。

2. 消费者权益保护法的行政责任

1）应承担行政责任的情形

有下列情形之一的，经营者应承担行政责任：

（1）生产、销售的商品不符合保障人身、财产安全要求的。

（2）在商品中掺杂、掺假，以假充真，以次充好，或者以不合格商品冒充合格商品的。

（3）生产国家明令淘汰的商品或者销售失效、变质的商品的。

（4）伪造商品的产地，伪造或者冒用他人的厂名、厂址，伪造或者冒用认证

标志、名优标志等质量标志的。

（5）销售的商品应当检验、检疫而未检验、检疫或者伪造检验、检疫结果的。

（6）对商品或者服务做引人误解的虚假宣传的。

（7）对消费者提出的修理、重作、更换、退货、补足商品数量、退还货款和服务费用或者赔偿损失的要求故意拖延或者无理拒绝的。

（8）侵犯消费者人格尊严或者侵犯消费者人身自由的。

（9）法律、法规规定的对损害消费者权益应当予以处罚的其他情形。

2）行政处罚机关和处罚方式

（1）处罚依据。对《消费者权益保护法》列举的上述九种情形，若相关法律、法规（如产品质量法、食品安全法、广告法、价格法等）对处罚机关和处罚方式有规定，应依照其规定执行；若法律、法规没有规定，由市场监督管理部门进行处罚。

（2）处罚方式。对上述九种违法情形的处罚方式有：责令改正，警告，没收违法所得，罚款；还可对情节严重者责令停业整顿，吊销营业执照。

（3）行政复议。《消费者权益保护法》为防止行政机关滥用权力作出对经营者不公的处罚，规定了经营者的申请行政复议权，即经营者对行政处罚不服的，可自收到处罚决定之日起15日内向上一级机关申请复议，对复议决定仍不服的，可以向人民法院提起诉讼。

3）消费者权益保护法中的刑事责任

违反《消费者权益保护法》，构成犯罪的行为包括：①经营者提供商品或者服务，造成消费者或其他受害人受伤、残疾、死亡的；②以暴力、威胁等方法阻碍有关行政部门工作人员依法执行职务的；③国家机关工作人员玩忽职守或者包庇经营者侵害消费者合法权益的。对这些行为应根据情节依法追究刑事责任。

🔍 本章小结

《消费者权益保护法》的调整范围既包括消费者，又包括经营者；既包括商品，也包括服务。它是一部以消费者权利为核心的法律。消费者的权利、经营者的义务、侵犯消费者合法权益应承担的法律责任，是本章重点介绍的内容。

"最完善的法律制度，应该是最有利于保护弱方当事人合法权益的法律规范的总和。"旅游者与旅行社因为各自享有的权利和承担的义务不同，构成了一个矛盾统一体。在这个体系中，旅游消费者的合法权益是核心内容。保护旅游消费者的合法权益是旅游者的迫切愿望和要求，也是推动旅游业发展的源泉和动力。从旅游者的立场来说，旅游者通过消费旅游企业提供的旅游服务的目的是满足个人的精神生活需要。如果旅游者在消费旅游服务的过程中，其合法权益受到损害，那么旅游者满足个人精神生活需要的目的就无法实现。从旅游业的立场来说，不仅应该向消费者提供高效、优质的旅游服务，还要在旅游服务的提供过程中保护旅游者的合法权益。

即测即练

思考题

1. 消费者的权利有哪些？
2. 简述消费者组织对消费者权益的保护。
3. 旅游消费者权益有哪些特征？
4. 国家对旅游消费者合法权益的司法保护体现在哪些方面？
5. 旅游经营者有哪些义务？

第8章 旅行社法律制度

 **学习目标**

1. 了解旅行社的概念和经营范围。

2. 熟悉设立旅行社的程序。

3. 掌握旅行社质量保证金制度。

4. 掌握旅行社如何进行合法经营。

 **能力目标**

1. 能说明旅行社的概念及其业务经营范围。

2. 能模拟操作旅行社的设立程序。

3. 能结合质量保证金制度和旅行社经营规则，分析相关旅游案例。

 **思政目标**

1. 了解、认知旅行社相关法律制度，增强学生"依法治国""依法治旅"的法律意识。

2. 正确看待新时期旅行社业面临的机遇和挑战，树立专业自信和行业前景信心。

思维导图

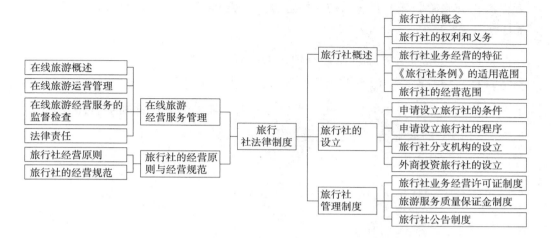

导入案例

2022 年 7 月，旅游者李某投诉某市旅行社虚假宣传旅游产品。经执法人员对该投诉情况进行核查后发现，被投诉的旅行社于 2022 年 6 月 2 日与旅客李某等人签订了西藏专列 12 天旅游服务合同，6 月 10 日收到地接社通知，前往羊卓雍措景区因道路维修实施交通管制，因此，该旅行社与旅游者签订旅游服务合同时对羊卓雍措景区必经之路实施交通管制的通告并不知情。6 月 19 日，该团地接社导游将此事告知旅游者，并经双方协商同意，签订了《行程变更协议》，临时更换了游览景区（将羊卓雍措景区更换为门票价格相同的 4A 级罗布林卡景区）。

思考题：

1. 李某的投诉是否能够得到执法部门的支持？

2. 旅行社更改旅游线路是否符合法律规定？

8.1　旅行社概述

8.1.1　旅行社的概念

世界旅游组织给出的旅行社的定义为"零售代理机构向公众提供关于可能的旅行、居住和相关服务，包括服务酬金和条件的信息。旅行组织者或制作批发商或批发商在旅游需求提出前，以组织交通运输，预订不同的住宿和提出所有其他服务为旅行和旅居做准备。"的行业机构。

《旅行社条例》规定：旅行社是从事招徕、组织、接待旅游者等活动，为旅游者提供相关旅游服务，开展国内旅游业务、入境旅游业务或者出境旅游业务的企业法人。

旅行社的营运项目通常包括各种交通运输票券（如机票、巴士票与船票）、套装行程，旅行保险，旅行书籍等的销售，与国际旅行所需的证照（如护照、签证）的咨询代办。最小的旅行社可能只有一人，最大的旅行社则全球都有分店。从旅行社衍生的职业有领队、导游、票务员、签证专员、计调员（旅游操作）等。经营旅行社必须持有当局发出的有效牌照，并且必须是某指定旅行社商会的会员。

8.1.2　旅行社的权利和义务

旅行社在旅游经营活动中，根据我国现行的法律法规和旅游政策规定，有其相应的权利和义务。

1. 旅行社的权利

（1）进行旅游广告宣传促销和组织旅游招徕活动。旅行社可根据特许经营的业务范围，充分利用各种宣传媒体进行旅游广告宣传和开展旅游业务促销活动，组织招徕和接待旅游者。但所有这些旅游信息必须真实可靠，不得做虚假旅游广告，不能以任何欺诈手段骗取旅游者。

（2）与任何旅游团体和个人签订旅游合同，约定旅游服务项目。旅行社与旅游者双方应本着公平、自愿、合情、合理、合法的原则，协商并签订旅游合同。旅游合同一经签订，对双方都具有约束力，旅行社要按照双方签订旅游合同所约定的项目为旅游者提供相应的服务。

（3）向被提供服务的旅游者收取合理的服务费用。旅行社为旅游者提供综合配套的各项服务，有权按双方合同约定收取相应的报酬，提供质价相符的旅游产品和旅游服务。

（4）按照双方签订的旅游合同安排旅游活动，确定旅游时间、旅游线路及游览方式等。

（5）向因未按旅游合同约定参加旅游活动的旅游者收取违约金，有权向因旅游者自身行为造成旅行社损失的旅游者提出索赔要求。

2. 旅行社的义务

（1）保障旅游者人身、财产的安全。旅行社所提供的旅游产品和旅游服务必须符合相应的国家安全标准，有责任和义务在旅游活动期间保护旅游者的人身、财产不受侵害。

（2）按旅游合同的约定向旅游者提供相应的旅游产品和服务，所提供的旅游产品和服务必须价质相符。

（3）对由于自身的过失造成旅游者合法权益受损害承担赔偿责任。除因不可抗力或法律特别规定外，因旅行社自身原因造成旅游者合法权益受损害的，旅行社应给予赔偿。

（4）在旅游活动期间尊重旅游者的民族习惯。

8.1.3　旅行社业务经营的特征

1. 经营方式的多样性

旅行社业务通常包括招徕、组织、接待旅游者，代办出入境签证手续，代订交通、住宿等。

2. 经营范围的广泛性

旅行社经营范围根据规定可以涉及国内、入境、出境业务等。

3. 经营业务的委托性

旅行社可以经营的业务中各个环节都存在委托和被委托的业务关系。

8.1.4　《旅行社条例》的适用范围

《旅行社条例》是为了加强对旅行社的管理，保障旅游者和旅行社的合法权益，维护旅游市场秩序，促进旅游业的健康发展而制定的法规。该条例第 2 条明确规定，本条例适用于中华人民共和国境内旅行社的设立及经营活动。2009 年 1 月 21 日，《旅行社条例》由国务院第 47 次常务会议通过，自 2009 年 5 月 1 日起施行。2020 年 12 月 11 日，中华人民共和国国务院令（第 732 号）《国务院关于修改和废止部分行政法规的决定》第二十一明确：删去《旅行社条例》第二十一条第二款。自 2021 年 9 月 15 日起至 2023 年 8 月 1 日，在全面深化服务贸易创新发展试点地区暂时调整实施《旅行社条例》的有关规定。2022 年 9 月 21 日，国务院关于同意在天津、上海、海南、重庆暂时调整实施有关行政法规规定的批复（国函〔2022〕104号），自即日起至2024年4月8日，在相关省市暂时调整实施《旅行社条例》有关规定。

8.1.5　旅行社的经营范围

（1）招徕我国旅游者在国内旅游，为其安排交通、游览、住宿、饮食、购物、娱乐及提供导游服务。

（2）招徕外国旅游者来中国，华侨及港澳台同胞归国及回内地旅游，为其安排交通、游览、住宿、饮食、购物、娱乐及提供导游等相关服务。

（3）经国务院旅游行政主管部门批准，招徕、组织我国境内居民到外国和我国港澳台地区旅游，为其安排领队及委托接待服务。

（4）经国务院旅游行政主管部门批准，招徕、组织我国境内居民到规定的与我国接壤国家的边境地区旅游，为其安排领队及委托接待服务。

（5）经批准，接受旅游者委托，为旅游者代办入境、出境及签证手续。

（6）为旅游者代购、代订国内外交通客票，提供行李服务。

（7）其他经国务院旅游行政主管部门规定的旅游业务。

8.2　旅行社的设立

8.2.1　申请设立旅行社的条件

1. 申请设立旅行社，经营国内旅游业务和入境旅游业务应当具备的条件

（1）有固定的经营场所。申请者拥有产权的营业用房，或者申请者租用的，租期不少于1年的营业用房；营业用房应当满足申请者业务经营的需要。

（2）有必要的营业设施。包括两部以上的直线固定电话、传真机、复印机；具备与旅游行政管理部门及其他旅游经营者联网条件的计算机。

（3）有不少于30万元的注册资本。

（4）有必要的经营管理人员和导游，即有不低于旅行社在职员工总数20%且不少于3名持有导游证的导游。

（5）法律、行政法规规定的其他条件。

2. 经营出境旅游业务的条件

参见本书相关规定。

3. 旅行社分社设立条件

旅行社设立分社应当持旅行社业务经营许可证副本向分社所在地的市场监管部门办理设立登记，并自设立登记之日起 3 个工作日内向分社所在地的旅游行政管理部门备案。

旅行社分社的设立不受地域限制。分社的经营范围不得超出设立分社的旅行社的经营范围。

4. 旅行社变更

旅行社变更名称、经营场所、法定代表人等登记事项或者终止经营的，应当到市场监管部门办理相应的变更登记或者注销登记，并在登记办理完毕之日起 10 个工作日内，向原许可的旅游行政管理部门备案，换领或者交回旅行社业务经营许可证。

5. 缴存质量保证金

旅行社应当自取得旅行社业务经营许可证之日起 3 个工作日内，在国务院旅游行政管理部门指定的银行开设专门的质量保证金账户，存入旅游服务质量保证金，或者向作出许可的旅游行政管理部门提交依法取得的担保额度不低于相应质量保证金数额的银行担保。

8.2.2　申请设立旅行社的程序

1. 申请设立旅行社提交的文件

（1）设立申请书。其内容包括申请设立的旅行社的中英文名称及英文缩写，设立地址，企业形式、出资人、出资额和出资方式，申请人、受理申请部门的全称、申请书名称和申请的时间。

（2）法定代表人履历表及身份证明。

（3）企业章程。

（4）经营场所的证明。

（5）营业设施、设备的证明或者说明。

（6）市场监管部门出具的企业法人营业执照。设立旅行社，应当向所在地的省、自治区、直辖市旅游行政管理部门或受其委托的设区的市级旅游行政管理部门提出申请，受理申请的旅游行政管理部门自受理申请之日起 20 个工作日内作出许可或不予许可的决定。

2. 申请经营出境旅游业务的特别程序

1）申请经营出境旅游业务的条件

（1）经营国内和入境旅游业务旅行社取得经营许可满两年，且未因侵害旅游者合法权益受到行政机关罚款以上处罚的，可以申请经营出境旅游业务。

（2）足额缴存旅游服务质量保证金140万元（包括原有20万元）。

2）办理程序

申请经营出境旅游业务的，应当向国务院旅游行政主管部门或者其委托的省、自治区、直辖市旅游行政管理部门提出申请。旅行社在提出申请时，要提交经营旅行社业务满两年，且连续两年未因侵害旅游者合法权益受到行政机关罚款以上处罚的承诺书和经市场监督管理部门变更经营范围的企业法人营业执照。

受理申请的旅游行政管理部门应当自受理申请之日起20个工作日内作出许可或者不予许可的决定。

旅行社申请经营边境旅游业务的，适用《边境旅游暂行管理办法》及相关文件的规定。根据规定，省级旅游行政管理部门可以审批旅行社经营边境旅游资格。

旅行社申请经营赴台湾地区旅游业务的，适用《大陆居民赴台湾地区旅游管理办法》的规定。根据规定，申请经营赴台湾地区旅游业务的旅行社，由国务院旅游行政主管部门会同有关部门，在已批准的特许经营出境旅游业务的旅行社范围内指定。

8.2.3　旅行社分支机构的设立

旅行社分支机构通常指由旅行社设立的非法人分社及旅行社服务网点（包括营业部）。旅行社根据业务经营和发展的需要，可以设立非法人分社（以下简称"分社"）及其服务网点。

1. 旅行社分社的设立

1）设立条件

（1）有固定的经营场所。申请者拥有产权的营业用房，或者申请者租用的、租期不少于1年的营业用房；营业用房应当满足申请者业务经营的需要。

（2）有必要的营业设施。两部以上的直线固定电话；传真机、复印机；具备与旅游行政管理部门及其他旅游经营者联网条件的计算机。

（3）有相应的名称。分社的名称中应当包含设立社名称、分社所在地地名和

"分社"或者"分公司"字样。

（4）按照要求增存质量保证金。

2）设立程序与管理

（1）设立登记。旅行社设立分社的，应当向分社所在地的市场监督管理部门办理设立登记。

（2）备案登记。设立社应当在设立登记之后持法定文件办理备案登记。法定文件包括：分社的营业执照，分社经理的履历表和身份证明，增存质量保证金的证明文件。

（3）旅行社分社的设立不受地域限制。旅行社可以根据自身业务发展的需要，在不同的地区设立分社，拓展市场，发展业务。

（4）旅行社分社的经营范围不得超出设立社的经营范围。

（5）设立社应当加强对分社的管理。设立社对分社实行统一的人事、财务、招徕、接待制度规范。设立社应当与分社的员工订立劳动合同。旅行社分社的经营场所、营业设施、设备，应当符合旅行社分社设立规定的要求。

2. 旅行社服务网点的设立

服务网点是指旅行社设立的，为旅行社招徕旅游者，并以旅行社的名义与旅游者签订旅游合同的门市部等机构。

1）设立条件

（1）服务网点应当设在方便旅游者认识和出入的公共场所。

（2）服务网点的名称、标牌应当包括设立社名称、服务网点所在地地名等，不得含有使消费者误解为是旅行社或者分社的内容，也不得作易使消费者误解的简称。

2）设立程序与管理

（1）设立登记。设立服务网点的旅行社，应当向服务网点所在地市场监督管理部门办理服务网点设立登记。

（2）备案登记。设立服务网点的旅行社应当在设立登记之后 3 个工作日之内，持法定文件办理备案登记。法定文件包括：服务网点的营业执照，服务网点经理的履历表和身份证明。

（3）旅行社服务网点设立地域的规定。旅行社服务网点的设立是有地域限制的，根据《旅行社条例实施细则》（以下简称《实施细则》）的规定，设立社可以在其所在地的省、自治区、直辖市行政区划内设立服务网点；设立社在其所在地的省、自治区、直辖市行政区划外设立分社的，可以在该分社所在地设区的市的行政区划内设立服务网点。分社不得设立服务网点。

（4）旅行社服务网点经营范围的规定。旅行社服务网点的经营范围是特定的，根据规定，服务网点应当在设立社的经营范围内，从事招徕旅游者、提供旅游咨询服务。也就是说，服务网点的经营范围仅限于招徕旅游者，并为旅游者提供旅游咨询服务，不得自行组团安排出游。

（5）旅行社服务网点管理的规定。旅行社应当加强对其服务网点的管理，对服务网点实行统一管理、统一财务、统一招徕和统一咨询服务规范。设立社应当与服务网点的员工订立劳动合同。

8.2.4　外商投资旅行社的设立

外商投资旅行社是指依照中华人民共和国法律的规定，在中国境内设立的，由中国投资者和外国投资者共同投资或者仅由外国投资者投资的旅行社，即中外合资经营旅行社、中外合作经营旅行社和外资旅行社。

1. 外商投资旅行社的设立条件

依据《旅游法》、《旅行社条例》（以下简称《条例》）的规定，我国对外商投资旅行社的设立已经实行了国民待遇，外商投资旅行社设立的条件与我国旅行社的设立条件相同。此外，《条例》还规定，设立外商投资旅行社，还应当遵守有关外商投资的法律、法规。

2. 外商投资旅行社的设立程序

外商投资企业申请经营旅行社业务，应当向所在地省、自治区、直辖市旅游行政管理部门提出申请，并提交符合《条例》第6条规定条件的相关证明文件。省、自治区、直辖市旅游行政管理部门应当自受理申请之日起30个工作日内审查完毕。予以许可的，颁发旅行社业务经营许可证；不予许可的，书面通知申请人并说明理由。

3. 外商投资旅行社的经营范围

外商投资旅行社可以经营国内旅游业务和入境旅游业务，不得经营中国内地居民出国旅游业务以及赴香港特别行政区、澳门特别行政区和台湾地区旅游的业务，但是国务院决定或者我国签署的自由贸易协定和内地与香港、澳门关于建立更紧密经贸关系的安排另有规定的除外。

8.3　旅行社管理制度

8.3.1　旅行社业务经营许可证制度

《旅游法》规定，设立旅行社，应当具备规定的条件，取得旅游主管部门许可，依法办理工商登记。这表明，在我国，旅行社业为许可经营行业。

1. 许可证的含义

旅行社业务经营许可证制度所指的许可证，是指有许可权的旅游主管部门颁发的，证明持证人具有从事旅游业务经营资格的凭证。为保证许可证的权威性、严肃性和统一性，许可证和副本由国务院旅游主管部门制定统一样式，国务院旅游主管部门和省级旅游主管部门分别印制。未取得旅行社业务经营许可证的，不得从事旅行社业务经营活动。

2. 许可证的管理

1）旅行社业务经营许可证的明示

旅行社及其分社、服务网点应当将旅行社业务经营许可证、旅行社分社备案登记证明或旅行社服务网点备案登记证明，与营业执照一起悬挂在经营场所的显眼位置，以便有关部门监督检查以及旅游者和其他企业识别。

2）旅行社业务经营许可证不得非法转让、出租或者出借

《旅游法》规定，旅行社不得出租、出借旅行社业务经营许可证，或者以其他形式非法转让旅行社业务经营许可。非法转让，是指旅行社没有通过法律、法规允许的转让方式、程序等要求转让业务经营许可的非法行为；出租，是指将旅行社业务经营许可证件租赁给他人使用并收取租金的非法行为；出借，是指无偿将旅行社业务经营许可证借予他人使用的非法行为。

《旅游法》规定，旅行社违反规定，出租、出借旅行社业务经营许可证，或者以其他方式非法转让旅行社业务经营许可证的，由旅游主管部门或者市场监督管理部门责令停业整顿，没收违法所得，并处 1 万元以上 10 万元以下罚款；违法所得 10 万元以上的，并处违法所得 1 倍以上 5 倍以下罚款；对有关责任人员，处 2 000 元以上 2 万元以下罚款；情节严重的，吊销旅行社业务经营许可证；对直接负责的主管人员，处 2 000 元以上 2 万元以下罚款。违反《旅游法》《条例》《实施细则》关于许可证规定的旅行社，被吊销旅行社业务经营许可证的，由作出处理决定的旅游主管部门通知市场监督管理部门吊销其营业执照。

8.3.2 旅游服务质量保证金制度

为了加强对旅行社服务质量的监督和管理，保护旅游者的合法权益，保障旅行社规范经营，《旅游法》规定，旅行社应当按照规定交纳旅游服务质量保证金，用于旅游者权益损害赔偿和垫付旅游者人身安全遇有危险时紧急救助的费用。

1. 旅游服务质量保证金的概念

旅游服务质量保证金，是指根据《旅游法》及《条例》的规定，由旅行社在指定银行缴存或由银行担保提供的一定数额用于旅游服务质量赔偿支付和团队旅游者人身安全遇有危险时紧急救助费用垫付的资金。

2. 旅游服务质量保证金的交纳

1）交纳期限

旅行社应当自取得旅行社业务经营许可证之日起 3 个工作日内，在国务院旅游主管部门指定的银行开设专门的质量保证金账户，存入质量保证金，或者向做出许可的旅游行政管理部门提交依法取得的担保额度不低于相应质量保证金数额的银行担保。

2）交纳标准

经营国内旅游业务和入境旅游业务的旅行社，应当存入保证金 20 万元；经营出境旅游业务的旅行社，应当增存保证金 120 万元；经营境内旅游业务入境旅游业务和出境旅游业务的旅行社，应当存入保证金 140 万元。

旅行社每设立一个经营国内旅游业务和入境旅游业务的分社，应当向其保证金账户增存 5 万元；每设立一个经营出境旅游业务的分社，应当向其保证金账户增存 30 万元；每设立一个经营境内旅游业务、入境旅游业务和出境旅游业务的分社，应当向其保证金账户增存 35 万元。

3）交纳形式

可见，在质量保证金的交纳形式上，质量保证金包括现金和银行担保两种形式。

（1）以现金形式交纳质量保证金的。国家旅游局（文化和旅游部）本着公开、公平、公正的原则，指定符合法律、法规规定并提出申请的中国境内商业银行作为保证金的存储银行。接受存储的银行应当为旅行社开设保证金专用账户。

（2）以银行担保的方式交纳质量保证金的。由旅行社向作出许可的旅游主管部门提交担保数额不低于保证金交纳标准的银行担保。规定该交纳方法的目的，是降低旅行社的经营成本、避免资金闲置而允许的一种信用支持。

3. 旅游服务质量保证金的管理

1）所有权属

保证金属于交纳的旅行社所有。《条例》规定，质量保证金的利息属于旅行社所有。

2）取款

旅行社因解散或破产清算、业务变更或撤减分社减交，3 年内未因侵害旅游者合法权益受到行政机关罚款以上处罚而降低保证金数额 50% 等原因，需要支取保证金时，须向许可的旅游行政主管部门提出，许可的旅游行政主管部门审核出具旅游服务质量保证金取款通知书。银行根据旅游服务质量保证金取款通知书，将相应数额的保证金退还给旅行社。

3）监管部门

旅游行政管理部门是旅游服务质量保证金的主要监管部门。国务院旅游行政主管部门和国务院财政部门制定旅游服务质量保证金存缴、使用的具体管理办法；国务院旅游行政主管部门指定存缴旅游服务质量保证金的银行；作出许可的旅游行政管理部门接受旅行社采用银行担保方式履行旅游服务质量保证金义务；依法使用旅游服务质量保证金；行使旅游服务质量保证金动态管理的监管权，包括出具减少旅游服务质量保证金额度的凭证和补足旅游服务质量保证金的通知。

4）动态管理

为激励旅行社合法经营，形成有序的市场环境，促进旅游业健康发展，我国实行了保证金动态管理。保证金动态管理包括降低交纳标准、退还已交纳的保证金和补足保证金两方面。

（1）保证金的标准降低和退还。旅行社自交纳或者补足质量保证金之日起 3 年内未因侵害旅游者合法权益受到行政机关罚款以上处罚的，旅游行政管理部门应当将旅游服务质量保证金的缴存数额降低 50%，并向社会公告。旅行社可凭省级旅游行政管理部门出具的凭证减少其质量保证金。

（2）保证金的补足规定。旅行社在旅游行政管理部门使用质量保证金赔偿旅游者的损失，或者依法减少质量保证金后，因侵害旅游者合法权益受到行政机关罚款以上处罚的，应当在收到旅游主管部门补交质量保证金的通知之日起 5 个工作日内补足质量保证金。

旅行社符合《条例》第 17 条降低质量保证金数额规定条件的，原许可的旅游行政管理部门应当根据旅行社的要求，在 10 个工作日内向其出具降低质量保证金数额的文件。

旅行社未在规定期限内向其质量保证金账户存入、增存、补足质量保证金或者提交相应的银行担保的，由旅游行政管理部门责令改正；拒不改正的，吊销旅行社业务经营许可证。

4. 旅游服务质量保证金的赔偿范围

旅游服务质量保证金是用于保障旅游者权益的专用款项，主要是用于赔偿由于旅行社的原因导致旅游者权益的损害。为了加强对旅游服务质量保证金的监督和管理，《旅游法》和《条例》规定了旅游行政管理部门划拨使用旅游服务质量保证金的赔偿情形。

1）用于旅游者权益损害救济的费用

（1）旅游主管部门使用保证金的情形：旅行社违反旅游合同约定，侵害旅游者合法权益，经旅游主管部门查实；旅行社因解散、破产或者其他原因造成旅游者预交旅游费用损失的（预交旅游费用包括旅游团费、签证费）。其他原因主要指旅行社恶意卷款而逃等诈骗行为。

（2）人民法院使用保证金的情形：必须是判决、裁定及其他生效法律文件认定的，未生效的法律文书不能作为使用保证金的依据。使用范围是旅行社损害旅游者合法权益，旅行社拒绝或者无力赔偿的。

2）用于垫付旅游者人身安全遇有危险时紧急救助的费用

因旅行社拒绝履行合同致旅游者被甩团、滞留，或因不可抗力等导致人身安全遇有危险，且旅行社拒绝或者无力及时承担救助责任时，旅游行政主管部门可以决定使用保证金垫付紧急救助费用。紧急救助费用主要包括安排旅游者食宿、治疗、救援、返程等使旅游者脱离危险的救急费用。

5. 旅游服务质量赔偿标准

在《旅行社质量保证金赔偿试行标准》基础上，国家旅游主管部门总结归纳了近年来各地调解旅游投诉纠纷实践经验，并广泛吸收了社会各界意见，制定了《旅行社服务质量赔偿标准》。旅行社不履行合同或者履行合同不符合约定的服务质量标准，旅游者和旅行社对赔偿标准未作出合同约定的，旅游主管部门或者旅游质监执法机构在处理相关旅游投诉时，参照适用赔偿标准。

1）因旅行社的原因不能成行的

旅行社与旅游者订立合同或收取旅游者预付旅游费用后，因旅行社原因不能成行的，旅行社应在合理期限内通知旅游者，否则按下列标准承担赔偿责任：

（1）境内旅游应提前 7 日（不含 7 日）通知旅游者，否则应向旅游者全额退还预付旅游费用，并按下述标准向旅游者支付违约金：出发前 7 日（含 7 日）至 4 日，支付旅游费用总额 10% 的违约金；出发前 3 日至 1 日，支付旅游费用总额 15% 的违约金；出发当日，支付旅游费用总额 20% 的违约金。

（2）出境旅游（含赴台游）应提前 30 日（不含 30 日）通知旅游者，否则应向旅游者全额退还预付旅游费用，并按下述标准赔偿；出发前 14 日至 7 日，支付旅游费用总额 5% 的违约金；出发前 6 日至 4 日，支付旅游费用总额 10% 的违约金；出发前 3 日至 1 日，支付旅游费用总额 15% 的违约金；出发当日，支付旅游费用总额 20% 的违约金。

2）旅行社擅自转、拼团的

旅行社未经旅游者同意，擅自将旅游者转团、拼团的，旅行社应向旅游者支付旅游费用总额 25% 的违约金。解除合同的，还应向未随团出行的旅游者全额退还预付旅游费用，向已随团出行的旅游者退还未实际发生的旅游费用。

3）歧视性收费的

在同一旅游行程中，旅行社提供相同服务，因旅游者的年龄、职业等差异增收费用的，旅行社应返还增收的费用。

4）因旅行社的原因未能乘坐交通工具的

因旅行社原因造成旅游者未能乘坐预订的公共交通工具的，旅行社应赔偿旅游者的直接经济损失，并支付直接经济损失 20% 的违约金。

5）安排的旅游活动和服务不符合约定的

旅行社安排的旅游活动和服务档次与合同不符，造成旅游者经济损失的，旅行社应退还旅游者合同金额与实际花费的差额，并支付同额违约金。

6）提供的服务不符合标准的

领队未按照国家或旅游行业对旅游者服务标准提供导游或者领队服务，影响旅游服务质量的，旅行社应向旅游者支付旅游费用总额 1% ~ 5% 的违约金，本赔偿标准另有规定的除外。

7）违反合同约定的

旅行社及导游或领队违反旅行社与旅游者的合同约定，损害旅游者合法权益的，旅行社按下述标准承担赔偿责任。

（1）擅自缩短游览时间、遗漏旅游景点、减少旅游服务项目的，旅行社应赔偿未完成约定旅游服务项目等合理费用，并支付同额违约金。遗漏无门票景点的，每遗漏一处，旅行社向旅游者支付旅游费用总额5%的违约金。

（2）未经旅游者签字确认，擅自安排合同约定以外的用餐、娱乐、医疗保健、参观等另行付费项目的，旅行社应承担另行付费项目的费用。

（3）未经旅游者签字确认，擅自违反合同约定增加购物次数、延长停留时间的，每次向旅游者支付旅游费用总额10%的违约金。

（4）强迫或者变相强迫旅游者购物的，每次向旅游者支付旅游费用总额20%的违约金。

（5）旅游者在合同约定的购物场所所购物品系假冒伪劣商品的，旅行社应负责挽回或赔偿旅游者的直接经济损失。

（6）私自兜售商品，旅行社应全额退还旅游者购物价款。

8）中止提供旅游服务的

拓展阅读 8.1

旅行社违反合同约定，中止对旅游者提供住宿、用餐、交通等旅游服务的，应当负担旅游者在被中止旅游服务期间所订的同等级别的住宿、用餐、交通等必要费用，并向旅游者支付旅游费用总额30%的违约金。

8.3.3　旅行社公告制度

1. 旅行社公告制度的含义

旅行社公告制度，是指相关行政管理部门对其具体行政行为，通过报刊、网络或者其他形式向社会公开发布告知的管理制度。

2. 旅行社公告制度的内容

《条例》规定，旅游、市场监管、价格等行政管理部门应当及时向社会公告监督检查的情况。公告的内容包括旅行社业务经营许可证的颁发、变更、吊销、注销情况，旅行社的违法经营行为以及旅行社的诚信记录、旅游者投诉信息等。

1）履行公告职责的部门

公告制度中，旅游、市场监管、价格等行政管理部门是履责部门，应当在县级以上或者上级旅游主管部门的政府网站向社会发布检查的公告。

2）公告的具体内容和期限

国家或者省级旅游主管部门应当在作出许可决定或者备案后 20 个工作日内向社会公告：保证金存缴数额降低，旅行社业务经营许可证颁发、变更和注销的。

作出处理决定的旅游主管部门，在处罚生效后 10 个工作日内向社会公告：旅行社违法经营或者被吊销旅行社业务经营许可证的。

处理投诉的旅游主管部门每季度向社会公告：旅游者对旅行社的投诉信息。旅行社的诚信记录是一个系统的、综合相关要素形成的完整表现，可定期进行公告。

8.4 旅行社的经营原则与经营规范

8.4.1 旅行社经营原则

旅行社在经营活动中应当遵循自愿、平等、公平、诚信的原则，提高服务质量，维护旅游者的合法权益。

1. 自愿原则

自愿原则是指旅行社不得通过欺诈、胁迫等手段强迫旅游者和其他企业在非自愿的情况下与其发生旅游法律关系。

2. 平等原则

平等原则是指旅行社在经营活动中，与旅游者或其他法人之间发生业务关系，必须平等协商，不得将自己的意志强加给对方。

3. 公平原则

公平原则是指在设立权利义务、承担民事责任等方面应当公正、平等、合情合理，保证公正交易和公平竞争。

4. 诚信原则

诚信原则要求旅行社对旅游者和其他企业诚实不欺、恪守承诺、讲究信用，不损害他人利益和社会利益，并以诚实信用方式履行义务。

旅行社向旅游者提供的旅游服务信息必须真实可靠，不得做虚假宣传。旅行社所做广告应当符合国家有关法律、法规的规定，不得进行虚假的广告宣传，严禁旅行社进行超出核定经营范围的广告宣传。

旅行社在开展业务经营活动中，还应遵守社会公认的商业道德。

8.4.2　旅行社的经营规范

根据《旅游法》《条例》《实施细则》的规定，旅行社经营应遵守以下规范。

1. 依法从事旅游经营活动

1）按照核定的业务范围开展经营活动

旅行社应当按照核定的业务范围开展经营活动，严禁超范围经营。超范围经营包括以下内容。

（1）未取得相应的旅行社业务经营许可，经营境内旅游、出境旅游、边境旅游、入境旅游、其他旅游业务。

（2）分社超出设立分社的旅行社的经营范围经营旅游业务。

（3）旅行社服务网点从事招徕、咨询以外的旅行社业务经营活动。

（4）外商投资旅行社违规经营中国内地居民出境、边境旅游业务及赴港、澳、台旅游业务。

（5）经营出境、边境旅游业务的旅行社组织旅游者到国务院旅游主管部门公布的中国公民出境、边境旅游目的地之外的国家和地区旅游。

《旅游法》规定，未经许可经营旅行社业务的，由旅游主管部门或者市场监督管理部门责令改正，没收违法所得，并处1万元以上10万元以下罚款；违法所得10万元以上的，并处违法所得1倍以上5倍以下罚款；对有关责任人员，处2000元以上2万元以下罚款。旅行社未经许可经营出境旅游、边境旅游业务的，除依照前款规定处罚外，并责令停业整顿；情节严重的，吊销旅行社业务经营许可证；对直接负责的主管人员，处2000元以上2万元以下罚款。

2）安排的旅游活动不得含有违法或违反社会公德的内容

《旅游法》规定，旅行社及其从业人员组织、接待旅游者，不得安排参观或者参与违反我国法律、法规和社会公德的项目或者活动。《条例》规定，旅行社为旅游者安排或者介绍的旅游活动不得含有违反有关法律、法规规定的内容。旅行社安排旅游者参观或者参与违反我国法律、法规和社会公德的项目或者活动的，由旅游主管部门责令改正，没收违法所得，责令停业整顿，并处2万元以上

20 万元以下罚款；情节严重的，吊销旅行社业务经营许可证；对直接负责的主管人员和其他直接责任人员，处 2 000 元以上 2 万元以下罚款，并暂扣或者吊销导游证。

3）选择合格的供应商

旅行社组织旅游活动所提供的旅游产品和服务，绝大多数是向旅游活动的要素供应商订购的。餐饮、住宿、交通运输、景区景点、娱乐场所供应商所提供的旅游产品和服务的质量，直接影响旅游市场的经营秩序与旅游者的旅游权益。因此，《旅游法》规定，旅行社组织旅游活动应当向合格的供应商订购产品和服务。

《旅游法》规定，旅行社向不合格的供应商订购产品和服务的，由旅游主管部门或者有关部门责令改正，没收违法所得，并处 5 000 元以上 5 万元以下的罚款；违法所得 5 万元以上的，并处违法所得 1 倍以上 5 倍以下罚款；情节严重的，责令停业整顿或者吊销旅行社业务经营许可证；对直接负责的主管人员和其他直接责任人员，处 2 000 元以上 2 万元以下罚款。

4）依法委托旅游业务

（1）选择具有相应资质的旅行社。实践中，旅行社需要将在旅游目的地接待旅游者的业务委托给地接社，这是旅行社行业的通行做法。为保护旅游者合法权益，《条例》规定，旅行社需要对旅游业务作出委托的，应当委托给具有相应资质的旅行社，征得旅游者的同意，并与接受委托的旅行社就接待旅游者的事宜签订委托合同，确定接待旅游者的各项服务安排及其标准，约定双方的权利、义务。

《条例》规定，旅行社将旅游业务委托给不具有相应资质的旅行社，由旅游主管部门责令改正，处 2 万元以上 10 万元以下罚款；情节严重的，责令停业整顿 1 个月至 3 个月。

（2）支付合理的费用。《条例》规定，旅行社将旅游业务委托给其他旅行社的，应当向接受委托的旅行社支付不低于接待和服务成本的费用；接受委托的旅行社不得接待不支付或者不足额支付接待和服务费用的旅游团队。接受委托的旅行社违约，造成旅游者合法权益受到损害的，作出委托的旅行社应当承担相应的赔偿责任。作出委托的旅行社赔偿后，可以向接受委托的旅行社追偿。接受委托的旅行社故意或者重大过失造成旅游者合法权益受损害的，应当承担连带责任。

旅行社、接受委托的旅行社违反《条例》费用支付规定的，由旅游主管部门责令改正，停业整顿 1 个月至 3 个月；情节严重的，吊销旅行社业务经营许可证。

2. 依法提供诚信服务

1）发布真实、准确的信息

旅行社为招徕、组织旅游者发布信息，必须真实、准确，不得进行虚假宣传，误导旅游者。发布旅游经营信息的网站，应当保证其信息真实、准确。《旅游法》的规定既适用于通过网络经营旅行社业务的旅行社，也适用于不经营旅行社业务，仅为旅行社提供平台，代为发布线路、产品信息的互联网。此外，实体旅行社在其网站发布相关旅游经营信息也应当遵守该规定。

《旅游法》规定，旅行社进行虚假宣传，误导旅游者的，由旅游主管部门或者有关部门责令改正，没收违法所得，并处 5 000 元以上 5 万元以下罚款；违法所得 5 万元以上的，并处违法所得 1 倍以上 5 倍以下罚款；情节严重的，责令停业整顿或者吊销旅行社业务经营许可证；对直接负责的主管人员和其他直接责任人员，处 2 000 元以上 2 万元以下罚款。

2）合理报价

旅行社不得以不合理的低价组织旅游活动，诱骗旅游者，并通过安排购物或者另行付费旅游项目获取回扣等不正当利益。旅行社组织、接待旅游者，不得指定具体购物场所，不得安排另行付费旅游项目。但是，经双方协商一致或者旅游者要求，且不影响其他旅游者行程安排的除外。旅行社若违反上述规定，旅游者有权在旅游行程结束后 30 日内，要求旅行社为其办理退货并先行垫付退货货款，或者退还另行付费旅游项目的费用。《条例》规定，旅行社不得以低于旅游成本的报价招徕旅游者。未经旅游者同意，旅行社不得在旅游合同约定之外提供其他有偿服务。

《旅游法》规定，旅行社违反规定的，由旅游主管部门责令改正，没收违法所得，责令停业整顿，并处 3 万元以上 30 万元以下罚款；违法所得 30 万元以上的，并处违法所得 1 倍以上 5 倍以下罚款；情节严重的，吊销旅行社业务经营许可证；对直接负责的主管人员和其他直接责任人员，没收违法所得，处 2 000 元以上 2 万元以下罚款，并暂扣或者吊销导游证。

3）安排持证领队或者导游全程陪同

旅行社组织团队出境旅游或者组织、接待团队入境旅游，应当按照规定安排领队或者导游全程陪同。《条例》规定，旅行社为接待旅游者委派的导游人员，应当持有国家规定的导游证。取得出境旅游业务经营许可的旅行社为组织旅游者出境旅游委派的领队，应当取得导游证，具有相应的学历、语言能力和旅游从业经历，并与委派其从事领队业务的旅行社订立劳动合同。旅行社应当将本单位领队名单报所在地设区的市级旅游行政管理部门备案。

3. 依法履行警示、告知及协助义务

1）警示、告知义务

在旅游活动中，为了保障旅游者的人身、财产安全，规范旅行社的应急处置行为，《条例》规定，旅行社对可能危及旅游者人身、财产安全的事项，应当向旅游者作出真实的说明和明确的警示，并采取防止危害发生的必要措施。发生危及旅游者人身安全的情形时，旅行社及其委派的导游人员、领队人员应当采取必要的处置措施并及时报告旅游行政主管部门；在境外发生的，还应当及时报告中华人民共和国驻该国使领馆、相关驻外机构、当地警方。

2）报告及协助义务

为维护国家利益，保障旅游市场健康有序发展，《旅游法》规定，旅游经营者组织、接待出入境旅游，发现旅游者从事违法活动；出境旅游者在境外非法滞留，随团出境的旅游者擅自分团、脱团；入境旅游者在境内非法滞留，随团入境的旅游者擅自分团、脱团的，应当及时向公安机关、旅游主管部门或者我国驻外机构报告。

《条例》规定，旅游者在境外滞留不归的，旅行社委派的领队人员应当及时向旅行社和中华人民共和国驻该国使领馆、相关驻外机构报告。旅行社接到报告后应当及时向旅游行政管理部门和公安机关报告，并协助提供非法滞留者的身份、出境时间和地点、所属旅游团队、游览线路、滞留地点等信息。

旅行社接待入境旅游发生旅游者非法滞留我国境内的，应当及时向旅游行政管理部门、公安机关和外事部门报告，并协助提供非法滞留者的身份、入境时间和地点、所属旅游团队、游览线路、滞留地点等信息。

《旅游法》规定，旅行社未履行报告义务的，由旅游主管部门处 5 000 元以上 5 万元以下罚款；情节严重的，责令停业整顿或者吊销旅行社业务经营许可证；对直接负责的主管人员和其他直接责任人员，处 2 000 元以上 2 万元以下罚款，并暂扣或者吊销导游证。

因妨害国（边）境管理受到刑事处罚的，在刑罚执行完毕之日起 5 年内不得从事旅行社业务经营活动；旅行社被吊销旅行社业务经营许可证的，其主要负责人在旅行社业务经营许可证被吊销之日起 5 年内不得担任任何旅行社的主要负责人。

3）提示义务

《旅游法》规定，旅行社应当提示参加团队旅游的旅游者按照规定投保人身意外伤害保险。

4.依法规范内部管理

1）维护导游、领队的合法权益

（1）旅行社应当与其聘用的导游、领队依法订立劳动合同。

（2）应当向其支付劳动报酬，不得低于当地最低工资标准，并且按照劳动合同约定和国家规定，进行及时足额的支付。

（3）应当为其缴纳社会保险费用。

（4）旅行社临时聘用导游为旅游者提供服务的，应当向导游全额支付在包价旅游合同中载明的导游服务费用。

（5）旅行社安排导游、领队为团队旅游提供服务的，不得要求导游、领队垫付或者向导游收取任何费用。

《旅游法》规定，旅行社未向临时聘用的导游支付导游服务费用或要求导游垫付或者向导游收取费用的，由旅游主管部门责令改正，没收违法所得，并处 5 000元以上 5 万元以下罚款；情节严重的，责令停业整顿或者吊销旅行社业务经营许可证；对直接负责的主管人员和其他直接责任人员，处 2 000 元以上 2 万元以下罚款。

2）妥善保存旅游者信息

旅行社应当妥善保存招徕、组织、接待旅游者的各类合同及相关文件、资料，以备县级以上旅游行政管理部门核查。保存期应当不少于两年。旅行社不得向其他经营者或者个人，泄露旅游者因签订旅游合同提供的个人信息；超过保存期限的旅游者个人信息资料，应当妥善销毁。

未妥善保存各类旅游合同及相关文件、资料，保存期不够两年，或者泄露旅游者个人信息的，由县级以上旅游行政管理部门责令改正，没收违法所得，处违法所得 3 倍以下但最高不超过 3 万元的罚款；没有违法所得的、处 1 万元以下的罚款。

8.5　在线旅游经营服务管理

拓展阅读 8.2

在线旅游（online travel agency，OTA），又称电子旅游，是由互联网与旅游业融合发展而产生的新型旅游业态。从消费的角度来讲，"在线旅游"是指旅游消费者通过旅游服务企业提供的网络预订平台购买旅游产品和服务的旅游消费方式；从供给的角度来讲，"在线旅游"是指旅游服务企业通过具有旅游信息传播、旅游产品与服务订购、旅游体验评价等功能的旅游电子商务网站进行线上旅游咨询与购买、线下旅游消费体验的旅游商业模式。

8.5.1　在线旅游概述

在线旅游是指依托互联网，以满足旅游消费者信息查询、产品预订及服务评价为核心目的上市公司组成的概念，它囊括了航空公司、酒店、景区、租车公司、海内外旅游局等旅游服务供应商及搜索引擎、OTA（在线旅行社）、电信运营商、旅游资讯及社区网站等在线旅游平台的新产业。

1. 在线旅游的特点

（1）整合性。由于在线旅游服务整体上是一个在线旅游产业链，各环节协调整合在一起后的在线产品更加吸引消费者，综合考虑各个环节的内容创造出新的产品和组合后，进而成为旅游业的主导。

（2）快捷性。旅游业是服务行业，同时，酒店、机票等旅游产品具有时效性，如果无法及时卖出，将会造成不必要的损失。而在线旅游正是利用互联网的力量及时发布和更新这些销售信息，通过网络随时为旅游者提供服务，这是传统旅游企业无法完成的。

（3）交互性。旅游者购买的是一种体验服务，是一种无形产品，并不是实体产品。在购买旅游产品前，由于信息不透明、不完善，旅游者无法了解到全部信息，而在线攻略社区等互动性较强的服务平台为旅游者提供便利，它们可以通过网络查阅到别人分享的经历或体验。随着信息技术的发展，除了可以在线浏览旅游信息、旅游产品介绍和其他旅游者的先行体验等信息外，还提供了视觉、听觉甚至 3D 效果的全新旅游体验，培养了大批潜在旅游者。

（4）便利性。由于旅游产品购买的是一种体验服务，只有实践之后才算完成，有时更是要突破地理和空间的限制。在线旅游服务突破了传统旅游业所没有的地理限制、空间限制和时间限制，通过互联网，旅游者可以很快了解到较远距离旅游产品信息。同时，智能手机和平板电脑等移动设施更是突破了空间的限制，真正地做到全天候为旅游者服务，随时随地，非常便利。

（5）差异性。各在线旅游网站都在打造以旅游消费者为中心的差异性交互平台。服务的差异性是在线旅游网站建立并成功的前提。旅游网站不可能全都一样，但一定程度上，旅游网站之间具有相似的运营方式、服务内容或市场目标，这使得在线旅游网站之间竞争非常激烈，为了获取市场份额，纷纷在运营方式、服务内容和市场目标上进行创新。与此同时，还要考虑以人为本、以旅游用户的需求为准，以及旅游用户相应的购买能力。

2. 在线旅游的优势

在线旅游和传统旅游主要是预订方式和查阅信息的区别，传统旅游主要以旅行社接待旅游者，接待的旅游者以团体旅游为主，对价格的要求比较高。由于在线旅游借助互联网技术为旅游服务，多面向年轻化、受教育水平较高的顾客群，因此，在线旅游以散客为主，通过网络和电话进行交通路线选择与酒店预订。相比传统旅游，在线旅游优势如下。

（1）成本优势。在线旅游业成本低；旅行社对于广告的投放日趋加大，但投资回报率却较小。在线旅游利用互联网的优势，降低了旅游者的信息筛选成本。

（2）价格优势。通过垂直搜索引擎，旅游用户可以了解到不同代理商的价格差异，对价格敏感的在线用户能够买到相对比较便宜的旅游产品。因此，旅客可以通过在线途径获得旅游产品价格的认知和价格的优势。

（3）空间优势。传统旅游对地域因素考虑较多，而在线旅游可以最大限度地整合世界范围内的旅游资讯，进行差异化、多元化的服务。移动网络的应用更是突破了空间限制，促进了在线旅游业的发展。

（4）宣传优势。网络营销的传播速度快，传播覆盖面广，广告宣传效果明显，具有旅游产品差异化、服务内容多样性的优势。传统旅游业主要是对住宿与景区的服务，在线旅游业旅游产品多样化，不只对景区介绍，还有对路线的择优选择、在线互动、酒店预订、机票预订、租车业务等。同时，在线旅游业提供定制化的功能服务，内容多元，产品多样。

（5）网络互动优势。旅游用户不需要实地考察，就可以通过在线网络获取其他旅游者分享的旅游信息。以往固定的旅游网站提供的样式化旅游信息已不能满足用户的需要，全新的互动式分享更能获得旅游者的信任。网络的互动优势加深了旅游用户对旅游产品的信任，成为潜在顾客群。

（6）移动终端的优势。移动电脑或应用等移动终端为在线旅游业增加了新优点，随时随地的无线网络服务更加方便、快捷。

（7）业务运营模式的优势。互联网的使用群体多是年轻人，且受教育程度普遍较高。在线旅游网站新颖的运营模式吸引了这群年轻化、受教育程度较高且偏爱于互联网的旅游消费者。如在线旅游网站的模糊定价模式及垂直搜索引擎的比价差异应用等。

8.5.2　在线旅游运营管理

1. 旅游者人身安全运营管理

（1）旅游者安全保护制度。旅游经营者应学会制定应急预案，结合有关政府部门发布的安全风险提示等信息进行风险监测和安全评估，及时排查安全隐患，做好旅游安全宣传与引导、风险提示与防范、应急救助与处置等工作。

（2）旅行社业务的在线旅游经营者应当投保旅行社责任险。旅游经营者应当提示旅游者投保人身意外伤害保险。销售出境旅游产品时，应当为有购买境外旅游目的地保险需求的旅游者提供必要协助。

2. 旅游者信息安全运营管理

（1）旅游经营者应当保护旅游者个人信息等数据安全。在收集旅游者信息时，事先明示收集旅游者个人信息的目的、方式和范围，并经旅游者同意。旅游经营者在签订包价旅游合同或者出境旅游产品代订合同时，应当提示旅游者提供紧急联络人信息。

（2）旅游经营者不得滥用大数据分析等技术手段。禁止旅游经营者利用基于旅游者消费记录、旅游偏好等设置不公平的交易条件，侵犯旅游者合法权益。

3. 平台资质安全管理

（1）旅行社业务经营许可。旅游经营者经营旅行社业务的，应当依法取得旅行社业务经营许可。

（2）认真核实。旅游经营者应当对平台内经营者的身份、地址、联系方式、行政许可、质量标准等级、信用等级等信息进行真实性核验、登记，建立登记档案，并定期核验更新。平台经营者应当督促平台内经营者对其旅游辅助服务者的相关信息进行真实性核验、登记。

（3）签订合同。旅游经营者为旅游者提供包价旅游服务的，应当依法与旅游者签订合同，并在全国旅游监管服务平台填报合同有关信息。

（4）诚实经营。旅游经营者应当提供真实、准确的旅游服务信息，不得进行虚假宣传；未取得质量标准、信用等级的，不得使用相关称谓和标识。平台经营者应当以显著方式区分标记自营业务和平台内经营者开展的业务。在线旅游经营者为旅游者提供交通、住宿、游览等预订服务的，应当建立公开、透明、可查询的预订渠道，促成相关预订服务依约履行。

（5）净化在线经营环境。旅游经营者应当协助文化和旅游主管部门对不合理低价游进行抵制，不得为其提供交易机会。

4. 网络安全运营管理

（1）把好审核关。旅游经营者发现法律、行政法规禁止发布或者传输的信息，应当立即停止传输该信息，采取消除等处置措施防止信息扩散，保存有关记录并向主管部门报告。平台经营者应当对上传至平台的文字、图片、音视频等信息内容加强审核，确保平台信息内容安全。

（2）依法经营。旅游经营者应当按照《中华人民共和国网络安全法》等相关法律规定，贯彻网络安全等级保护制度，落实网络安全管理和技术措施，制定网络安全应急预案，并定期组织开展演练，确保在线旅游经营服务正常开展。

（3）保护旅游者合法权益。网络平台、移动应用商店等信息网络提供者知道或者应当知道他人利用其服务从事违法违规在线旅游经营服务，或者侵害旅游者合法权益的，应当采取删除、屏蔽、断开链接等必要措施。

5. 投诉反馈运营管理

（1）保障旅游者的正当评价权。旅游经营者应当保障旅游者的正当评价权，不得擅自屏蔽、删除旅游者对其产品和服务的评价，不得误导、引诱、替代或者强制旅游者作出评价，对旅游者作出的评价应当保存并向社会公开。在线旅游经营者删除法律、法规禁止发布或者传输的评价信息的，应当在后台记录和保存。

（2）客观公正。旅游经营者应当对平台内经营者服务情况、旅游合同履行情况以及投诉处理情况等产品和服务信息、交易信息依法进行记录、保存，进行动态管理。

（3）公示全国旅游投诉渠道。旅游经营者应当在首页显著位置公示全国旅游投诉渠道。平台内经营者与旅游者发生旅游纠纷的，平台经营者应当积极协助旅游者维护合法权益。鼓励平台经营者先行赔付。

6. 其他运营管理

平台经营者发现以下情况，应当立即采取必要的救助和处置措施，并依法及时向县级以上文化和旅游主管部门报告。

（1）提供的旅游产品或者服务存在缺陷，危及旅游者人身、财产安全的。

（2）经营服务过程中发生突发事件或者旅游安全事故的。

（3）平台内经营者未经许可经营旅行社业务的。

（4）出现法律、法规禁止交易的产品或者服务的。

（5）其他应当报告的事项。

8.5.3　在线旅游经营服务的监督检查

各级文化和旅游主管部门应当建立日常检查、定期检查以及与相关部门联合检查的监督管理制度，依法对在线旅游经营服务实施监督检查，查处违法违规行为。在监督检查过程中，县级以上文化和旅游主管部门要求在线旅游经营者提供相关数据信息的，在线旅游经营者应当予以配合。县级以上文化和旅游主管部门应当采取必要措施保护数据信息的安全。

县级以上文化和旅游主管部门对有不诚信经营、侵害旅游者评价权、滥用技术手段设置不公平交易条件等违法违规经营行为的在线旅游经营者，可以通过约谈等行政指导方式予以提醒、警示、制止，并责令其限期整改。

在线旅游经营服务违法行为由实施违法行为的经营者住所地县级以上文化和旅游主管部门管辖。不能确定经营者住所地的，由经营者注册登记地或者备案地、旅游合同履行地县级以上文化和旅游主管部门管辖。受理在线旅游经营服务相关投诉，参照上述处理。

县级以上文化和旅游主管部门依法建立在线旅游行业信用档案，将在线旅游经营者市场主体登记、行政许可、抽查检查、列入经营异常名录或者严重违法失信企业名单、行政处罚等信息依法列入信用记录，适时通过全国旅游监管服务平台或者本部门官方网站公示，并与相关部门建立信用档案信息共享机制，依法对严重违法失信者实施联合惩戒措施。

支持在线旅游经营者成立行业组织，并按照本组织章程依法制定行业经营规范和服务标准，加强行业自律，推动行业诚信建设和服务质量评价，监督、引导本行业经营者公平参与市场竞争。

8.5.4 法律责任

（1）平台经营者知道或者应当知道平台内经营者不符合保障旅游者人身、财产安全要求或者有其他侵害旅游者合法权益行为，未及时采取必要措施的，依法与该平台内经营者承担连带责任。平台经营者未对平台内经营者资质进行审核，或者未对旅游者尽到安全提示或保障义务，造成旅游者合法权益损害的，依法承担相应责任。

（2）旅游者有下列情形之一的，依法承担相关责任。

①旅游活动中从事违法违规活动的。

②未按要求提供与旅游活动相关的个人健康信息的。

③不听从在线旅游经营者的告知、警示，参加不适合自身条件的旅游活动，导致出现人身财产损害的。

④对国家应对重大突发事件暂时限制旅游活动的措施、安全防范和应急处置措施不予配合的。

（3）因不可抗力或者第三人造成旅游者损害的，在线旅游经营者应当及时进行救助。在线旅游经营者未及时进行救助造成旅游者损害的，依法承担相应责任。旅游者接受救助后，依法支付应当由个人承担的费用。

（4）在线旅游经营者违反规定，由县级以上文化和旅游主管部门依照《中华人民共和国网络安全法》第68条有关规定处理。

（5）在线旅游经营者未依法取得旅行社业务经营许可开展相关业务的，由县级以上文化和旅游主管部门依照《旅游法》的规定处理。在线旅游经营者未依法投保旅行社责任保险的。

（6）平台经营者有下列情形之一的，由县级以上文化和旅游主管部门依照《中华人民共和国电子商务法》的规定处理。

①不依法履行核验、登记义务的。

②不依法对违法情形采取必要处置措施或者未报告的。

③不依法履行商品和服务信息、交易信息保存义务的。

（7）在线旅游经营者未取得质量标准、信用等级使用相关称谓和标识的，由县级以上文化和旅游主管部门责令改正，给予警告，可并处3万元以下罚款。

（8）未在全国旅游监管服务平台填报包价旅游合同有关信息的，由县级以上文化和旅游主管部门责令改正，给予警告；拒不改正的，处1万元以下罚款。

（9）以不合理低价组织的旅游活动提供交易机会的，由县级以上文化和旅游主管部门责令改正，给予警告，可并处 3 万元以下罚款。

（10）法律、行政法规对违反本规定行为另有规定的，依照其规定。县级以上地方文化和旅游主管部门在监督检查过程中发现在线旅游经营者有违反《中华人民共和国电子商务法》《消费者权益保护法》《中华人民共和国网络安全法》等法律、行政法规、部门规章的行为，不属于本部门管辖的，应当及时将相关线索依法移送有关部门。

本章小结

　　本章主要介绍了旅行社的界定、旅行社的设立与审批、旅行社的管理制度、旅行社的经营要求等内容。通过本章的学习，可以为学习者进入旅游行业，特别是进入旅行社行业打下扎实的法律基础。这就要求认真掌握旅行社的相关概念、旅行社的权利与义务、旅行社的法律责任，理解旅行社经营原则、旅行社的经营许可证制度、旅行社质量保证金制度、旅行社的保险制度、旅行社的变更等内容。

即测即练

思考题

1. 旅行社保障旅游者的安全应该尽到哪些责任？
2. 旅行社违反法律法规将受到什么样的惩罚？
3. 什么是旅游服务质量保证金？
4. 什么情况下旅游者能获得旅游服务质量保证金的赔偿？
5. 旅行社如果不服赔偿决定，可以采取什么措施？
6. 旅游服务质量保证金具体怎么赔偿？
7. 什么样的旅行社才是合法的旅行社？
8. 旅行社设立分社应具备什么条件？
9. 旅行社分社和设立社之间的关系是怎样的？

第9章 导游管理法律制度

学习目标

1. 了解导游人员的概念、应具备的条件，导游人员的分类以及导游人员的制度。

2. 熟悉导游人员资格考试制度和导游人员的等级考核制度。

3. 掌握导游人员的权利和义务。

能力目标

1. 了解导游人员的分类和制度细则，使学生自主阅读，拓宽知识视野。

2. 熟悉导游人员资格和等级考核制度，使学生领会各级导游要求，不断提升专业技能。

3. 掌握导游人员的权利和义务，培养学生分析和解决问题的能力。

思政目标

1. 了解导游人员的分类和制度细则，培养学生求知观。

2. 熟悉导游人员资格和等级考核制度，培养学生的事业进取心，清楚晋级内容，明确努力方向。

3. 掌握导游人员的权利和义务，培养学生的职业道德素养，强化学生的职业伦理素养。

思维导图

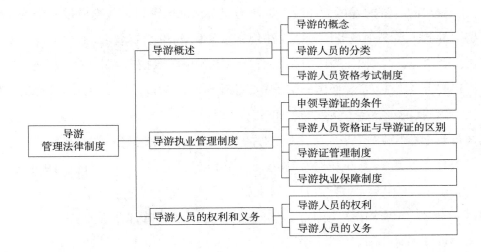

导入案例

导游推销自费项目，占用团队旅行时间案

某年 11 月 1 日至 6 日，赵先生参加由青岛某旅行社接待的青岛、威海等地"精品六日游"旅游团。行程首日，在通往景区的旅游车上，导游陈某开始推销自费项目"帆船出海"，迫于无奈，部分旅游团的团员交了 200 元。下午 4 点，导游带领交钱的旅游者参加"帆船出海"，其他旅游者在车上等待，他们回来时天色已晚。导游说："今天太晚了，万平口广场我们就不参观了，去了也看不到什么。"就这样，合同行程中约定的参观万平口广场项目被取消了。

次日早晨，旅游行程刚开始，导游陈某又向旅游者推销自费项目"参观青岛海云庵民俗博物馆"。在导游的一再推销、一再劝说下，部分团员购买了青岛海云庵民俗博物馆的门票。导游带领部分团员参观博物馆，回来时已近下午 5 点，导游又以天色已晚不适合出海为由把行程中约定的乘船游览取消了。赵先生认为导游带领部分团员参加自费项目占用大家时间，导致部分合同约定项目无法实现，侵害了旅游者的权益，遂向旅游主管部门投诉。

思考题：

1. 赵先生的投诉是否合理？有何依据？

2. 导游是否违反了《旅游法》的相关规定？应该如何处理？

9.1 导游概述

随着旅游经济的发展，导游人员作为旅游活动的窗口，其高质量的服务尤为重要。导游人员必须遵守国家法律法规，具备良好的公共道德和职业素养，积极为旅游者服务，时刻牢记维护国家的尊严和旅游者的合法权益。

1987 年 12 月 1 日，经国务院批准，国家旅游局发布了《导游人员管理暂行规定》，这是我国对导游人员发布的第一个管理规定。1988 年 1 月 14 日，国家旅游又发布了《关于颁发中华人民共和国导游证书的暂行办法》。

1999 年 5 月 14 日，国务院颁布了《导游人员管理条例》，自 1999 年 10 月 1 日起施行；2001 年 12 月 26 日，国家旅游局发布了《导游人员管理实施办法》；2016 年 9 月，国家旅游局废止了该实施办法，被《导游管理办法》取代。

2005 年 6 月，国家旅游局颁布了《导游人员等级考核评定管理办法（试行）》，2005 年 7 月 3 日起开始施行；2017 年 10 月 6 日，国家旅游局颁布了《导游管理办法》（以下简称《管理办法》），2018 年 1 月 1 日起开始施行。导游相关法规的颁布实施，对导游人员规范化管理、提升服务质量、保护旅游者和导游人员的合法权益具有积极的促进作用，推进了我国旅游业"依法治旅""依法兴旅"的建设步伐，推动了我国旅游业的健康发展。

9.1.1 导游的概念

《导游人员管理条例》规定：导游人员，是指依照本条例的规定取得导游证，接受旅行社委派，为旅游者提供向导、讲解及相关旅游服务的人员。导游的概念具有以下三层含义。

（1）导游人员必须是通过国家的考试取得导游证的人员。无导游证从事导游活动是违法的。

（2）导游人员在进行导游活动时，必须经旅行社的委派。导游人员从事导游业务，必须经旅行社委派。只有这样，导游人员的合法从业权利才能受到法律保护。私自承揽、直接承揽导游业务均属于违法行为，将受到法律的追究。

（3）提供向导和景区讲解的同时，还为旅游者代办旅游行程各种旅游服务。

9.1.2　导游人员的分类

1. 按照导游人员工作范围划分

按照导游人员工作范围，导游人员可分为海外领队、全程陪同导游员、地方陪同导游员和景区导游人员。

（1）海外领队。海外领队指经国家旅游行政主管部门批准可以经营出境旅游业务的旅行社的委派，全权代表该旅行社带领旅游团从事旅游活动的工作人员。

（2）全程陪同导游员。全程陪同导游员指受组团旅行社委派，作为组团社的代表，在外国领队（内宾团没有）和地方陪同导游人员的配合下实施接待计划，为旅游团提供全程陪同服务的工作人员。

（3）地方陪同导游员。地方陪同导游员指受接待旅行社委派，代表接待旅行社实施接待计划，为旅游团提供当地旅游活动安排、讲解、翻译等服务的工作人员。

（4）景区导游人员。景区导游人员又称景区讲解员，是指在旅游景区，如博物馆、风景名胜区等为旅游者进行导游讲解服务的人员。这里导游人员不需要考取导游证，是景区的工作人员，一般只负责讲解工作，不涉及其他事务。

2. 按照导游服务时使用的语言划分

按照使用语言，导游人员可分为外国语导游人员和中文导游人员。

我国目前已经有英、法、日、德、俄、意、泰、越、韩、西、阿拉伯等语种的外国语导游人员。中文导游人员主要提供普通话、方言、少数民族语言的导游服务。

3. 按照导游职业性质划分

按照导游职业性质，导游人员可分为专职导游员和兼职导游员。

专职导游员是指旅行社的正式员工，或以导游为主要职业的人员。兼职导游员是指利用业余时间从事导游工作的人员，并不受雇于固定的旅行社，而是兼职于多家旅行社，或者并不是以导游工作为主要职业的导游人员。

4. 按照导游技术等级划分

按照导游技术等级，导游人员可分为初级导游人员、中级导游人员、高级导游人员和特级导游人员。

导游人员等级考核评定工作遵循自愿申报、逐级晋升、动态管理的原则，从初级导游人员开始，由低到高，逐级晋升，不能越级申报导游等级，不搞终身制，实行动态管理，重大投诉或重大违规行为一经核实，可以撤销其导游等级。

1）申报条件

凡通过全国导游人员资格考试并取得导游员资格证书，符合全国导游人员等级考核评定委员会规定报考条件的导游人员均可申请参加相应的等级考核评定。

2）考核程序及内容

导游人员等级考核评定工作按照"申请、受理、考核、评定、告知、发证"的程序进行。

初级导游人员的评定：获得导游人员资格证书一年后就技能、业绩和资历对其考核合格者自动成为初级导游人员。

中级导游人员的评定：中级导游人员的考核，采取笔试方式。其中，中文导游人员考试科目为"导游知识专题"和"汉语言文学知识"；外语导游人员考试科目为"导游知识专题"和"外语"。中级导游人员要求获得初级导游人员资格两年以后方可参评。

高级导游人员的评定：高级导游人员的考核，采取笔试方式，考试科目为"导游案例分析"和"导游词创作"。高级导游人员要求获得中级导游人员资格4年以后方可参评。

特级导游人员的考核采取论文答辩方式。特级导游人员要求获得高级导游人员资格5年以后方可参评。

另外，如果导游人员参加省部级以上单位组织的导游技能大赛获得最佳名次，报全国导游人员等级考核评定委员会批准后，可晋升一级导游人员等级。一人多次获奖只能晋升一次，晋升的最高等级为高级。

3）等级证书

导游员等级证书由全国导游人员等级考核评定委员会统一印制。导游人员获得导游员资格证书和中级、高级、特级导游员证书后，可通过省、自治区、直辖市和新疆生产建设兵团旅游行政管理部门申请办理相应等级的导游证。

9.1.3　导游人员资格考试制度

1. 导游人员资格考试的管理

国务院旅游行政管理部门负责制定全国导游人员资格考试的政策、标准，并对各地考试工作进行监督管理。省级旅游行政管理部门负责组织、实施本行政区域内导游人员资格考试工作。直辖市、计划单列市、副省级城市负责本地区导游人员的考试工作。

2. 报考导游资格证的条件

《导游人员管理条例》规定：国家实行全国统一的导游人员资格考试制度，具有高级中学、中等专业学校或者以上学历，身体健康，具有适应导游需要的基本知识和语言表达能力的中华人民共和国公民，可以参加导游人员资格考试；经考试合格，由国务院旅游行政部门或者国务院旅游行政部门委托省、自治区、直辖市人民政府旅游行政部门颁发导游人员资格证书。由此规定可以看出，考取导游资格证需要具备以下四个条件。

（1）国籍条件。报名导游资格证考试人员必须是中华人民共和国公民，报名时必须持有效证件。必须本国国籍报考者的规定在许多国家都有类似的规定，导游人员作为宣传的窗口，必须是一名爱国者，热爱祖国是作为导游人员最基本的素养和最首要的条件。

（2）学历条件。报考者必须具有高级中学、中等专业学校或者以上学历。导游人员不仅是向导，其最主要的任务是讲解，对祖国的历史文化、民族风情、地方特色、区域文化、人文风情进行准确生动的讲解需要具备一定的文化基础。通过资格考试，取得导游证后，导游人员还应当不断地充实和提高自己，以适应工作需要。

（3）健康条件。报考者必须身体健康。导游工作既是脑力劳动，也是繁重的体力劳动。导游工作经常要爬山、涉水、走远路，还要时时注意旅游者的安全。另外，各地变化的气候、水土，都是对导游人员的挑战。因此，健康的身体和充沛的精力才能够胜任导游工作。

（4）知识条件。报考者必须有适应导游需要的基本知识和语言表达能力。导游人员不仅要有丰富的知识，还要会使用规范的普通话。导游人员使用的语言不论是外语，还是汉语普通话、中国地方方言、中国少数民族语言，都要做到语言准确、生动，这样有助于与旅游者交流。

9.2　导游执业管理制度

《导游人员管理条例》规定：在中华人民共和国境内从事导游活动，必须取得导游证。取得导游人员资格证书的，经与旅行社订立劳动合同或者在相关旅游行业组织注册，方可持所订立的劳动合同或者登记证明材料，向省、自治区、直辖市人民政府旅游行政部门申请领取导游证。

9.2.1　申领导游证的条件

1. 通过全国导游人员资格考试，取得旅游行政管理部门颁发的导游人员资格证书

导游资格证书是衡量一个公民是否具备从事导游业务应当具有的基本政治思想、道德品质、遵纪守法观念等基本素质，以及必备的专业知识和技能的标准。

2. 与旅行社订立劳动合同或者在旅游行业组织注册

申领导游证有两种途径：①与旅行社订立劳动合同；②在相关旅游行业组织注册。相关旅游行业组织是指导游协会、旅游协会的导游分会或导游工作部门。选择其中任意一种途径即可。

3. 拒发导游证的情形

有下列情形之一的，不得颁发导游证。

（1）无民事行为能力或者限制民事行为能力的。公民的民事行为能力是指公民通过自己的行为行使民事权利或履行民事义务的能力，主要鉴于年龄、智力发育和精神状况的不同。

（2）患有传染性疾病的。根据《中华人民共和国传染病防治法》的规定，甲类传染病是指鼠疫、霍乱，乙类传染病是指新型冠状病毒感染的肺炎、传染性非典型肺炎、艾滋病、病毒性肝炎、脊髓灰质炎、人感染高致病性禽流感、麻疹、流行性出血热、狂犬病、流行性乙型脑炎、登革热、细菌性和阿米巴性痢疾、肺结核、伤寒和副伤寒、流行性脑脊髓膜炎、百日咳、白喉、新生儿破伤风、猩红热、淋病、梅毒、疟疾等。

（3）受过刑事处罚的，过失犯罪的除外。受过刑事处罚的人员是指其行为触犯了国家刑法而依法受到法律制裁的人。对于这类人员，规定不予颁发导游证。但是"过失犯罪的除外"，过失犯罪是指并不是主观意识的犯罪，而是由于缺乏必要的谨慎而造成的犯罪。因此，过失犯罪者仍然可以申领导游证，旅游行政管理部门也可以对其颁发导游证。

（4）被吊销导游证未超过3年的。《旅游法》规定：被吊销导游证的导游、领队和受到吊销旅行社业务经营许可证处罚的旅行社的有关管理人员，自处罚之日

起未逾 3 年的，不得重新申请导游证或者从事旅行社业务。

9.2.2　导游人员资格证与导游证的区别

导游人员资格证是领取导游证的前提，导游人员资格证是由旅游行政管理部门颁发的，是指具备了从事导游业务所应具备的知识和技能，以及符合从事导游业务所需要的其他法定条件的凭证；导游证是从事导游工作必备的证件，是从事导游职业的前提。

1. 性质不同

导游人员资格证标志着持有人具备从事导游职业的资格；导游证标志着国家准许持有人从事导游职业。

2. 颁证机关不同

导游人员资格证由组织导游人员资格考试的旅游行政管理部门颁发；导游证由所在地旅游行政管理部门颁发。

3. 领取程序不同

导游人员资格证是公民参加导游人员资格考试合格后，向旅游行政管理部门领取的；导游证是必须在取得导游人员资格证并与旅行社订立劳动合同或者在相关旅游行业组织注册后，方可向旅游行政管理部门领取。

4. 作用不同

导游人员资格证仅仅表明持证人具备了从事导游职业的资格；导游证则表明持证人可以实际从事导游职业。前者是从业资格；后者是从业许可。

5. 有效期不同

导游人员资格证终身有效；导游证有效期为 3 年，但期限届满后继续从事导游活动的，可以在有效期届满 3 个月前，向省、自治区、直辖市人民政府旅游行政管理部门申请办理换发手续，持新的导游证继续从事导游工作。

9.2.3　导游证管理制度

1. 导游证的申领

导游证采用电子证件形式，由国务院旅游主管部门制定格式标准，由各级旅游主管部门通过全国旅游监管服务信息系统实施管理。电子导游证以电子数据形式保存于导游个人移动电话等移动终端设备中。导游在执业过程中应当携带电子导游证，佩戴导游身份标识，并开启导游执业相关应用软件。

申请电子导游证者，可下载"全国导游之家"App（第三方应用程序）申领电子导游证，也可登录网站"全国旅游监管服务平台"，进入"导游入口"在线申领电子导游证，旅游主管部门审核完毕后，导游可在 App 上获取电子导游证。

2. 导游证的管理

1）导游证的变更

导游一旦发生下列变更事项，应当在变更发生的 10 个工作日内，通过全国旅游监管服务信息系统提交相应材料，申请变更：①姓名、身份证号、导游等级和语种等信息；②与旅行社订立的劳动合同解除、终止或者在旅游行业组织取消注册后，在 3 个月内与其他旅行社订立劳动合同或者在其他旅游行业组织注册的；③经常执业地区发生变化的；④其他导游身份信息发生变化的。

旅行社或者旅游行业组织应当自收到申请之日起 3 个工作日内对信息变更情况进行核实。所在地旅游主管部门应当自旅行社或者旅游行业组织核实信息之日起 5 个工作日内予以审核确认。

2）导游证的撤销

导游证的撤销是指依法取消导游证行政许可法律效力的行为。根据《旅游法》的规定，所在地旅游主管部门应当对以下情形给予导游证撤销：①对不具备申请资格或者不符合法定条件的申请人核发导游证的；②申请人以欺骗、贿赂等不正当手段取得导游证的；③依法可以撤销导游证的其他情形。

3）导游证的注销

导游证的注销是指旅游主管部门一种程序性的行为。其主要针对导游证行政许可已经失去法律效力或者在事实上导游证无法使用的情况下，行政机关履行取消登记的一种行政管理行为。

根据《管理办法》的规定，所在地旅游主管部门应当对以下情形给予导游证注销：①导游死亡的；②导游证有效期届满未申请换发导游证的；③导游证依法被撤销、吊销的；④导游与旅行社订立的劳动合同解除、终止或者在旅游行业组织取消注册后，超过 3 个月未与其他旅行社订立劳动合同或者未在其他旅游行业组织注册的；⑤取得导游证后出现无民事行为能力或限制民事行为能力，患有甲类、乙类以及其他可能危害旅游者人身健康安全的传染性疾病的，受过刑事处罚情形的；⑥依法应当注销导游证的其他情形。

导游证被注销后，导游符合法定执业条件需要继续执业的，应当依法重新申请取得导游证。

9.2.4　导游执业保障制度

1. 签订劳动合同

导游劳动报酬及相关权益的实现，主要依靠劳动合同得以保障。《旅游法》和《管理办法》规定，旅行社应当与其聘用的导游依法订立劳动合同，旅行社应当与通过其取得导游证的导游订立不少于 1 个月期限的劳动合同并支付基本工资、带团补贴等劳动报酬，缴纳社会保障费用。旅行社临时聘用在旅游行业组织注册的导游为旅游者提供服务的，应当依照旅游和劳动相关法律、法规的规定足额支付导游服务费用；旅行社临时聘用的导游与其他单位不具有劳动关系或者人事关系的，旅行社应当与其订立劳动合同。

2. 保障执业安全

《管理办法》对导游执业安全向旅行社提出了要求。旅行社等用人单位应当维护导游执业安全、提供必要的职业安全卫生条件，并为女性导游提供执业便利、实行特殊劳动保护。旅行社应当提供设置"导游专座"的旅游营运车辆，安排的旅游者与导游总人数不得超过旅游营运车辆核定乘员数。导游应当在旅游车辆"导游专座"就座，避免在高速公路或者危险路段站立讲解。

3. 星级评价

导游星级评价制度是一种与导游服务质量直接相关，通过市场化方式对导游服务水平进行标识的评价模式，以便旅行社、旅游消费者对导游进行辨识和选择。星级评价与等级评价的不同之处在于，星级评价侧重于导游服务水平，而等级评价侧重于导游技能水平的评价和考量。星级评价制度有利于促进导游诚实劳动、至诚服务，赢得更好的社会评价，取得更高的星级，获取更多的就业机会。

导游星级以旅游者满意度为导向，包括若干客观性评价指标，《管理办法》规定，星级评价指标由技能水平、学习培训经历、从业年限、奖惩情况、执业经历和社会评价等构成。导游服务星级根据星级评价指标，通过全国旅游监管服务信息系统自动生成，并根据导游执业情况每年度更新一次，旅游主管部门、旅游行业组织和旅行社等单位应当通过全国旅游监管服务信息系统，及时、真实地备注各自获取的导游奖惩情况等信息。

4. 教育培训

国家鼓励支持旅游教育与培训。《旅游法》和《管理办法》明确了旅游部门、旅行社、行业组织的培训义务，并对导游提出了接受培训的要求。首先，各级旅游主管部门应当积极组织开展导游培训，培训内容应当包括政策法规、安全生产、突发事件应对和文明服务等，培训方式可以包括培训班、专题讲座和网络在线培训等，每年累计培训时间不得少于 24 小时。培训不得向参加人员收取费用。其次，旅游行业组织和旅行社等应当对导游进行包括安全生产、岗位技能、文明服务和文明引导等内容的岗前培训与执业培训。最后，导游应当参加旅游主管部门，旅游行业组织和旅行社开展的有关政策法规、安全生产、突发事件应对和文明服务内容的培训，鼓励导游积极参加其他培训，提高服务水平。

9.3　导游人员的权利和义务

9.3.1　导游人员的权利

1. 人格尊严不受侵犯的权利

《导游人员管理条例》规定："导游人员进行导游活动时，其人格尊严应当受到尊重，其人身安全不受侵犯。导游人员有权拒绝旅游者提出的侮辱其人格尊严或者违反其职业道德的不合理要求。"

导游人员在旅游活动过程中，由于涉及面广，形成的社会关系错综复杂，甚至个别素质低下的旅游者对导游人员服务不满意与导游人员发生冲突，发生侮辱、谩骂及殴打导游等事件，这些都属于对导游人员人身安全、人格尊严侵犯。导游人员在执行导游职务时，享有人格尊严不受侵犯的权利，人格权是民事主体具有法律意义上的独立人格而必须享有的民事权利，如生命、健康、名誉等。同时，导游人员对旅游者作出违反道德的要求，如出境游中要求导游人员带其去色情场所等，导游人员对这些无理要求，都有权利拒绝。

2. 劳动报酬权

劳动报酬权是人权的重要内容之一，是维持和发展劳动者劳动力与供养其家人，从而实现劳动力再生产的重要保障。参见本书第 175 页规定。这表明：①旅行社对与其明确了劳动合同关系的导游，应当支付劳动报酬、缴纳社会保险费用；②旅行社对其临时聘用的导游，应当支付包价旅游合同约定的导游服务费；③为确保导游获取劳动报酬的权利，旅行社不得要求导游垫付或者向导游收取费用。

《旅游法》规定，旅行社发生未向临时聘用的导游支付导游服务费用的；要求导游垫付或者向导游收取费用的行为的，旅游主管部门将责令改正，没收违法所得，并处 5 000 元以上 5 万元以下罚款；情节严重的，责令停业整顿或者吊销旅行社业务经营许可证；对直接负责的主管人员和其他直接责任人员，处 2 000 元以上 2 万元以下罚款。

3. 紧急情况线路变更权

根据规定，导游人员在遇到危及旅游者人身安全的紧急情况时，有调整、变更接待计划的权利。导游人员行使这一权利时，必须符合以下条件。

（1）必须是在引导旅游者旅行、游览的过程中。首要条件是必须在旅游活动开始之后，在旅行、游览活动开始之前，导游人员不得行使这一权利。在旅游合同订立之后，旅游活动开始之前，如果出现不利于旅游活动的情形，应当由旅行社与旅游者进行协商，达成一致意见后，由旅行社调整或者变更旅游接待计划。

（2）必须是遇有可能危及旅游者人身安全的紧急情形时，导游人员才可以行使这项权利。例如，导游人员在带团过程中，遇到泥石流、暴风雨、暴风雪等紧急情况时，如果团队继续按原计划旅游，必然会使旅游者的人身安全受到威胁，在此紧急情况下，为了避免可能危及旅游者人身安全的情形发生，导游人员就需要当机立断地调整或变更旅游行程计划。

（3）必须征得多数旅游者的同意。旅游合同中规定，合同一经双方确认订立，就应当严格按照合同约定履行。如果需要调整或者变更旅游计划，应当经双方协商一致。但是，在导游带团的过程中，遇到了可能危及旅游者人身安全的紧急情形时，导游人员只要征得多数旅游者的同意，就可以调整或变更旅游接待计划，而不必得到全体旅游者的同意。

（4）必须立即报告旅行社。因为旅游行程是旅行社与旅游者双方协商确定的，导游人员并不具备调整或变更接待计划的权责。但是，在导游带团过程中遇到可能危及旅游者人身安全的紧急情形，为了避免旅游者人身安全发生危害，在征得多数旅游者同意后，导游人员必须报告旅行社，得到旅行社同意后，方可依法调整或变更接待计划。

4. 申请复议和行政诉讼的权利

（1）当导游遇到下述情形时，导游有权向有关部门申请复议，请求予以保护。

①对责令改正、罚款、没收违法所得、暂扣导游证、吊销导游证等行政处罚不服的。

②认为符合法定条件，申领导游人员资格证书和导游证，旅游行政管理部门拒绝颁发或不予答复的。

③认为旅游行政管理部门违法要求导游人员履行义务的。

④认为旅游行政管理部门侵犯导游人员人身权、财产权的。

⑤法律、法规规定的其他可申请复议的内容。

（2）当导游遇到下述情形时，导游有权向劳动行政部门投诉举报、申请仲裁或者向人民法院提起诉讼。

①不依法与聘用的导游订立劳动合同的。

②不依法向聘用的导游支付劳动报酬、导游服务费用的。

③不按时缴纳社会保险费用的或者要求导游缴纳自身社会保险费用的。

④支付导游的报酬低于当地最低工资标准的。

9.3.2　导游人员的义务

根据《旅游法》和《导游人员管理条例》的规定，导游人员应该履行以下八条义务。

1. 导游人员提高自身业务素质和职业技能的义务

导游人员自身业务素质的高低、职业技能的优劣，直接关系到导游服务的质量，影响到能否为旅游者提供优良的导游服务。《导游人员管理条例》规定："导游应当不断提高自身业务素质和职业技能，国家对导游人员实行等级考核制度。"导游服务的质量关系到旅行社、一个城市乃至一个民族、一个国家的旅游形象。可以说，导游人员的业务能力关系着旅游业的发展。因此，导游人员必须不断学习，持续提高自身业务素质和职业技能，才能适应不断提高的行业要求。

2. 维护国家利益和民族尊严的义务

《导游人员管理条例》和《管理办法》规定，导游进行导游活动时，应当自觉维护国家利益和民族尊严，不得有损害国家利益和民族尊严的言行，热爱祖国、拥护社会主义制度、维护国家利益和民族尊严，是导游必须具备的政治条件和业务要求。因此，导游在进行导游活动时，应当自觉履行该项职责。《导游人员管理条例》规定，导游进行导游活动时，有损害国家利益和民族尊严的言行的，由旅

游行政部门责令改正；情节严重的，由省、自治区、直辖市人民
政府旅游行政部门吊销导游证并予以公告；对该导游所在的旅行
社给予警告直至责令停业整顿。导游人员是国家对外形象的一个
"窗口"，任何损害国家利益和民族尊严的言行都是十分恶劣的。
为此，导游人员在进行导游活动时，应当自觉履行该项义务。

拓展阅读 9.1

3. 导游人员进行导游活动时佩戴导游证的义务

《旅游法》规定：导游和领队从事业务活动，应当佩戴导游证，遵守职业道
德，尊重旅游者的风俗习惯和宗教信仰，应当向旅游者告知和解释旅游文明行
为规范，引导旅游者健康、文明旅游，劝阻旅游者违反社会公德的行为。《导游
人员管理条例》规定：导游人员进行导游活动时，应当佩戴导游证。因此，导
游人员进行导游活动时佩戴导游证是导游人员必须履行的义务。

《导游人员管理条例》规定：导游人员进行导游活动时未佩戴导游证的，由旅
游行政部门责令改正；拒不改正的，处 500 元以下罚款。第 18 条规定：无导游证
进行导游活动的，由旅游行政部门责令改正并予以公告，处 1 000 元以上 3 万元以
下罚款；有违法所得的，并处没收违法所得。

4. 导游服务时应当接受旅行社的委派的义务

《导游人员管理条例》规定：导游人员进行导游活动，必须经旅行社委派。导
游人员不得私自承揽或者以其他任何方式直接承揽导游业务，进行导游活动。《旅
游法》规定：导游和领队为旅游者提供服务必须接受旅行社委派，不得私自承揽
导游和领队业务。

《旅游法》规定，导游、领队违反本法规定，私自承揽业务的，由旅游主管部
门责令改正，没收违法所得，处 1 000 元以上 1 万元以下罚款，并暂扣或者吊销
导游证。《导游人员管理条例》规定：导游人员未经旅行社委派，私自承揽或者
以其他任何方式直接承揽导游业务，进行导游活动的，由旅游行政部门责令改正，
处 1 000 元以上 3 万元以下罚款；有违法所得的，并处没收违法所得；情节严重的，
由省、自治区、直辖市人民政府旅游行政部门吊销导游证并予以公告。

5. 导游人员不得向旅游者强迫购物和索要小费的义务

《旅游法》规定：导游不得向旅游者索取小费，不得诱导、欺骗、强迫或者变
相强迫旅游者购物或者参加另行付费旅游项目。

《导游人员管理条例》规定：导游人员进行导游活动，不得向旅游者兜售物品

或者购买旅游者的物品，不得以明示或者暗示的方式向旅游者索要小费。小费是旅游者为了表达对导游的感谢之情另付的费用，旅游者对导游奖励小费也是国际通行的做法，根据"法无禁止即可为"的原则，我国法律对接受小费没有明文禁止，因此，接受小费是被允许的，前提是并没有明示或暗示要小费的行为，完全是旅游者出于对导游的认可和感谢，自愿支付的。如果以明示或者暗示的形式向旅游者索要小费，要受到罚款，情节严重者会被吊销导游证或者领队证。

《导游人员管理条例》规定：导游人员进行导游活动，向旅游者兜售物品或者购买旅游者的物品的，或者以明示或者暗示的方式向旅游者索要小费的，由旅游行政部门责令改正，处1 000元以上3万元以下罚款；有违法所得的，并处没收违法所得；情节严重的，由省、自治区、直辖市人民政府旅游行政部门吊销导游证并予以公告；对委派该导游人员的旅行社给予警告直至责令停业整顿。

《导游人员管理条例》规定：导游人员进行导游活动，不得欺骗、胁迫旅游者消费或者与经营者串通欺骗、胁迫旅游者消费。

导游人员如果利用便利条件与经营者串通，欺骗、胁迫旅游者进行消费，必然会侵犯旅游者的利益，扰乱市场秩序，伤害旅游者的感情，旅行社、旅游行业都会受到名誉上的损失，不利于长期发展。因此，旅游行政管理部门对强迫购物和索要小费行为都要进行严格的处罚。

《导游人员管理条例》规定：导游人员进行导游活动，欺骗、胁迫旅游者消费或者与经营者串通欺骗、胁迫旅游者消费的，由旅游行政部门责令改正，处1 000元以上3万元以下罚款；有违法所得的，并处没收违法所得；情节严重的，由省、自治区、直辖市人民政府旅游行政部门吊销导游证并予以公告；对委派该导

拓展阅读9.2

游人员的旅行社给予警告直至责令停业整顿；构成犯罪的，依法追究刑事责任。

6. 不安排违反法律和社会公德的旅游活动的义务

《旅游法》规定：旅行社及其从业人员组织、接待旅游者，不得安排参观或者参与违反我国法律、法规和社会公德的项目或者活动。导游者在导游过程中不能安排旅游者参观或者参与涉及色情、赌博、毒品等违反我国法律法规和社会公德的项目或者活动。

《导游人员管理条例》规定：导游人员进行导游活动时，应当遵守职业道德，着装整洁，礼貌待人，尊重旅游者的宗教信仰、民族风俗和生活习惯。导游人员

进行导游活动时，应当向旅游者讲解旅游地点的人文和自然情况，介绍风土人情和习俗；不得迎合个别旅游者的低级趣味，在讲解、介绍中掺杂庸俗下流的内容。

7. 严格执行旅游行程安排的义务

《旅游法》规定：导游和领队应当严格执行旅游行程安排，不得擅自变更旅游行程或者中止服务活动;《导游人员管理条例》规定：导游人员应当严格按照旅行社确定的接待计划，安排旅游者的旅行、游览活动，不得擅自增加、减少旅游项目或者中止导游活动。当然，如果导游遇到法定调整变更旅游行程的事宜，即"导游人员在引导旅游者旅行、游览过程中，遇有可能危及旅游者人身安全的紧急情形时，经征得多数旅游者同意，可以调整或者变更接待计划，但是应当立即报告旅行社"。

这里提到的"中止导游活动"指的是擅自中止，是指具备以下三种行为，被认定为擅自中止：①必须在导游活动结束之前，也就是在执行旅游接待计划之中；②必须是擅自中止，这是中止导游活动的最主要的特征。如果是旅行社的决定或其他外部作用影响，致使导游人员中止导游活动，就不是"擅自中止导游活动"情形；③必须是彻底中止。这是所说的"彻底中止"，是指导游人员彻底放弃了原来的导游活动。如果导游人员因某种原因，暂时放弃了正在进行的导游活动，待该种原因消失后又进行了导游活动，这是导游活动的中断进行，而不是导游活动的中止。以上三个条件必须同时具备，缺少其中任何一个，都不能认为是导游活动的中止。

《导游人员管理条例》规定，导游人员擅自增加、减少旅游项目或者中止导游活动的，由旅游行政部门责令改正，暂扣导游证 3~6 个月；情节严重的，由省、自治区、直辖市人民政府旅游行政部门吊销导游证并予以公告。

8. 不得向旅游者兜售物品或者购买旅游者的物品的义务

导游不得向旅游者兜售物品或者购买旅游者的物品，导游的工作是导向和讲解，职责范围并不包括售卖物品，而且导游人员以导游身份向旅游者兜售或者购买物品，容易造成交易上的不公平，不仅侵害旅游者的合法权益，还损害了导游人员的职业形象。根据《旅游法》的规定，导游、领队违反本法规定，向旅游者索取小费的，由旅游主管部门责令退还，处 1 000 元以上 1 万元以下罚款；情节严重的，并暂扣或者吊销导游证。

本章小结

　　本章依据《旅游法》《导游人员管理条例》和《导游管理办法》中关于导游人员规定的相关条款，介绍了导游人员的概念、导游人员应具备的条件，导游人员的分类以及导游人员的制度，导游人员资格证与导游证的区别等。重点把握导游人员的权利和义务。

 即测即练

 思考题

　　1. 哪些人员不予颁发导游证？

　　2. 导游资格证与导游证的区别是什么？

　　3. 导游人员分为哪几个等级？

　　4. 导游人员的权利包括哪些？

　　5. 导游人员的义务包括哪些？

　　6. 导游人员变更接待计划时，必须符合哪些条件？

第 10 章　旅游安全和保险法律制度

🔍 学习目标

1. 了解旅游安全管理工作的重大意义和旅游安全管理机关的职责。

2. 熟悉《旅行社责任保险管理办法》的基本规定和索赔基本程序。

3. 掌握旅游安全事故的分类和安全事故处理的一般规定、旅游安全管理的相关制度。

🔍 能力目标

1. 了解旅游突发事件的概念和分类，旅行社责任险的概念和特征。

2. 熟悉旅游突发事件的处理程序，旅行社索赔和法律责任。

3. 掌握旅游安全管理的工作制度和主要措施内容。

🔍 思政目标

1. 了解旅游突发事件、旅行社责任保险的基本概念和特征，培养学生的求知观。

2. 熟悉旅行社责任保险的索赔和法律责任，培养学生的职业素养和社会责任心。

3. 掌握旅游安全管理的工作方针，旅游安全管理的主要措施，培养学生研究问题的战略眼光。

🔍 思维导图

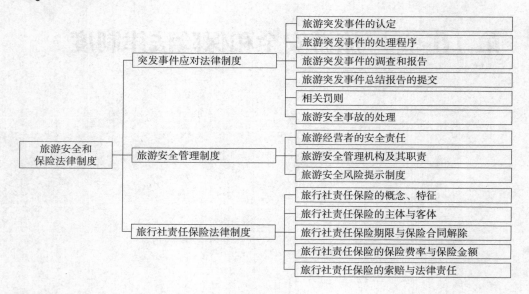

🔍 导入案例

旅游者意外摔伤责任谁来承担

A市旅游者李先生与老伴两人通过某旅行社报名参加邮轮旅游，旅途中从甲板走向船舱过程中摔倒，导致右膝受伤。旅行社领队立即将受伤的李先生送至邮轮医务室救治，随后在停靠地日本福冈紧急联系救护车将旅游者送至医院做进一步救治，由其妻子陪同。经医生诊断，为右髌骨骨折，回国后经鉴定，构成十级伤残。治疗终结后李先生向A市旅游质量监督管理所投诉旅行社，要求旅行社承担违约责任，返还两人旅游费3 600元，并赔偿就医费、看护费、精神损失费、返程机票费、伤残赔偿金等共计15.3万元。

思考题：

1. 旅行社是否应该承担相应的赔偿责任？为什么？

2. 此案例给我们的启示是什么？

安全是旅游业的生命线，为加强旅游安全管理，提高应对旅游突发事件的能力，保障旅游者的人身、财产安全，促进旅游业持续健康发展，2016年9月国家旅游局制定了《旅游安全管理办法》（以下简称《办法》）等行政规章，使旅游安全管理工作步入法治化轨道。《旅游法》根据我国旅游业安全发展的战略需求，对旅游安全与应急工作做了全面的规定，形成了政府、旅游经营者和旅游者三方面权利与责任相统一的安全管理模式，形成应急预案，组织技能培训，明确旅游安全说明和警示。

10.1　突发事件应对法律制度

根据《突发事件应对法》规定，突发事件是指突然发生，造成或者可能造成严重社会危害，需要采取应急处置措施予以应对的自然灾害、事故灾难、公共卫生事件和社会安全事件。

10.1.1　旅游突发事件的认定

根据旅游突发事件的性质、危害程度、可控性以及造成或者可能造成的影响，旅游突发事件一般分为一般、较大、重大和特别重大四级。

1. 一般旅游突发事件

一般旅游突发事件是指下列情形。

（1）造成或者可能造成人员死亡（含失踪）3 人以下或者重伤 10 人以下。

（2）旅游者 50 人以下滞留超过 24 小时，并对当地生产生活秩序造成一定影响。

（3）其他在境内外产生一定影响，并对旅游者人身、财产安全造成一定威胁的事件。

2. 较大旅游突发事件

较大旅游突发事件是指下列情形。

（1）造成或者可能造成人员死亡（含失踪）3 人以上 10 人以下或者重伤 10 人以上、50 人以下。

（2）旅游者 50 人以上、200 人以下滞留超过 24 小时，并对当地生产生活秩序造成较大影响。

（3）其他在境内外产生较大影响，并对旅游者人身、财产安全造成较大威胁的事件。

3. 重大旅游突发事件

重大旅游突发事件是指下列情形。

（1）造成或者可能造成人员死亡（含失踪）10 人以上、30 人以下或者重伤

50人以上、100人以下。

（2）旅游者200人以上滞留超过24小时，对当地生产生活秩序造成较严重影响。

（3）其他在境内外产生重大影响，并对旅游者人身、财产安全造成重大威胁的事件。

4．特别重大旅游突发事件

特别重大旅游突发事件是指下列情形。

（1）造成或者可能造成人员死亡（含失踪）30人以上或者重伤100人以上。

（2）旅游者500人以上滞留超过24小时，并对当地生产生活秩序造成严重影响。

（3）其他在境内外产生特别重大影响，并对旅游者人身、财产安全造成特别重大威胁的事件。

10.1.2　旅游突发事件的处理程序

旅游突发事件发生后，发生地县级以上旅游主管部门应当根据同级人民政府的要求和有关规定，启动旅游突发事件应急预案，并采取下列一项或者多项措施。

（1）组织或者协同、配合相关部门开展对旅游者的救助及善后处置，防止次生、衍生事件。

（2）协调医疗、救援和保险等机构对旅游者进行救助及善后处置。

（3）按照同级人民政府的要求，统一、准确、及时发布有关事态发展和应急处置工作的信息，并公布咨询电话。

10.1.3　旅游突发事件的调查和报告

《办法》规定，旅游主管部门在接到旅游经营者的报告后，应当向同级人民政府和上级旅游主管部门报告。一般旅游突发事件上报至设区的市级旅游主管部门；较大旅游突发事件逐级上报至省级旅游主管部门；重大和特别重大旅游突发事件逐级上报至国家旅游局（文化和旅游部）。向上级旅游主管部门报告旅游突发事件，应当包括下列内容：①事件发生的时间、地点、信息来源；②简要经过、伤亡人数、影响范围；③事件涉及的旅游经营者、其他有关单位的名称；④事件发生原因及发展趋势的初步判断；⑤采取的应急措施及处置情况；⑥需要支持协助的事项；⑦报告人姓名、单位及联系电话。

前款所列内容暂时无法确定的，应当先报告已知情况；报告后出现新情况的，应当及时补报、续报。

《办法》规定，各级旅游主管部门应当建立旅游突发事件信息通报制度。旅游突发事件发生后，旅游主管部门应当及时将有关信息通报相关行业主管部门。

10.1.4　旅游突发事件总结报告的提交

《办法》规定，旅游突发事件处置结束后，发生地旅游主管部门应当及时查明突发事件的发生经过和原因，总结突发事件应急处置工作的经验教训，制定改进措施，并在 30 日内按照下列程序提交总结报告：①一般旅游突发事件向设区的市级旅游主管部门提交；②较大旅游突发事件逐级向省级旅游主管部门提交；③重大和特别重大旅游突发事件逐级向国家旅游局（文化和旅游部）提交；④旅游团队在境外遇到突发事件的，由组团社所在地旅游主管部门提交总结报告。省级旅游主管部门应当于每月 5 日前，将本地区上月发生的较大旅游突发事件报国家旅游局（文化和旅游部）备案，内容应当包括突发事件发生的时间、地点、原因及事件类型和伤亡人数等。

《办法》规定，县级以上地方各级旅游主管部门应当定期统计分析本行政区域内发生旅游突发事件的情况，并于每年 1 月底前将上一年度相关情况逐级报国家旅游局（文化和旅游部）。

10.1.5　相关罚则

1. 违反安全生产和消防安全管理

《旅游法》规定，旅游经营者违反有关安全生产管理和消防安全管理的法律、法规或者国家标准、行业标准的，由有关主管部门依照有关法律、法规的规定处罚。《办法》进一步规定，旅游经营者及其主要负责人、旅游从业人员违反法律、法规有关安全生产和突发事件应对规定的，依照相关法律、法规处理。

2. 未制止履行辅助人的非法或不规范行为

《办法》规定，旅行社未制止履行辅助人的非法、不安全服务行为，或者未更换履行辅助人的，由旅游主管部门给予警告，可并处 2 000 元以下罚款；情节严重的，处 2 000 元以上 10 000 元以下罚款。

3. 不按要求制作安全信息卡

《办法》规定，旅行社不按要求制作出境旅游安全信息卡，未将安全信息卡交由旅游者，或者未告知旅游者相关信息的，由旅游主管部门给予警告，可并处2 000元以下罚款；情节严重的，处2 000元以上10 000元以下罚款。

4. 针对风险提示不采取相应措施

《办法》规定，旅行社违反本规定，不采取相应安全措施的，由旅游主管部门处2 000元以下罚款；情节严重的，处2 000元以上10 000元以下罚款。

5. 按国家标准、行业标准评定的旅游经营者违法

《办法》规定，按照旅游业国家标准、行业标准评定的旅游经营者违反本办法规定的，由旅游主管部门建议评定组织依据相关标准作出处理。

6. 旅游主管部门及其工作人员违法

《办法》规定，旅游主管部门及其工作人员违反相关法律、法规及本办法规定，玩忽职守，未履行安全管理职责的，由有关部门责令改正，对直接负责的主管人员和其他直接责任人员依法给予处分。

10.1.6　旅游安全事故的处理

1. 旅游安全事故的等级认定

旅游安全事故是指突然发生，造成或可能造成旅游者人身伤亡和财产损失，或严重社会危害，需要采取应急处置措施予以应对的自然灾害、事故灾难、公共卫生事件和社会安全事件。旅游安全事故分为轻微、一般、重大和特大事故四个等级。

（1）轻微事故是指一次事故造成旅游者轻伤，或经济损失在1万元以下的事故。

（2）一般事故是指一次事故造成旅游者重伤，或经济损失在1万至10万（含1万）元的事故。

（3）重大事故是指一次事故造成旅游者死亡或旅游者重伤致残，或经济损失在10万至100万（含10万）元的事故。

（4）特大事故是指一次事故造成多名旅游者死亡，或经济损失在100万元以上，或性质特别严重，产生重大影响的事故。

2. 旅游安全事故处理的一般程序

根据《办法》的规定，当旅游安全事故发生后，相关负责单位应按照以下程序处理。

（1）报告。陪同人员应当立即上报主管部门，主管部门应当及时报告归口管理部门。

（2）会同事故发生地的有关单位严格保护现场。在事故发生地的相关负责人员，包括导游、领队、旅游者等都有义务配合公安机关及其他相关部门保护事故现场，做好调查工作。

（3）协同有关部门进行抢救、侦查。旅游安全事故发生后，相关人员要积极配合救援、公安部门实施旅游者救援及事故侦查工作，妥善处理善后事宜。

（4）有关单位负责人应及时赶赴现场处理。有关单位负责人是指相关旅游企业、事故发生地和组团社所在地旅游行政管理部门负责人。这些负责人应在事故发生后及时赶赴事故现场指挥，对旅游安全事故进行妥善处理。

3. 重大旅游安全事故的处理程序

1）重大旅游安全事故报告制度

重大旅游安全事故发生后，事故报告单位应按照《重大旅游安全事故报告制度试行办法》的规定履行报告程序，报告内容如下。

（1）事故发生后的首次报告内容。事故发生的时间、地点；事故发生的初步情况；事故接待单位及与事故有关的其他单位；报告人的姓名、单位和联系电话。

（2）事故处理过程中的报告内容。伤亡情况及伤亡人员姓名、性别、年龄、国籍、团名、护照号码；事故处理的进展情况；对事故原因的分析；有关方面的反映和要求；其他需要请示或报告的事项。

（3）事故处理结束后，报告单位作出的报告内容。事故经过及处理；事故原因及责任；事故教训及今后的防范措施；善后处理过程及赔偿情况；有关方面及事故家属的反映；事故遗留问题及其他。

2）重大旅游安全事故的处理程序

重大旅游安全事故发生后，需按照《重大旅游安全事故处理程序试行办法》的要求做好有关事故处理工作。具体处理程序如下。

（1）重大旅游安全事故发生后，报告单位应立即派人赶赴现场，组织抢救工作，保护事故现场，并及时报告当地公安部门。报告单位如不属于事故责任方或责任方的主管部门，应按照事故处理领导小组的部署做好有关工作。

（2）有伤亡情况的，应立即组织医护人员进行抢救，并及时报告当地卫生部门。

（3）伤亡事故发生后，报告单位应在及时组织救护的同时，核查伤亡人员的团队名称、国籍、姓名、性别、年龄、护照号码以及在国内外的保险情况，并进行登记。有死亡事故，应注意保护好遇难者的遗骸、遗体。对事故现场的行李和物品，要认真清理和保护，并逐项登记在册。

（4）伤亡人员中有海外旅游者的，责任方和报告单位在对伤亡人员核查清楚后要及时报告当地外事办和中国旅游紧急救援协调机构；由后者负责通知有关方面。中国旅游紧急救援协调机构在接到报告后，还应及时通知有关国际急救组织；后者作出介入决策后，有关地方要协助配合其开展救援工作。在海外旅游者伤亡人员确定无误后，有关组团旅行社应及时通知海外旅行社，并向伤亡者家属发慰问函电。

（5）在伤亡事故的处理过程中，责任方及其主管部门要认真做好伤亡家属的接待、遇难者的遗体和遗物的处理以及其他善后工作。

（6）责任方及其主管部门要妥善处理好对伤亡人员的赔偿问题。

（7）事故处理结束后，报告单位要和责任方及其他有关方面一起，认真总结经验教训，进一步改进和加强安全管理措施，防止类似事故的再次发生。

4. 特大旅游安全事故的处理程序

对特别重大旅游安全事故的调查处理，适用国务院发布的《生产安全事故报告和调查处理条例》的有关内容。

1）特大旅游安全事故的报告

当特别重大旅游安全事故发生后，应逐级上报至国务院安全生产监督管理部门和负有安全生产监督管理职责的有关部门。国务院安全生产监督管理部门、负有安全生产监督管理职责的有关部门、省级人民政府接到发生特别重大事故报告后，应当立即报告国务院。

安全生产监督管理部门和负有安全生产监督管理职责的有关部门逐级上报事故情况，每级上报的时间不得超过两小时。

2）特大旅游安全事故的现场救援、保护

（1）事故发生单位负责人接到事故报告后，应当立即启动事故相应应急预案，或者采取有效措施，组织抢救，防止事故扩大，减少人员伤亡和财产损失。

（2）事故发生地有关地方人民政府、安全生产监督管理部门和负有安全生产监督管理职责的有关部门接到事故报告后，其负责人应当立即赶赴事故现场，组织事故救援。

（3）事故发生后，有关单位和人员应当妥善保护事故现场及相关证据。

（4）事故发生地公安机关根据事故的情况，对涉嫌犯罪的，应当依法立案侦查，采取强制措施和侦查措施。

3）特大旅游安全事故的调查

特别重大事故由国务院或者国务院授权有关部门组织事故调查组进行调查。

事故调查组应当自事故发生之日起 60 日内提交事故调查报告；特殊情况下，经负责事故调查的人民政府批准，提交事故调查报告的期限可以适当延长，但延长的期限最长不超过 60 日。

4）特大旅游安全事故的处理

特大旅游安全事故发生后，负责事故调查的人民政府应当自收到事故调查报告之日起 30 日内作出批复，特殊情况下，批复时间可以适当延长，但延长的时间最长不超过 30 日。

有关机关应当按照人民政府的批复，依照法律、行政法规规定的权限和程序，对事故发生单位和有关人员进行行政处罚，对负有事故责任的国家工作人员进行处分。

事故发生单位应当按照负责事故调查的人民政府的批复，对本单位负有事故责任的人员进行处理。负有事故责任的人员涉嫌犯罪的，依法追究其刑事责任。

10.2　旅游安全管理制度

10.2.1　旅游经营者的安全责任

旅游经营单位作为旅游安全管理工作的最基层单位，在旅游安全工作中对于旅游者的安全承担着最为直接和重要的责任。《旅游法》规定，旅游经营者是指旅行社、景区以及为旅游者提供交通、住宿、餐饮、购物、娱乐等服务的经营者。

《办法》对旅游经营者的限制界定能够明确旅游主管部门的有效安全监督对象，使监管对象的设立更为合理，也更有法律依据。

1. 旅游经营者的安全责任

《办法》规定，旅游经营者应当承担旅游安全的主体责任，加强安全管理，建立、健全安全管理制度，关注安全风险预警和提示，妥善应对旅游突发事件。旅游从业人员应当严格遵守本单位的安全管理制度，接受安全生产教育和培训，增强旅游突发事件防范和应急处理能力。

旅游经营者的安全保障能力是旅游活动顺利进行的保证，也是旅游活动安全开展的基础，更是旅游者选择旅游经营者的衡量标准之一。旅游经营者作为旅游安全保障的责任主体，加强安全管理，建立安全管理体系，严格按照国家法律、法规和标准的要求开展经营活动，理应成为其安全经营的基本要求。旅游从业人员直接为旅游者提供服务，其安全意识、素质和技能对具有异地性、流动性特点的旅游活动来说更为重要，而安全生产教育和培训是提高旅游从业人员安全意识和能力的重要手段，是确保旅游服务产品安全性的重要前提。

2. 旅游经营者的安全义务

1）安全防范、管理和保障义务

《旅游法》规定，旅游经营者应当严格执行安全生产管理和消防安全管理的法律、法规和国家标准、行业标准，具备相应的安全生产条件，制定旅游者安全保护制度和应急预案。旅游经营者应当对直接为旅游者提供服务的从业人员开展经常性应急救助技能培训，对提供的产品和服务进行安全检验、监测和评估，采取必要措施防止危害发生。旅游经营者组织、接待老年人、未成年人、残疾人等旅游者，应当采取相应的安全保障措施。

《办法》在《旅游法》上述具体内容的基础上进行了细化和补充，要求旅游经营者满足下列要求：①服务场所、服务项目和设施设备符合有关安全法律、法规和强制性标准的要求；②配备必要的安全和救援人员、设施设备；③建立安全管理制度和责任体系；④保证安全工作的资金投入。旅游经营者应当定期检查本单位安全措施的落实情况，及时排除安全隐患；对可能发生的旅游突发事件及采取安全防范措施的情况，应当按照规定及时向所在地人民政府或者人民政府有关部门报告。

《办法》规定，旅游经营者应当对从业人员进行安全生产教育和培训，保证从业人员掌握必要的安全生产知识、规章制度、操作规程、岗位技能和应急处理措施，知悉自身在安全生产方面的权利和义务。旅游经营者应建立安全生产教育和培训档案，如实记录安全生产教育和培训的时间、内容、参加人员以及考核结果等情况。未经安全生产教育和培训合格的旅游从业人员，不得上岗作业；特种作业人员必须按照国家有关规定经专门的安全作业培训，取得相应资格。旅行社组织和接待旅游者，应当合理安排旅游行程，向合格的供应商订购产品和服务。旅行社及其从业人员发现履行辅助人提供的服务不符合法律、法规规定或者存在安全隐患的，应当予以制止或者更换。

《办法》规定，经营高风险旅游项目或者向老年人、未成年人、残疾人提供旅游服务的，应当根据需要采取相应的安全保护措施。

2）安全说明或警示义务

《旅游法》规定，旅游经营者应当就旅游活动中的下列事项，以明示的方式事先向旅游者作出说明或者警示。

（1）正确使用相关设施、设备的方法。

（2）必要的安全防范和应急措施。

（3）未向旅游者开放的经营、服务场所和设施、设备。

（4）不适宜参加相关活动的群体。

（5）可能危及旅游者人身、财产安全的其他情形。

此规定重在强调"明示"和"事先"，明示主要指旅游经营者或其从业人员用积极的、直接的、明确的方式，将说明或者警示的内容表达、告知给旅游者，具体包括口头明示、书面明示、警示牌标示等方式，与默示相对；事先主要是指预先防范，在旅游者开始进行某项旅游活动前的时间区间，包括旅游行程开始前或者某一个具体旅游项目开始前。

旅游经营者按照"明示"和"事先"的原则，合理履行说明或警示义务，既可以保证消费者知情权的实现，也体现了旅游经营者的安全保障义务。为此，《办法》规定，旅游经营者应当对其提供的产品和服务进行风险监测和安全评估，依法履行安全风险提示义务，必要时应当采取暂停服务、调整活动内容等措施。旅游经营者应当主动询问与旅游活动相关的个人健康信息，要求旅游者按照明示的安全规程，使用旅游设施和接受服务，并要求旅游者对旅游经营者采取的安全防范措施予以配合。旅行社组织出境旅游，应当制作安全信息卡。安全信息卡应当包括旅游者姓名、出境证件号码和国籍，以及紧急情况下的联系人、联系方式等信息，使用中文和目的地官方语言（或者英文）填写。旅行社应当将安全信息卡交由旅游者随身携带，并告知其自行填写血型、过敏药物和重大疾病等信息。

3）安全救助、处置和报告义务

《旅游法》规定，突发事件或者旅游安全事故发生后，旅游经营者应当立即采取必要的救助和处置措施，依法履行报告义务，并对旅游者作出妥善安排。旅游经营者作为旅游安全工作的责任主体，在突发事件或者旅游安全事故发生后，在第一现场、第一时间实施安全救助、处置，并报告相关情况，这是其应当履行的基本义务，也有利于有关部门第一时间掌握事件情况，启动相应的旅游应急处置方案，合理安排人力、物力、财力，顺利开展安全救援工作。

《办法》规定，旅游经营者应当依法制定旅游突发事件应急预案，与所在地县级以上地方人民政府及其相关部门的应急预案相衔接，并定期组织演练。旅游突发事件发生后，旅游经营者及其现场人员应当采取合理、必要的措施救助受害旅游者，控制事态发展，防止损害扩大。旅游经营者应当按照履行统一领导职责或者组织处置突发事件的人民政府的要求，配合其采取的应急处置措施，并参加所在地人民政府组织的应急救援和善后处置工作。旅游突发事件发生在境外的，旅行社及其领队应当在中国驻当地使领馆或者政府派出机构的指导下，全力做好突发事件应对处置工作。

《办法》规定，旅游突发事件发生后，旅游经营者的现场人员应当立即向本单位负责人报告，单位负责人接到报告后，应当于1小时内向发生地县级旅游主管部门、安全生产监督管理部门和负有安全生产监督管理职责的其他相关部门报告；旅行社负责人应当同时向单位所在地县级以上地方旅游主管部门报告。情况紧急或者发生重大、特别重大旅游突发事件时，现场有关人员可直接向发生地、旅行社所在地县级以上旅游主管部门、安全生产监督管理部门和负有安全生产监督管理职责的其他相关部门报告。旅游突发事件发生在境外的，旅游团队的领队应当立即向当地警方、中国驻当地使领馆或者政府派出机构，以及旅行社负责人报告。旅行社负责人应当在接到领队报告后1小时内，向单位所在地县级以上地方旅游主管部门报告。

3. 旅游经营者在旅游安全管理工作中的职责

旅游经营者是指旅行社、旅游景区、旅游饭店、旅游汽车和游船公司、旅游购物商店、旅游娱乐场所和其他经营旅游业务的企事业单位。

《旅游安全管理办法实施细则》对旅游经营者在旅游安全管理工作中的职责也做了规定：①设立安全管理机构，配备安全管理人员；②建立安全规章制度，并组织实施；③建立安全管理责任制，将安全管理的责任落实到每个部门、每个岗位、每个职工；④接受当地旅游行政管理部门对旅游安全管理工作的行业管理和检查、监督；⑤将安全教育、职业培训制度化、经常化，培养职工的安全意识，普及安全常识，提高安全技能，对新招聘的职工，必须经过案例培训，合格后才能上岗；⑥新开业的旅游企事业单位，在开业前必须向当地旅游行政管理部门申请对安全设施、设备、安全管理机构、安全规章制度的检查验收，检查验收不合格者，不得开业；⑦坚持日常的安全检查工作，重点检查安全规章制度的落实情况和安全管理漏洞，及时消除安全隐患；⑧对用于接待的汽车、游船和其他设施，要定期进行维修和保养，使其始终处于良好的安全技术状况，在运营前进行全面的检查，严禁带故障运行；⑨对旅游者的行李要有完备的交接手续，明确责任，防止损坏或丢失；⑩在安排旅游团队的游览活动时，要认真考虑可能影响安全的诸项因素，制订周密的行程计划，并注意避免司机处于过分疲劳状态；⑪负责为旅游者投保；⑫直接参与处理涉及单位的旅游安全事故，包括事故处理、善后处理及赔偿事项等；⑬开展登山、骑车、狩猎、探险等特殊旅游项目时，要事先制定周密的安全保护预案和急救措施，重要团队需按规定报有关部门审批。

旅游安全是旅游者出行的基本保障，也是一切旅游活动开展的基础。

《旅游法》规定：旅游者在人身、财产安全遇有危险时，有请求救助和保护的权利。旅游者人身、财产受到侵害的，有依法获得赔偿的权利。

旅游者购买、接受旅游服务时，应当向旅游经营者如实告知与旅游活动相关的个人健康信息，遵守旅游活动中的安全警示规定。旅游者对国家应对重大突发事件暂时限制旅游活动的措施以及有关部门、机构或者旅游经营者采取的安全防范和应急处置措施，应当予以配合。旅游者违反安全警示规定，或者对国家应对重大突发事件暂时限制旅游活动的措施、安全防范和应急处置措施不予配合的，依法承担相应责任。

旅游者在人身、财产安全遇有危险时，有权请求旅游经营者、当地政府和相关机构进行及时救助。

中国出境旅游者在境外陷于困境时，有权请求我国驻当地机构在其职责范围内给予协助和保护。

旅游者接受相关组织或者机构的救助后，应当支付应由个人承担的费用。

由上可知，《旅游法》为充分保障旅游者的人身财产安全，系统规范了旅游安全的保障措施。而且充分体现了"以人为本"的治理原则，从政府层面、企业层面对旅游者安全进行保障，对老年人、未成年人、残疾人等特殊旅游群体的安全予以高度重视，而且，对出境旅游者的安全保障也给予高度关注，明确了在发生突发事件后，旅游者的权利和义务。

拓展阅读 10.1

10.2.2　旅游安全管理机构及其职责

1. 各级人民政府在旅游安全管理工作中的职责

《旅游法》规定，县级以上人民政府统一负责旅游安全工作。县级以上人民政府有关部门依照法律、法规履行旅游安全监管职责。

县级以上人民政府应当依法将旅游应急管理纳入政府应急管理体系，制定应急预案，建立旅游安全事故应对机制。突发事件发生后，当地人民政府及其有关部门和机构应当采取措施开展救援，并协助旅游者返回出发地或者旅游者指定的合理地点。

2. 国家旅游行政管理部门在旅游安全管理工作中的职责

（1）制定国家旅游安全管理规章，并组织实施。

（2）会同国家有关部门对旅游安全实行综合治理，协调处理旅游安全事故和其他安全问题。

（3）指导、检查和监督各级旅游行政管理部门和旅游企事业单位的旅游安全管理工作。

（4）负责全国旅游安全管理的宣传、教育工作，组织旅游安全管理人员的培训工作。

（5）协调重大旅游安全事故的处理工作。

（6）负责全国旅游安全管理方面的其他有关事项。

3. 县级以上（含县级）地方旅游行政管理部门在安全管理工作中的职责

（1）贯彻执行国家旅游安全法规。

（2）制定本地区旅游安全管理的规章制度，并组织实施。

（3）协同市场监管、公安、卫生等有关部门，对新开业的旅游企事业单位的安全管理机构、规定制度及其消防、卫生防疫等安全设施、设备进行检查，参加开业前的验收工作。

（4）协同公安、卫生、园林等有关部门，开展对旅游安全环境的综合治理工作，防止向旅游者敲诈、勒索、围堵等不法行为的发生。

（5）组织和实施对旅游安全管理人员的宣传、教育和培训工作。

（6）参与旅游安全事故的处理工作。

（7）受理本地区涉及旅游安全问题的投诉。

（8）负责本地区旅游安全管理的其他事项。

10.2.3　旅游安全风险提示制度

《旅游法》规定，国家建立旅游目的地安全风险提示制度。

旅游目的地发生的社会动荡、自然灾害、天气变化、公共卫生事件等，对旅游者的人身和财产安全到底有多大影响，旅行社和旅游者心中无数，是否继续前往目的地，很难抉择。从保护旅游者权益的角度出发，建立旅游目的地安全风险提示制度具有十分重要的意义。

1. 风险提示信息的发布

1）风险级别划分

根据可能对旅游者造成的危害程度、紧急程度和发展态势，风险提示级别分为一级（特别严重）、二级（严重）、三级（较重）和四级（一般），分别用红色、橙色、黄色和蓝色标示。

风险提示级别的划分标准，由国务院旅游主管部门会同外交、卫生健康、公安、自然资源、交通、气象、地震和海洋等有关部门制定或者确定。风险提示信息，应当包括风险类别、提示级别、可能影响的区域、起始时间、注意事项、应采取的措施和发布机关等内容。

一级、二级风险的结束时间能够与风险提示信息内容同时发布的，应当同时发布；无法同时发布的，待风险消失后通过原渠道补充发布。三级、四级风险提示可以不发布风险结束时间，待风险消失后自然结束。

2）风险提示信息发布权限和渠道

《管理办法》规定，国家旅游局（文化和旅游部）负责发布境外旅游目的地国家（地区），以及风险区域范围覆盖全国或者跨省级行政区域的风险提示。发布一级风险提示的，需经国务院批准；发布境外旅游目的地国家（地区）风险提示，需经外交部门同意。地方各级旅游主管部门应当及时转发上级旅游主管部门发布的风险提示，并负责发布前款规定之外涉及本辖区的风险提示。

风险提示信息应当通过官方网站、手机短信及公众易查阅的媒体渠道对外发布。一级、二级风险提示应同时通报有关媒体。

2. 风险提示信息的应对

1）旅行社

风险提示发布后，旅行社应当根据风险级别采取下列措施。

（1）四级风险的，加强对旅游者的提示。

（2）三级风险的，采取必要的安全防范措施。

（3）二级风险的，停止组团或者带团前往风险区域；已在风险区域的，调整或者中止行程。

（4）一级风险的，停止组团或者带团前往风险区域，组织已在风险区域的旅游者撤离。

2）其他旅游经营者

其他旅游经营者应当根据风险提示的级别，加强对旅游者的风险提示，采取相应的安全防范措施，妥善安置旅游者，并根据政府或者有关部门的要求，暂停或者关闭易受风险危害的旅游项目或者场所。

3）旅游者

风险提示发布后，旅游者应当关注相关风险，加强个人安全防范，并配合国家应对风险暂时限制旅游活动的措施，以及有关部门、机构或者旅游经营者采取的安全防范和应急处置措施。

10.3　旅行社责任保险法律制度

10.3.1　旅行社责任保险的概念、特征

1. 旅行社责任保险的概念

旅行社责任保险，是指以旅行社因其组织的旅游活动对旅游者和受其委派并为旅游者提供服务的导游或者领队人员依法应当承担的赔偿责任为保险标的的保险。

2. 旅行社责任保险的特征

（1）旅行社责任保险属于保险强制，旅行社从事旅游经营活动必须投保旅行社责任保险，否则，将受到旅游行政管理部门依法给予的行政处罚。

（2）旅行社责任保险的投保人、被保险人是经营旅游业务的旅行社。

（3）旅行社责任保险是保险公司对相应由旅行社承担的责任，承担赔偿保险金责任的行为。

（4）旅行社责任保险的赔付主体是保险公司。

3. 旅游责任保险的类别

《旅游法》规定，国家根据旅游活动的风险程度，对旅行社、住宿、旅游交通以及经营高空、高速、水上、潜水、探险等高风险旅游项目，应当按照国家有关

规定取得经营许可。高风险旅游项目具有强烈的刺激性、挑战性和体验性，对崇尚冒险、追求新奇的旅游者具有强大的吸引力，但其安全系数低、风险性大，产生安全事件的概率要高于普通旅游形式。因此，高风险旅游项目的经营者应当投保相应责任保险。

10.3.2　旅行社责任保险的主体与客体

1. 旅行社责任保险的主体

（1）投保人。旅行社责任保险的投保人是旅行社。在中华人民共和国境内依法设立的旅行社，应当依照《旅行社条例》和《旅行社责任保险管理办法》的规定，购买旅行社责任保险。

（2）保险人。旅行社责任保险的保险人是承保的保险公司。旅行社投保旅行社责任保险的，应当与保险公司依法订立书面的旅行社责任保险合同。

（3）被保险人与受益人。旅行社责任保险的被保险人和受益人均为旅行社。旅行社在旅游经营活动中发生责任事故后，由保险公司代表旅行社向旅游者和受旅行社委派并为旅游者提供服务的人员支付赔偿金。

2. 旅行社责任保险的客体

1）保险标的

保险标的是旅行社应当依法承担的民事赔偿责任，既包括人身责任，也包括财产责任。

2）保险范围

依据《旅行社责任保险管理办法》的规定，旅行社责任保险责任，应当包括旅行社在组织旅游活动中依法对旅游者的人身伤亡、财产损失承担的赔偿责任和依法对受旅行社委派并为旅游者提供服务的导游领队人员的人身伤亡承担的赔偿责任。其具体包括下列情形。

（1）因旅行社疏忽或过失应当承担赔偿责任的。

（2）因发生意外事故旅行社应当承担赔偿责任的。

（3）国家旅游局（文化和旅游部）会同中国保监会规定的其他情形。

10.3.3　旅行社责任保险期限与保险合同解除

旅行社责任保险的保险期间为 1 年。旅行社应当在保险合同期满前及时续保。

旅行社投保旅行社责任保险，可以依法自主续保，也可以由组织统一投保。

保险合同成立后，除符合《保险法》规定的情形外，保险公司不得解除保险合同；旅行社要解除保险合同的，应当同时订立新的保险合同，并书面通知所在地县级以上旅游行政管理部门，但因旅行社业务经营许可证被依法吊销或注销而解除合同的除外。保险合同解除的，保险公司应当收回保险单，并书面通知旅行社所在地县级以上旅游行政管理部门。旅行社的名称、法定代表人或者业务经营范围等重要事项变更时，应当及时通知保险公司，必要时应当依法办理保险合同变更手续。

10.3.4　旅行社责任保险的保险费率与保险金额

1. 保险费率

保险费率是指应缴纳保险费与保险金额的比率，换言之，是保险人用以计算保险费的标准，一般由纯费率和附加率两部分组成。旅行社责任保险的保险费率应当遵循市场化原则，并与旅行社经营风险相匹配。

2. 保险金额

旅行社在组织旅游活动中发生旅行社责任保险范围的赔偿责任的，保险公司依法根据保险合同约定，在旅行社责任保险责任限额内予以赔偿。责任限额可以根据旅行社业务经营范围、经营规模、风险管控能力、当地经济社会发展水平和旅行社自身需要，由旅行社与保险公司协商确定，但每人人身伤亡责任限额不得低于 20 万元人民币。

10.3.5　旅行社责任保险的索赔与法律责任

1. 索赔

1）旅行社的责任与义务

（1）提供证明和资料。保险事故发生后，旅行社按照保险合同请求保险公司赔偿保险金时，应当向保险公司提供其所能提供的与确认保险事故的性质、原因、损失程度等有关的证明和资料。

（2）依法解决争议。旅行社与保险公司对赔偿有争议的，可以按照双方的约定申请仲裁，或者依法向人民法院提起诉讼。

2）保险公司的责任与义务

（1）及时告知。旅行社组织的旅游活动中发生保险事故，旅行社或者受害的旅游者、导游、领队人员通知保险公司的，保险公司应当及时告知具体的赔偿程序等有关事项。

保险公司按照保险合同的约定，认为有关的证明和资料不完整的，应当及时一次性通知旅行社补充提供。

（2）直接赔偿。旅行社对旅游者、导游或者领队人员应负的赔偿责任确定的，根据旅行社的请求，保险公司应当直接向受害的旅游者、导游或者领队人员赔偿保险金。旅行社怠于请求的，受害的旅游者、导游或者领队人员有权就其应获赔偿部分直接向保险公司请求赔偿。

（3）履行赔偿义务。保险公司收到赔偿保险金的请求和相关证明、资料后，应当及时作出核定；情形复杂的，应当在 30 日内作出核定，但合同另有约定的除外。保险公司应当将核定结果通知旅行社以及受害的旅游者、导游、领队人员；对属于保险责任的，在与旅行社达成赔偿保险金的协议后 10 日内，履行赔偿保险金的义务。

（4）先行支付。因抢救受伤人员需要保险公司先行赔偿保险金用于支付抢救费用的，保险公司在接到旅行社或者受害的旅游者、导游、领队人员通知后，经核对属于保险责任的，可以在责任限额内先向医疗机构支付必要的费用。

（5）代位请求赔偿权。因第三者损害而造成保险事故的，保险公司自直接赔偿保险金或者先行支付抢救费用之日起，在赔偿、支付金额范围内代位行使对第三者请求赔偿的权利。旅行社以及受害的旅游者、导游或者领队人员应当向保险公司提供必要的文件和所知道的有关情况。

2. 法律责任

《旅游法》规定，未按照规定投保旅行社责任保险的，由旅游主管部门或者有关部门责令改正，没收违法所得，并处 5 000 元以上 5 万元以下罚款；违法所得 5 万元以上，并处违法所得 1 倍以上 5 倍以下罚款；情节严重的，责令停业整顿或者吊销旅行社业务经营许可证；对直接负责的主管人员和其他直接责任人员，处 2 000 元以上 2 万元以下罚款。

违反《旅行社责任保险管理办法》规定，旅行社解除保险合同但未同时订立新的保险合同，保险合同期满前未及时续保，或者人身伤亡责任限额低于 20 万元人民币的，由县级以上旅游行政管理部门责令改正；拒不改正的，吊销旅行社业务经营许可证。

本章小结

　　本章介绍了旅游安全和旅行社责任保险制度的主要内容，重点要求掌握旅游安全突发事件的处理程序、旅游突发事件和安全事故的分类与处理程序；本章还介绍了旅行社责任保险的法律制度，重点是旅行社责任保险的概念、保险金额和索赔的相关规定。

即测即练

思考题

1. 旅游突发事件的处理程序有哪些？

2. 旅游突发事件的调查报告包括哪些内容？

3. 旅游安全事故处理的一般程序是什么？

4. 旅行社责任保险的保险范围包括哪些内容？

5. 旅行社责任保险中保险公司的责任与义务包括哪些内容？

6. 旅游经营者的安全警示义务包括哪些内容？

第 11 章 出入境与交通法律制度

 学习目标

1. 掌握中国公民出入境管理、外国旅游者出入境管理法律制度。

2. 了解中国出入境边防检查制度以及中国出入境卫生检疫、动植物检疫制度，为旅游业发展提供优质服务奠定基础。

3. 掌握民用航空运输管理、铁路运输管理、公路运输管理及水路运输管理的法律法规的相关规定。

4. 掌握民用航空运输、铁路运输、公路运输及水路运输等承运人的权利与义务。

 能力目标

1. 培养运用法律法规解决实际带团过程中出现问题的能力。

2. 提高学生依法办事的能力。

3. 在导游工作中正确宣讲出入境和旅游交通相关法规的能力。

 思政目标

1. 贯穿社会层面价值取向，将公平正义、公共安全与公共道德、社会责任感等思政元素融入教学中，培养学生的社会道德观和责任感。

2. 引导学生树立爱国意识、国家安全意识、"四个自信"和中国建设的法治意识，培养学生的爱国情怀，让学生树立大局观及富强、民主、文明、和谐的社会主义核心价值观。

思维导图

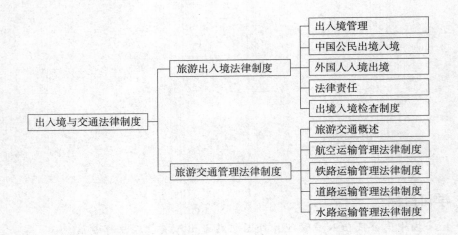

导入案例

2016 年 4 月 30 日下午 6 时许，北京首都机场出现一名非洲男子，他手中拎着两个很大的皮箱排在队伍中，不时抬头看一眼边防民警，最后他选择了一个看起来较年轻的民警走了过去。在检查中，这名男子称他是来中国旅游的，买的是一些旅游纪念品。当这位民警检查他的护照的时候，发现护照有伪造嫌疑。经进一步鉴定，此护照是一本假护照。通过检查得知，原来这名非洲"旅游者"是一名国际"倒爷"，从他随身携带的大皮箱中，掏出来的全是手机、充电器、电子表等电子产品。这名说着一口流利中文的非洲"倒爷"最终交代，他经常往返于中国和非洲之间，倒卖这种电子产品。为了能够找到更优质、更便宜的电子产品，他这次在中国待的时间有点长，为了逃避中国边防检查的处罚，就花重金买了一本假护照。按照规定，边防民警对这名"旅游者"进行了扣留。

　　思考题：

　　1. 这名非洲男子的行为违反了我国哪些法律？

　　2. 这名非洲男子应承担哪些法律责任？

11.1　旅游出入境法律制度

11.1.1　出入境管理

1. 出入境管理概述

出入境管理，是指国家主管机关依据法律、法规规定，对中国公民、外国人、交通运输工具出境入境及外国人在中国境内停留居住行使管辖权的行为，是国家涉外管辖的重要组成部分。

2. 旅游出入境管理法律概述

随着我国出境旅游的规模稳步扩大，为了规范中国公民的出入境行为，国家制定了一系列有利于公民出境旅游的法律、法规。现行有效的主要法律、法规有：1996 年 3 月 8 日国务院公布并实施的《边境旅游管理暂行办法》；2002 年 5 月 27 日国务院公布并实施的《中国公民出国旅游管理办法》（2017 年 3 月修订）。2006 年 4 月 29 日第十届全国人民代表大会常务委员会第 21 次会议通过的《中华人民共和国护照法》（以下简称《护照法》），并自 2007 年 1 月 1 日起施行；2012 年 6 月 30 日第十一届全国人民代表大会常务委员会第二十七次会议通过了《中华人民共和国出境入境管理法》（以下简称《出境入境管理法》）。此外，还包括国务院常务委员会通过的《中华人民共和国出境入境边防检查条例》（以下简称《边防检查条例》）、全国人民代表大会常务委员会通过的《中华人民共和国国境卫生检疫法》（以下简称《卫生检疫法》）等。

11.1.2　中国公民出境入境

1. 中国公民出入境的有效证件

根据《护照法》和《出境入境管理法》的有关规定，目前中国公民出入境证件主要有护照、出境入境通行证、中华人民共和国旅行证等。

1）护照

护照是指一个主权国家的主管机关颁发给本国公民出入本国国境和在国外旅行居留的合法身份证件与国籍证明。中华人民共和国护照是最主要的出入境证明。

（1）护照的种类及签发机关。护照分为普通护照、外交护照和公务护照。

普通护照：主要签发给出国定居、探亲、访友、留学、就业、旅游、从事商务活动等非公务原因出国的旅游者。普通护照由公安部出入境管理机构或者公安部委托的县级以上地方人民政府公安机关出入境管理机构以及中华人民共和国驻外使馆、领馆和外交部委托的其他驻外机构签发。

外交护照：主要签发给外交官员、领事官员及其随行配偶、未成年子女和外交信使。此类护照由外交部签发。

公务护照：主要签发给中华人民共和国驻外使馆、领馆或者联合国及其专门机构以及其他政府间国际组织中工作的中国政府派出的职员及其随行配偶、未成年子女等。

（2）普通护照的申请。普通护照的申请，分为国内申请护照和境外申请护照。

①国内申请护照。国内申请护照是指由本人向户籍所在地的县级以上地方人民政府公安机关出入境管理机构申请普通护照。公民申请普通护照，应当提交本人的居民身份证、户口簿、近期免冠照片以及申请事由的相关材料。国家工作人员因非公务原因出境申请普通护照的，还应当按照国家有关规定提交相关证明文件。公安机关出入境管理机构应当自收到申请材料之日起15日内签发普通护照；对不符合规定不予签发的，应当书面说明理由，并告知申请人享有依法申请行政复议或者提起行政诉讼的权利。在偏远地区或者交通不便的地区或者因特殊情况，不能按期签发护照的，经护照签发机关负责人批准，签发时间可以延长至30日。公民因合理紧急事由请求加急办理的，公安机关出入境管理机构应当及时办理。

②境外申请护照。中国公民在境外申请护照，应当直接向我国驻外使领馆、外交代表机关及外交部授权的其他驻外机关提出申请，由这些机关或部门进行审核和颁发护照。

（3）普通护照的有效期限。普通护照的有效期限为：护照持有人未满16周岁的有效期5年，16周岁以上的有效期10年。

2）出境入境通行证

出入境通行证，是指在中国公民出入境过程中起护照作用的出入境证件。因申办通行证缘由的不同，出入境通行证通常有中华人民共和国往来港澳通行证、大陆居民往来台湾通行证和中华人民共和国边境地区通行证等。

中国内地居民往来香港、澳门特别行政区，应当依法办理中华人民共和国往来港澳通行证。

中国大陆居民往来台湾地区，应当依法申请办理大陆居民往来台湾通行证。

3）中华人民共和国旅行证

中华人民共和国旅行证，是指中华人民共和国驻外使馆、领馆或者外交部委托的其他驻外机构依据短期出国的在国外遗失、损毁护照或护照被盗的公民之申请而颁发给该公民证明身份的证件。旅行证分一年一次有效和两年多次有效两种，由中国驻外国的外交代表机关、领事机关或者外交部授权的其他驻外机关颁发。

2. 签证

签证，是一个国家的主权机关在本国或外国公民所持的护照或其他旅行证件上的签注、盖印，表示准其入出本国国境或者经过国境的手续。

《出境入境管理法》规定，中国公民前往其他国家或者地区，还需要取得前往国签证或者其他入境许可证明。但是，中国政府与其他国家政府签订互免签证协议或者公安部、外交部另有规定的除外。据此可知，持照人还必须申请办理前往国的签证（互免签证除外）。

3. 中国公民出境入境的相关规定

1）义务性规定

中国公民、外国人以及交通运输工具应当从对外开放的口岸出境入境，特殊情况下，可以从国务院或者国务院授权的部门批准的地点出境入境。出境入境人员和交通运输工具应当接受出境入境边防检查。

中国公民出境入境，应当依法申请办理护照或者其他旅行证件。

中国公民往来内地与香港特别行政区、澳门特别行政区，中国公民往来大陆与台湾地区，应当依法申请办理通行证件。

中国公民出境入境，应当向出入境边防检查机关交验本人的护照或者其他旅行证件等出境入境证件，履行规定的手续，经查验准许，方可出境入境。具备条件的口岸，出入境边防检查机关应当为中国公民出境入境提供专用通道等便利措施。

2）禁止性规定

中国公民有下列情形之一的，不准出境。

（1）未持有效出境入境证件或者拒绝、逃避接受边防检查的。

（2）被判处刑罚尚未执行完毕或者属于刑事案件被告人、犯罪嫌疑人的。

（3）有未了结的民事案件，人民法院决定不准出境的。

（4）因妨害国（边）境管理受到刑事处罚或者因非法出境、非法居留、非法就业被其他国家或者地区遣返，未满不准出境规定年限的。

（5）可能危害国家安全和利益，国务院有关主管部门决定不准出境的。

（6）法律、行政法规规定不准出境的其他情形。

拓展阅读 11.1

11.1.3　外国人入境出境

1. 外国人入境出境的有效证件

1）护照

凡入出中国边境的外国人应持有有效护照。护照由所在国的外交主管机关颁发。

2）签证

对于中国公民出境旅游，在国内主要是申办护照等各种旅行证件，而外国旅游者进入我国主要通过签证来管理，签证是外国人入出我国国境的许可证明。

（1）常见的签证种类。依据被签证人享有权利的差异可分为外交签证、礼遇签证、公务签证和普通签证。

外交签证是驻外签证机关对因外交事由入境、过境和来华常驻的外国人员办理的一种签证。

礼遇签证是指驻外签证机关对外国前政要、重要外宾、在野党领袖和知名人士等需要给予一定礼遇的外国人办理的签证。

公务签证是驻外签证机关对因公务入境、过境和来华常驻的外国人办理的签证。

普通签证是有权办理签证的签证机关对因工作、学习、探亲、旅游、商务活动、人才引进等非外交、公务事由入境的外国人签发的签证类别。

普通签证根据来华事由，可分为以下几个主要类别。

第一类，L 字签证（旅游签证）签发给前往中国旅游、探亲或因其他私人事务入境的人员。

第二类，F 字签证（访问签证）签发给应邀赴中国访问、考察、讲学、经商、进行学术交流、短期进修实习不过 6 个月的人员。

第三类，Z 字签证（职业签证）签发给赴华任职、就业人员及其随行家属；X 字签证（学习签证）签发给前往中国留学、进修、实习 6 个月以上的人员。

第四类，D 字签证（定居签证）签发给前往中国定居的人员。

第五类，G 字签证（过境签证）签发给须经中国过境的人员。

第六类，C 字签证（乘务签证）签发给前往中国执行国际乘务、航空、航运任务的列车乘务员、飞机机组人员、海员及其随行家属。

第七类，J 字签证分 J-1 签证和 J-2 签证，即记者签证：J-1 签证签发给申请常驻中国的记者；J-2 签证签发给临时前往中国采访的记者。

（2）签证记载的信息事项。签证记载的信息事项包括当次签证的有关信息和持证人的有关信息两个方面。当次签证的有关信息主要包括签证的种类、该签证可以准入的次数、入境的有效期、签证的签发日期与地点、入境后的停留期限等。

（3）不予签发（拒发）签证的情形如下。

①被处驱逐出境或者被决定遣送出境未满不准入境规定年限的。

②患有严重精神障碍、传染性肺结核病或者有可能对公共卫生造成重大危害的其他传染病的。

③可能危害中国国家安全和利益、破坏社会公共秩序或者从事其他违法犯罪活动的。

④在申请签证过程中弄虚作假或者不能保障在中国境内期间所需费用的。

⑤不能提交签证机关要求提交的相关材料的。

⑥签证机关认为不宜签发签证的其他情形。

对不予签发签证的，签证机关可以不说明理由。

2. 外国人入境出境的相关规定

1）义务性规定

在中国境内的外国人的合法权益受法律保护。在中国境内的外国人应当遵守中国法律，不得危害中国国家安全、损害社会公共利益、破坏社会公共秩序。外国人以及交通运输工具应当从对外开放的口岸入境出境；但在特殊情况下，可以从国务院或者国务院授权的部门批准的地点入境出境。出境入境人员和交通运输工具应当接受出境入境边防检查。外国人入境，应当向驻外签证机关申请办理签证，但是《出境入境管理法》另有规定的除外。

外国人入境，应当向出入境边防检查机关交验本人的护照或者其他国际旅行证件、签证或者其他入境许可证明，履行规定的手续，经查验准许，方可入境。

2）禁止性规定

（1）外国人不准入境的情形有：①未持有效出境入境证件或者拒绝、逃避接受边防检查的；②具有拒发签证的前四种情形的；③入境后可能从事与签证种类不符的活动的；④法律、行政法规规定不准入境的其他情形。

对不准入境的，出入境边防检查机关可以不说明理由。

（2）外国人不准出境的情形有：①被判处刑罚尚未执行完毕或者属于刑事案件被告人、犯罪嫌疑人的，但是按照中国与外国签订的有关协议，移管被判刑人的除外；②有未了结的民事案件，人民法院决定不准出境的；③拖欠劳动者的劳动报酬，经国务院有关部门或者省、自治区、直辖市人民政府决定不准出境的；④法律、行政法规规定不准出境的其他情形。

11.1.4   法律责任

（1）有下列行为之一的，处 1 000 元以上 5 000 元以下罚款；情节严重的，处 5 日以上 10 日以下拘留，可以并处 2 000 元以上 1 万元以下罚款：持用伪造、变造、骗取的出境入境证件出境入境的；冒用他人出境入境证件出境入境的；逃避出境入境边防检查的；以其他方式非法出境入境的。

（2）协助他人非法出境入境的，处 2 000 元以上 1 万元以下罚款；情节严重的，处 10 日以上 15 日以下拘留，并处 5 000 元以上 2 万元以下罚款，有违法所得的，没收违法所得。

（3）弄虚作假骗取签证、停留居留证件等出境入境证件的，处 2 000 元以上 5 000 元以下罚款；情节严重的，处 10 日以上 15 日以下拘留，并处 5 000 元以上 2 万元以下罚款。

（4）违反法律规定，为外国人出具邀请函件或者其他申请材料的，处 5 000 元以上 1 万元以下罚款；有违法所得的，没收违法所得，并责令其承担所邀请外国人的出境费用。

（5）中国公民出境后非法前往其他国家或者地区被遣返的，出入境边防检查机关应当收缴其出境入境证件，出境入境证件签发机关自其被遣返之日起 6 个月至 3 年以内不予签发出境入境证件。

（6）有下列情形之一的，给予警告，可以并处 2 000 元以下罚款：外国人拒不接受公安机关查验其出境入境证件的；外国人拒不交验居留证件的；未按照规定办理外国人出生登记、死亡申报的；外国人居留证件登记事项发生变更，未按照规定办理变更的；在中国境内的外国人冒用他人出境入境证件的；未按照《出境入境管理法》规定办理住宿登记的。

11.1.5　出境入境检查制度

1. 海关检查

为维护国家的主权和利益，加强海关监督管理，促进对外经济贸易和科技文化交往，实行海关监管。旅客携带行李物品出入境，应当向海关申报，由海关查验行李物品并办理进出境物品征税或免税验放手续。

2. 边防检查

为维护中华人民共和国的主权、安全和社会秩序，便利出境、入境的人员和交通运输工具的通行，国家在对外开放的港口、航空港、车站和边境通道等口岸设立出境入境边防检查站，对出境、入境的人员和交通运输工具进行边防检查。

3. 安全检查

为保障旅游者的生命和财产安全，中国海关和边防检查部门进行安全检查。当旅游者通过安全门时，使用磁性探测检查、红外线透视、搜身开箱检查等方法，对其进行安全检查。

4. 卫生检疫

卫生检疫是为了防止疫病由国外传入和由国内传出，对出入境的船舶、飞机、车辆、交通员工、旅客、行李、货物等实施医学检查、卫生检查和必要的卫生处理。

5. 动植物检疫

动植物检疫是为了防止危害动植物的病、虫、杂草及其他有害生物从国外传入或由国内传出，对出入境的动物、动植物产品等进行的检疫检查。

11.2　旅游交通管理法律制度

11.2.1　旅游交通概述

旅游交通管理法律法规是国家管理旅游交通事业规范旅游交通市场，调整旅游交通中产生的各种社会关系的重要法律工具。

1. 旅游交通的概念及特点

旅游交通是指利用一定的载运工具，通过一定的交通线路和场、站、港等设施，在约定的期限内，为旅游者提供空间位置转移的服务活动，通常包括航空运输、铁路运输、道路运输、水路运输等。

旅游交通具有游览性、舒适性、季节性、区域性等特点。

2. 旅游交通的种类

旅游交通运输由航空、铁路、道（公）路、水路以及索道等运输部门组成，它是整个旅游经济的动脉。

（1）航空运输。航空运输在我国旅游交通运输中占有极其重要的地位。统计表明，随着我国经济的发展，绝大多数外国人以及越来越多的国内旅游者外出旅游选择乘坐飞机。

（2）铁路运输。铁路运输是我国旅游交通运输的主要力量，尤其是高铁技术的快速发展，为我国旅游者外出旅游，提供了极其便利的条件。目前，大多数旅游者外出仍然首选乘坐火车、高铁。

（3）道（公）路运输。随着我国高速公路网络的发展，乘坐汽车旅游灵活和方便。所以不少旅游者外出旅游选择乘坐汽车。

（4）水路运输。我国海岸线长 1.8 万多千米，岛屿星罗棋布，海峡和海湾众多；内河纵横交错，湖泊遍布。这一切为水上旅游和水路运输提供了先天条件。

（5）索道运输。我国的游览索道大都建在名山大河、名胜景点。上下纵横、左右穿梭的索道缆车，实现了登山过海的交通现代化，既减轻广大中外旅游者的徒步之疲劳，方便了观光游览，又提高了客运量，加快了旅游者的集散。

11.2.2 航空运输管理法律制度

1. 立法概况

1995 年 10 月 30 日经第八届全国人民代表大会常务委员会第十六次会议审议通过《中华人民共和国民用航空法》（以下简称《民用航空法》），并于 1996 年 3 月 1 日实施。2017 年 11 月 4 日第十二届全国人民代表大会常务委员会第三十次会议对《民用航空法》进行了第四次修正。

2. 旅客的权利和义务

（1）旅客的权利。根据《民用航空法》对承运人义务的规定，旅客具有安全权、知情权、选择权、索赔权等权利。

（2）旅客违反义务的情形及责任。旅客在乘坐飞行器过程中，具有一定的义务，包括按指定的日期和航班乘机、接受安全检查、在飞行过程中听从机组人员指挥、看管好自己随身携带的物品等。

3. 承运人的权利和义务

1）承运人的权利

（1）拒绝载运权。旅客在乘机前，其人身及携带物品应当接受安全检查；对拒绝检查的乘客，民航可以拒绝运输，可依法处罚携带禁运品和危险品的旅客。

（2）查验机票权。民航可以查验客票，对无票或持无效票乘机的旅客，在始发地被发现，可拒绝其乘机；在到达地被发现，可加倍收取自始发地至到达地的票款。

（3）索赔权。对因旅客过错造成航空公司损失的，承运人可以要求旅客赔偿损失。

（4）减轻、免除赔偿责任权。承运人如能证明旅客死亡、受伤是旅客本身健康状况造成的，或者是由于旅客本人重大过失或故意行为造成的，可以减轻或免除航空公司的责任。

2）承运人的义务

（1）出具客票。承运人运送旅客应当出具客票，客票应当包括出发地点、目的地地点、承运人名称、出票人名称、旅客姓名、航班号、舱位等级、离站时间、票价、运输说明事项等。

（2）保证飞行安全、航班正常。《民用航空法》规定，公共航空运输企业应当以保证飞行安全和航班正常，提供良好服务为准则，采取有效措施，提高运输服务质量。

（3）告知。航班延误或取消时，承运人应迅速、及时地将航班延误或取消等信息通知旅客，做好解释工作。

（4）补救。航班延误或取消时，承运人应根据旅客要求，优先安排旅客乘坐后续航班或签转其他承运人的航班，或退票，并不得收取退票费。因承运人自身原因导致航班延误或取消，承运人应当向旅客提供餐食或住宿等服务。

（5）赔偿。《民用航空法》规定，因发生在民用航空器上或者在旅客上、下民用航空器过程中的事件，造成旅客人身伤亡的，承运人应承担赔偿责任。

国内航空运输承运人应当在下列规定的赔偿责任限额内按照实际损害承担赔偿责任，但是《民用航空法》另有规定的除外：①对每名旅客的赔偿责任限额为人民币 40 万元；②对每名旅客随身携带物品的赔偿责任限额为人民币 3 000 元；③对旅客托运的行李和对运输的货物的赔偿责任限额为每公斤人民币 100 元。

国际航空运输承运人的赔偿责任限额按如下：①对每名旅客的赔偿责任限额为 16 600 计算单位；但是，旅客可以同承运人书面约定高于本项规定的赔偿责任限额；②对托运行李或者货物的赔偿责任限额，每公斤为 17 计算单位；③对每名旅客随身携带的物品赔偿责任限额为 332 计算单位。

拓展阅读 11.2

11.2.3   铁路运输管理法律制度

1. 立法概况

铁路是我国国民经济的大动脉，在交通工具中占重要地位。铁路运输承担着全国年客运量的 50% 左右和货运量的 60% 左右，在我国社会主义现代化建设事业中起着重要的作用。

1990 年 9 月 7 日第七届全国人民代表大会常务委员会第十五次会议通过了《中华人民共和国铁路法》（以下简称《铁路法》）。《铁路法》于 2009 年 8 月 27 日进行了第一次修正，2015 年 4 月 24 日进行了第二次修正。《铁路法》是我国铁路运输管理的基本法律。

2. 旅客的权利和义务

《铁路法》规定，铁路运输企业必须坚持社会主义经营方向和为人民服务的宗旨，改善经营管理，切实改进路风，提高运输服务质量。铁路运输企业的义务就是为旅客、托运人和收货人提供运输服务。根据《铁路法》和《铁路安全管理条例》的规定，旅客的基本权利和义务如下。

1）旅客的权利

旅客的权利如下。

（1）依据车票票面记载的内容乘车。

（2）要求承运人提供与车票等级相适应的服务并保障其旅行安全。

（3）对运送期间发生的身体损害有权要求承运人赔偿。

（4）对运送期间承运人过错造成的随身携带物品损失有权要求承运人赔偿。

2）旅客的义务

旅客的义务如下。

（1）支付运输费用。

（2）遵守国家法令和铁路运输规章制度听从车站、列车工作人员的引导，按照车站的引导标识进、出站。

（3）爱护铁路设备、设施，维护公共秩序和运输安全。

3. 承运人的权利和义务

1）承运人的权利

铁路运输企业是承运人。承运人的基本权利如下。

（1）依照规定收取运输费用。

（2）要求旅客遵守国家法令和铁路规章制度，保证安全。

（3）对损害他人的利益和铁路设备、设施的行为有权制止、消除危险和要求赔偿。

2）承运人的义务

承运人的义务如下。

（1）为旅客提供良好的旅行环境和服务设施，不断提高服务质量。

（2）应当保证旅客和货物运输的安全，保证列车正点到达。

（3）对运送期间发生的旅客身体损害进行赔偿，对运送期间因承运人过错造成的旅客随身携带物品的损失予以赔偿。

4. 承运人的责任

1）承运人对旅客的责任

旅客在铁路运输过程中发生人身伤害，承运人应当予以赔偿。在运送期间因承运人过错给旅客造成身体损害时，承运人应当予以赔偿，旅客身体损害赔偿金的最高限额为人民币 4 万元，随身携带品赔偿金的最高限额 800 元；经承运人证明事故是由承运人和旅客或托运人的共同过错所致，应根据各自过错的程度分别承担责任；因不可抗力或旅客自身疾病或自身过错导致的损失，承运人不承担责任。根据《铁路交通事故应急救援和调查处理条例》，违章通过平交道口或者人行过道，或者在铁路线路上行走、坐卧造成的人身伤亡，属于受害人自身的原因造成的人身伤亡。

因第三人责任造成旅客伤害时，应由第三人负责。第三人不明确或无赔偿能力，旅客要求承运人代为先行赔偿时，承运人应当先行代为赔偿。承运人代为赔偿后即取得向第三人追偿的权利。

2）承运人对旅客本人随身携带物品和托运行李的责任

（1）逾期运输所导致的责任。铁路运输企业应当按期将旅客的行李运到目的站；逾期运到的，铁路运输企业应当支付违约金。铁路运输企业逾期30日仍未将货物、包裹、行李交付收货人或者旅客的，托运人、收货人或者旅客有权按货物、包裹、行李灭失向铁路运输企业要求赔偿。

（2）行李灭失所导致的责任。铁路运输企业应当对承运的货物、包裹、行李自接受承运时起到交付时止发生的灭失、短少、变质、污染或者损坏，承担赔偿责任。根据《铁路旅客运输规程》，行李、包裹事故赔偿标准为：按保价运输办理的物品全部灭失时按实际损失赔偿，但最高不超过声明价格。未按保价运输的物品按实际损失赔偿，但最高连同包装重量每千克不超过15元。如由于承运人故意或重大过失造成的，不受上述赔偿限额的限制，按实际损失赔偿。行李、包裹全部或部分灭失时，退还全部或部分运费。但是铁路运输企业对下列行李损失，不承担赔偿责任：因不可抗力所导致的损害；货物或者包裹、行李中的物品本身的自然属性，或者合理损耗引起的损失；包装方法或容器不良，从外部观察不能发现或无规定的安全标志时；托运人自己押运的包裹（因铁路责任除外）；托运人、收货人违反铁路规章或其他自身的过错。

11.2.4　道路运输管理法律制度

我国于2004年4月30日颁布了《中华人民共和国道路运输条例》（以下简称《道路运输条例》），并于2012年11月9日进行了第一次修订，2016年2月6日进行了第二次修订。

《道路旅客运输及客运站管理规定》则是依据《道路运输条例》及有关法律、行政法规的规定制定的，该规定于2016年12月6日进行了第六次修正。以上两部法规对规范和管理道路运输起到非常重要的作用。

1. 道路运输经营与管理主体

1）道路运输经营及道路客运经营概述

道路运输经营包括道路旅客运输经营（以下简称"客运经营"）和道路货物运输经营（以下简称"货运经营"）。道路运输相关业务包括站（场）经营、机动车维修经营、机动车驾驶员培训。本节主要阐述与旅游业密切相关的客运经营。道路客运经营，是指用客车运送旅客，为社会公众提供服务，具有商业性质的道路客运活动，包括班车（加班车）客运、包车客运、旅游客运。

（1）班车客运，是指营运客车在城乡道路上按照固定的线路、时间、站点、班次运行的一种客运方式，包括直达班车客运和普通班车客运。加班车客运是班车客运的一种补充形式，是在客运班车不能满足需要或者无法正常运营时，临时增加或者调配客车按客运班车的线路、站点运行的方式。班车客运的线路根据经营区域和营运线路长度分为以下四种类型。

一类客运班线：地区所在地与地区所在地之间的客运班线或者营运线路长度在 800 公里以上的客运班线。

二类客运班线：地区所在地与县之间的客运班线。

三类客运班线：非邻县之间的客运班线。

四类客运班线：比邻县之间的客运班线或者县境内的客运班线。

（2）包车客运，是指以运送团体旅客为目的，将客车包租给用户安排使用提供驾驶劳务，按照约定的起始地、目的地和路线行驶，按行驶里程或者包用时间计费并统一支付费用的一种客运方式。包车客运按照其经营区域分为省际包车客运和省内包车客运。省内包车客运分为市际包车客运、县际包车客运和县内包车客运。

（3）旅游客运，是指以运送旅游观光的旅客为目的，在旅游景区内运营或者其线路至少有一端在旅游景区（点）的一种客运方式。旅游客运按照营运方式分为定线旅游客运和非定线旅游客运。定线旅游客运按照班车客运管理，非定线旅游客运按照包车客运管理。

2）道路运输管理主体

国务院交通主管部门主管全国道路运输管理工作。县级以上地方人民政府交通主管部门负责组织领导本行政区域的道路运输管理工作。县级以上道路运输管理机构负责具体实施道路运输管理工作。

2. 道路运输企业的权利与义务

1）权利

道路运输企业的权利如下。

（1）车票查验。旅客应当持有效客票乘车，遵守乘车秩序，讲究文明卫生。

（2）行李检查。旅客不得携带国家规定的危险物品及其他禁止携带的物品乘车。

（3）知情权。县级以上道路运输管理机构应当定期公布客运市场供求状况。

2）义务

道路运输企业的义务如下。

（1）按约定提供服务。客运经营者应当为旅客提供良好的乘车环境，保持车辆清洁、卫生，并采取必要的措施防止在运输过程中发生侵害旅客人身、财产安全的违法行为。客运经营者不得强迫旅客乘车，不得甩客、敲诈旅客；不得擅自更换运输车辆。从事包车客运的，应当按照约定的起始地、目的地和线路运输。从事旅游客运的，应当在旅游区域按照旅游线路运输。

（2）客运经营者不得擅自暂停、终止或者转让班线运输。客运经营者需要终止客运经营的，应当在终止前30日内告知原许可机关。班线客运经营者取得道路运输经营许可证后，应当向公众连续提供运输服务，不得擅自暂停、终止或者转让班线运输。

（3）加强对从业人员的安全、职业道德教育。客运经营者应当加强对从业人员的安全教育、职业道德教育，确保道路运输安全。道路运输从业人员应当遵守道路运输操作规程，不得违章作业。驾驶人员连续驾驶时间不得超过4个小时。

（4）严禁超载。生产（改装）客运车辆的企业应当按照国家规定标定车辆的核定人数或者载重量，严禁多标或者少标车辆的核定人数或者载重量。严禁客运车辆超载运行；在载客人数已满的情况下，允许再搭乘不超过核定载客人数10%的免票儿童。

3. 法律责任

道路运输经营者违反《道路运输条例》和《道路旅客运输及客运站管理规定》的相关规定，需承担相应的法律责任。

1）不符合驾驶人员条件的责任承担

不符合《道路运输条例》规定条件的人员驾驶道路运输经营车辆的，由县级以上道路运输管理机构责令改正，处200元以上2 000元以下的罚款；构成犯罪的，依法追究刑事责任。

2）未取得道路运输经营许可证，非法转让、出租经营许可证从事道路运输的责任承担

未取得道路运输经营许可证，擅自从事道路运输经营的，由县级以上道路运输管理机构责令停止经营；有违法所得的，没收违法所得，处违法所得2倍以上10倍以下的罚款；没有违法所得或者违法所得不足2万元的，处3万元以上10万元以下的罚款；构成犯罪的，依法追究刑事责任。

客运经营者、货运经营者、道路运输相关业务经营者非法转让、出租道路运输许可证件的，由县级以上道路运输管理机构责令停止违法行为，收缴有关证件，

处 2 000 元以上 1 万元以下的罚款；有违法所得的，没收违法所得。

3）未按规定投保承运人责任险的责任承担

客运经营者、危险货物运输经营者未按规定投保承运人责任险的，由县级以上道路运输管理机构责令限期投保；拒不投保的，由原许可机关吊销道路运输经营许可证。

4）强行招揽旅客、货物，擅自终止客运经营的责任承担

客运经营者、货运经营者有下列情形之一的，由县级以上道路运输管理机构责令改正，处 1 000 元以上 3 000 元以下的罚款；情节严重的，由原许可机关吊销道路运输经营许可证。

（1）强行招揽旅客、货物的。

（2）在旅客运输途中擅自变更运输车辆或者将旅客移交他人运输的。

（3）未报告原许可机关，擅自终止客运经营的。

（4）没有采取必要措施防止货物脱落、扬撒等的。

（5）不按规定的线路、班次行驶，以欺骗、暴力等手段招揽旅客的责任承担。

客运经营者有下列情形之一的，由县级以上道路运输管理机构责令改正，处 1 000 元以上 3 000 元以下的罚款；情节严重的，由原许可机关吊销道路运输经营许可证或者吊销相应的经营范围。

（1）客运班车不按批准的客运站点停靠或者不按规定的线路、班次行驶的。

（2）加班车、顶班车、接驳车无正当理由不按原正班车的线路、站点、班次行驶的。

（3）客运包车未持有效的包车客运标志牌进行经营的，不按照包车客运标志牌载明的事项运行的，线路两端均不在车籍所在地的，不按班车模式定点定线运营的，招揽包车合同以外的旅客乘车的。

（4）以欺骗、暴力等手段招揽旅客的。

（5）在旅客运输途中擅自变更运输车辆或者将旅客移交他人运输的。

（6）未报告原许可机关，擅自终止道路客运经营的。

11.2.5　水路运输管理法律制度

2012 年 9 月 26 日国务院第二百一十八次常务会议通过了《国内水路运输管理条例》，并于 2013 年 1 月 1 日起施行。该条例于 2016 年 2 月 6 日进行了第一次修订，

2017 年 3 月 1 日进行了第二次修订。《水路旅客运输规则》于 1995 年发布，1997 年进行了第一次修正，2014 年 1 月 2 日进行了第二次修正。

1. 国内水路运输的含义及管理主体

（1）国内水路运输的含义。水路运输是利用自然和人工水域作为航线，以船舶作为主要交通工具载客的一种旅游运输方式。国内水路运输（以下简称"水路运输"），是指始发港、挂靠港和目的港均在中华人民共和国管辖的通航水域内的经营性旅客运输和货物运输。而与之相关的水路运输辅助业务是指直接为水路运输提供服务的船舶管理、船舶代理、水路旅客运输代理和水路货物运输代理等经营活动。

（2）国内水路运输的管理主体。国务院交通运输主管部门主管全国水路运输管理工作。县级以上地方人民政府交通运输主管部门主管本行政区域的水路运输管理工作。

2. 旅客运输凭证与运送期间

（1）旅客运输凭证。水路旅客运输合同，是指承运人以适合运送旅客的船舶经水路将旅客及其自带行李从一港运送至另一港，由旅客支付票款的合同。根据《水路旅客运输规则》的规定，旅客运输合同成立的凭证为船票，合同双方当事人——旅客和承运人买、卖船票后合同即成立。船票应具备下列基本内容：承运人名称，船名、航次，起运港（站、点）和到达港（站、点），舱室等级、票价，乘船日期、开船时间，上船地点（码头）。

（2）旅客运输的运送期间。《水路旅客运输规则》第 8 条规定，旅客运输的运送期间，自旅客登船时起至旅客离船时止。船票票价含接送费用的，运送期间包括承运人经水路将旅客从岸上接到船上和从船上送到岸上的期间，但是不包括旅客在港站内、码头上或者在港口其他设施内的时间。旅客的自带行李，运送期间同前规定。

3. 承运人的权利与义务

根据《国内水路运输管理条例》和《水路旅客运输规则》的相关规定，游轮、客轮等水路运输承运人具有下列权利与义务。

1）承运人的权利

（1）知情权。交通运输部对水路运输市场进行监测，分析水路运输市场运力状况，定期公布监测结果。对特定的旅客班轮运输等航线、水域暂停新增运力许可的决定，应当依据水路运输市场监测分析结果作出。

（2）其他权利。如行李检查等。水路旅客运输业务经营者应当拒绝携带国家规定的危险物品及其他禁止携带的物品的旅客乘船。船舶开航后发现旅客随船携带有危险物品及其他禁止携带的物品的，应当妥善处理，旅客应当予以配合。

2）承运人的义务

（1）按约定提供运输服务。承运人应当在依法取得许可的经营范围内从事水路运输经营，并按旅客运输合同所指定的船名、航次、日期和席位运送旅客；配备合格船员，并保证船舶处于适航状态；应当按照船舶核定载客定额或者载重量载运旅客、货物，不得超载或者使用货船载运旅客。

（2）安全保障、提示。承运人应当依照法律、行政法规和国务院交通运输主管部门关于水路旅客、货物运输的规定与质量标准以及合同的约定，为旅客、货主提供安全、便捷、优质的服务，保证旅客、货物运输安全。承运人应当就运输服务中的安全事项，以明示的方式向旅客作出说明或者警示。

（3）公布班轮信息。旅客班轮运输业务经营者应当自取得班轮航线经营许可之日起 60 日内开航，并在开航 15 日前公布所使用的船舶、班期、班次、运价等信息。旅客班轮运输应当按照公布的班期、班次运行；变更班期、班次、运价的应当在 15 日前向社会公布；停止经营部分或者全部班轮航线的，应当在 30 日前向社会公布并报原许可机关备案。

（4）诚信经营。承运人不得出租、出借水路运输经营许可证，或者以其他形式非法转让水路运输经营资格。应当随船携带船舶营业运输证，不得转让、出租、出借或者涂改。船舶营业运输证遗失或者损毁的，应当及时向原配发机关申请补发。

承运人应当以公布的票价销售客票，不得对相同条件的旅客实施不同的票价，不得以搭售、现金返还、加价等不正当方式变相变更公布的票价并获取不正当利益，不得低于客票载明的舱室或者席位等级安排旅客。

承运人应当依法经营、诚实守信，禁止以不合理的运价或者其他不正当方式、不规范行为争抢客源、货源及提供运输服务。水路旅客运输业务经营者为招揽旅客发布信息，必须真实、准确，不得进行虚假宣传，误导旅客；对其在经营活动中知悉的旅客个人信息，应当予以保密。

4. 承运人的法律责任

（1）水路运输经营者未按照有关规定要求配备海务、机务管理人员的，由其所在地县级以上人民政府水路运输管理部门责令改正，处1万元以上3万元以下的罚款。

（2）水路运输经营者或其船舶在规定期限内，经整改仍不符合有关规定要求的经营资质条件的，由其所在地县级以上人民政府水路运输管理部门报原许可机关撤销其经营许可或者船舶营运证件。

（3）从事水路运输经营的船舶超出船舶营业运输证核定的经营范围，或者擅自改装客船、危险品船增加船舶营业运输证核定的载客定额、载货定额或者变更从事散装液体危险货物运输种类的，按照《国内水路运输管理条例》第34条第1款的规定予以处罚。

（4）水路运输经营者违反有关规定，有下列行为之一的，由其所在地县级以上人民政府水路运输管理部门责令改正，处2000元以上1万元以下的罚款；一年内累计三次以上违反的，处1万元以上3万元以下的罚款：未履行备案义务；未以公布的票价或者变相变更公布的票价销售客票；进行虚假宣传，误导旅客或者托运人；以不正当方式或者不规范行为争抢客源、货源及提供运输服务扰乱市场秩序；使用的运输单证不符合有关规定。

（5）水路运输经营者拒绝管理部门根据有关规定进行的监督检查或者隐匿有关资料或瞒报、谎报有关情况的，由其所在地县级以上人民政府水路运输管理部门予以警告，并处2000元以上1万元以下的罚款。

 本章小结

本章主要介绍了中国公民出入境管理、外国旅游者出入境管理法律制度；中国出入境边防检查制度以及中国出入境卫生检疫、动植物检疫制度。民用航空运输管理、铁路运输管理、公路运输管理及水路运输管理的法律法规的相关规定；民用航空运输、铁路运输、公路运输及水路运输等承运人的权利与义务。

即测即练

思考题

1. 如何在国内申请护照？

2. 中国公民不准出境有哪几种情形？

3. 不予签发签证有哪几种情形？

4. 航空运输承运人有哪些义务？

5. 水路运输承运人的权利有哪些？

6. 道路运输企业有哪些权利和义务？

第12章 食品安全、住宿与娱乐法律制度

 **学习目标**

　　1.了解《中华人民共和国食品安全法》的基本法律制度以及经营者违反法律规定应当承担的法律责任。

　　2.了解旅游饭店的概念和特征。

　　3.掌握旅游饭店的基本权利和义务。

　　4.了解《娱乐场所管理条例》规定的基本行为规范以及经营者违反法规规定应当承担的法律责任。

 **能力目标**

　　1.使学生增强食品安全责任意识。

　　2.使学生树立爱岗敬业、诚实守信的职业道德。

　　3.使学生践行知行结合的职业理念。

 **思政目标**

　　1.引导学生正确认识食品安全同人民生命安全和身体健康的关系。

　　2.鼓励学生为营造共建、共享、安全的食品、住宿、娱乐环境作出贡献。

　　3.引导学生成长为中国特色社会主义事业的合格建设者和可靠接班人。

思维导图

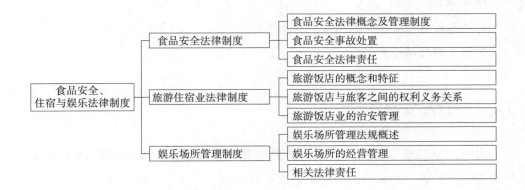

导入案例

客人在酒店摔伤，酒店是否需承担责任

一名老人跟团旅游入住某酒店，因酒店拖鞋烂了导致其在卫生间摔倒，并造成两处骨折。老人受伤后，在旅行社导游和酒店工作人员的陪同下到医院就医，所花费的 900 多元由酒店垫付。第二天，酒店又通过旅行社转交给老人 5 000 元，以垫付伤情后期处理费用。而老人的女儿杜女士表示，医生建议手术。前期手术费预计要 3 万～5 万元，后期治疗费用约 2 万元。杜女士希望旅行社和酒店担责赔偿。对此，酒店相关负责人李先生表示，酒店卫生间装有防滑垫，并设置了"小心滑倒"的提示。酒店的拖鞋只是旧了，客人摔倒后才导致拖鞋开裂。"客人受伤当晚在医院已经处理好伤情，医生口头建议只需回去休养就行。"李先生表示，他认为酒店已担负起该负的责任，若客人家属有疑问或建议，可以通过旅行社与酒店沟通协调，或者诉诸法律途径。而旅行社相关负责人说，旅行社每一个行动都符合法律法规，基于道义先行垫付了一部分治疗费用，这部分治疗费用在正常情况下足够伤者完成治疗。若伤者及其家属不认可结论，可通过司法途径等认定责任。涉及的相关法律法规：《最高人民法院关于审理人身损害赔偿案件适用法律若干问题的解释》第 6 条，从事住宿、餐饮、娱乐等经营活动或者其他社会活动的自然人、法人、其他组织，未尽合理限度范围内的安全保障义务致使他人遭受人身损害，赔偿权利人请求其承担相应赔偿责任的，人民法院应予支持。第 17 条，受害人遭受人身损害，因就医治疗支出的各项费用以及因误工减少的收入，包括

医疗费、误工费、护理费、交通费、住宿费、住院伙食补助费、必要的营养费，赔偿义务人应当予以赔偿。

　　思考题：

　　1. 酒店是否应当承担赔偿责任？

　　2. 该案例对酒店有哪些启示？

12.1　食品安全法律制度

　　为保证食品安全，保障公众身体健康和生命安全，2009 年 2 月 28 日第十一届全国人民代表大会常务委员会第七次会议通过了《中华人民共和国食品安全法》（以下简称《食品安全法》），2015 年 4 月 24 日第十二届全国人民代表大会常务委员会第十四次会议修订，2015 年 10 月 1 日起正式施行。根据 2018 年 12 月 29 日第十三届全国人民代表大会常务委员会第七次会议《关于修改〈中华人民共和国产品质量法〉等五部法律的决定》第一次修正，根据 2021 年 4 月 29 日第十三届全国人民代表大会常务委员会第二十八次会议《关于修改〈中华人民共和国道路交通安全法〉等八部法律的决定》第二次修正。

12.1.1　食品安全法律概念及管理制度

　　1. 食品安全基本概念

　　（1）食品。食品是指各种供人食用或者饮用的成品和原料以及按照传统既是食品又是中药材的物品，但是不包括以治疗为目的的物品。

　　（2）食品安全。食品安全是指食品无毒、无害，符合应当有的营养要求，对人体健康不造成任何急性、亚急性或者慢性危害。

　　（3）食品添加剂。食品添加剂是指为改善食品品质和色、香、味以及为防腐、保鲜和加工工艺的需要而加入食品中的人工合成或者天然物质，包括营养强化剂。

　　（4）食源性疾病。食源性疾病是指食品中致病因素进入人体引起的感染性、中毒性等疾病，包括食物中毒。

　　（5）食品安全事故。食品安全事故是指食源性疾病、食品污染等源于食品，对人体健康有危害或者可能有危害的事故。

2. 食品安全管理制度

1）食品安全国家标准制度

（1）《食品安全法》规定，食品安全标准是强制执行的标准。除食品安全标准外，不得制定其他食品强制性标准。制定食品安全标准，应当以保障公众身体健康为宗旨，做到科学合理、安全可靠。食品安全国家标准由国务院卫生行政部门会同国务院食品安全监督管理部门制定、公布，国务院标准化行政部门提供国家标准编号。

（2）对地方特色食品，没有食品安全国家标准的，省、自治区、直辖市人民政府卫生行政部门可以制定并公布食品安全地方标准，报国务院卫生行政部门备案。食品安全国家标准制定后，该地方标准即行废止。

（3）国家鼓励食品生产企业制定严于食品安全国家标准或者地方标准的企业标准，在本企业适用，并报省、自治区、直辖市人民政府卫生行政部门备案。

（4）进口的食品、食品添加剂、食品相关产品应当符合我国食品安全国家标准。

2）食品安全风险监测和评估制度

为了保证食品的安全性，国家建立食品安全风险监测制度，对食源性疾病、食品污染以及食品中的有害因素进行监测。国家建立食品安全风险评估制度，对食品、食品添加剂中生物性、化学性和物理性危害进行风险评估。国务院卫生行政部门负责组织食品安全风险评估工作，成立由医学、农业、食品、营养、生物、环境等方面的专家组成的食品安全风险评估专家委员会进行食品安全风险评估。食品安全风险评估结果由国务院卫生行政部门公布。

3）食品生产经营实行许可制度

国家对食品生产经营实行许可制度。从事食品生产、食品销售、餐饮服务，应当依法取得许可。但是，销售食用农产品，不需要取得许可。县级以上地方人民政府食品药品监督管理部门应当依照法律规定，审核申请人提交的相关资料，必要时对申请人的生产经营场所进行现场核查；对符合规定条件的，准予许可；对不符合规定条件的，不予许可并书面说明理由。国家对食品添加剂生产实行许可制度。从事食品添加剂生产，应当具有与所生产食品添加剂品种相适应的场所、生产设备或者设施、专业技术人员和管理制度，并依照法律规定的程序，取得食品添加剂生产许可。

4）食品从业人员健康管理制度

食品生产经营者应当建立并执行从业人员健康管理制度。患有国务院卫生行政部门规定的有碍食品安全疾病的人员，不得从事接触直接入口食品的工作。从事接触直接入口食品工作的食品生产经营人员应当每年进行健康检查，取得健康证明后方可上岗工作。

5）国家建立食品召回制度

食品生产者发现其生产的食品不符合食品安全标准或者有证据证明可能危害人体健康的，应当立即停止生产，召回已经上市销售的食品，通知相关生产经营者和消费者，并记录召回通知情况。食品生产经营者应当将食品召回和处理情况向所在地县级人民政府食品药品监督管理部门报告；需要对召回的食品进行无害化处理、销毁的，应当提前报告时间、地点。食品药品监督管理部门认为必要的，可以实施现场监督。

6）食品检验检疫制度

一方面，食品生产企业应当建立食品原料、食品添加剂、食品相关产品进货查验记录制度和食品出厂检验记录制度，其记录的内容应当真实；另一方面，县级以上人民政府食品药品监督管理部门应当对食品进行定期或者不定期的抽样检验，并依据有关规定公布检验结果，不得免检。

7）特殊食品严格监管制度

国家对保健食品、特殊医学用途配方食品和婴幼儿配方食品等特殊食品实行严格监督管理。

（1）保健食品声称保健功能，应当具有科学依据，不得对人体产生急性、亚急性或者慢性危害。保健食品的标签、说明书不得涉及疾病预防、治疗功能，内容应当真实，与注册或者备案的内容相一致，载明适宜人群、不适宜人群、功效成分或者标识性成分及其含量等，并声明"本品不能代替药物"。保健食品的功能和成分应当与标签、说明书相一致。

（2）特殊医学用途配方食品应当经国务院食品药品监督管理部门注册。注册时，应当提交产品配方、生产工艺、标签、说明书以及表明产品安全性、营养充足性和特殊医学用途临床效果的材料。

（3）生产婴幼儿配方食品使用的生鲜乳、辅料等食品原料、食品添加剂等，应当符合法律、行政法规的规定和食品安全国家标准，保证婴幼儿生长发育所需的营养成分。

8）民事赔偿优先制度

《食品安全法》规定，违反本法规定，造成人身、财产或者其他损害的，依法承担赔偿责任。生产经营者财产不足以同时承担民事赔偿责任和缴纳罚款、罚金时，先承担民事赔偿责任。

9）首负责任制和惩罚性赔偿制度

《食品安全法》规定，消费者因食用不符合食品安全标准的食品受到损害的，可以向经营者要求赔偿损失，也可以向生产者要求赔偿损失。接到消费者赔偿要求的生产经营者，应当实行首负责任制，先行赔付，不得推诿；属于生产者责任的，经营者赔偿后有权向生产者追偿；属于经营者责任的，生产者赔偿后有权向经营者追偿。

生产不符合食品安全标准的食品或者经营明知是不符合食品安全标准的食品，消费者除要求赔偿损失外，还可以向生产者或者经营者要求支付价款 10 倍或者损失 3 倍的赔偿金；增加赔偿的金额不足 1 000 元的，为 1 000 元。但是，食品的标签、说明书存在不影响食品安全且不会对消费者造成误导的瑕疵的除外。

惩罚性赔偿制度有利于制裁消费领域的欺诈行为，维护消费者的合法权益。值得注意的是，即使消费者购买后尚未食用不符合食品安全标准的食品，没有造成实际损失，仍可要求生产经营者支付价款 10 倍的赔偿金。

12.1.2　食品安全事故处置

1. 食品安全事故应急预案

国务院组织制定国家食品安全事故应急预案。县级以上地方人民政府应当根据有关法律、法规的规定和上级人民政府的食品安全事故应急预案以及本地区的实际情况，制定本行政区域的食品安全事故应急预案，并报上一级人民政府备案。食品生产经营企业应当制定食品安全事故处置方案，定期检查本企业各项食品安全防范措施的落实情况，及时消除食品安全事故隐患。

2. 食品安全事故的报告制度

发生食品安全事故的单位应当立即采取措施，防止事故扩大。事故发生单位和接收病人进行治疗的单位应当及时向事故发生地县级卫生行政部门报告。

发生食品安全事故，接到报告的县级人民政府食品药品监督管理（市场监督管理）部门应当按照应急预案的规定向本级人民政府和上级人民政府食品药品监督管理（市场监督管理）部门报告。县级人民政府和上级人民政府食品药品监督管理（市场监督管理）部门应当按照应急预案的规定上报。任何单位或者个人不得对食品安全事故隐瞒、谎报、缓报，不得毁灭有关证据。

3. 食品安全事故的处置

县级以上人民政府食品药品监督管理（市场监督管理）部门接到食品安全事故的报告后，应当立即会同同级卫生行政、质量监督、农业行政等部门进行调查处理，并采取下列措施，防止或者减轻社会危害。

（1）开展应急救援工作，对因食品安全事故导致人身伤害的人员，卫生行政部门应当立即组织救治。

（2）封存可能导致食品安全事故的食品及其原料，并立即进行检验；对确认属于被污染的食品及其原料，责令食品生产经营者依照《食品安全法》的规定予以召回、停止经营并销毁。

（3）封存被污染的食品相关产品，并责令进行清洗消毒。

（4）做好信息发布工作，依法对食品安全事故及其处理情况进行发布，并对可能产生的危害加以解释、说明。

（5）发生食品安全事故需要启动应急预案的，县级以上人民政府应当立即成立事故处置指挥机构，启动应急预案，依照上述条款和应急预案的规定进行处置。

（6）发生食品安全事故，县级以上疾病预防控制机构应当对事故现场进行卫生处理，并对与事故有关的因素开展流行病学调查，有关部门应当予以协助。县级以上疾病预防控制机构应当向同级食品药品监督管理（市场监督管理）、卫生行政部门提交流行病学调查报告。

（7）发生食品安全事故，设区的市级以上人民政府食品药品监督管理（市场监督管理）部门应当立即会同有关部门进行事故责任调查，督促有关部门履行职责，向本级人民政府和上一级人民政府食品药品监督管理（市场监督管理）部门提出事故责任调查处理报告。

涉及两个以上省（区、市）的重大食品安全事故由国务院食品药品监督管理（国家市场监督管理）部门依照上述规定组织事故责任调查。

调查食品安全事故，应当坚持实事求是、尊重科学的原则，及时、准确查清事故性质和原因，认定事故责任，提出整改措施。

调查食品安全事故，除了查明事故单位的责任，还应当查明有关监督管理部门、食品检验机构、认证机构及其工作人员的责任。

食品安全事故调查部门有权向有关单位和个人了解与事故有关的情况，并要求提供相关资料和样品。有关单位和个人应当予以配合，按照要求提供相关资料和样品，不得拒绝。任何单位和个人不得阻挠、干涉食品安全事故的调查处理。

12.1.3　食品安全法律责任

《食品安全法》规定了对相关违法行为给予相应的处罚。

（1）对未取得食品生产经营许可从事食品生产经营活动，或者未取得食品添加剂生产许可从事食品添加剂生产活动的，由县级以上人民政府食品药品监督管理部门没收违法所得和违法生产经营的食品、食品添加剂以及用于违法生产经营的工具、设备、原料等物品；违法生产经营的食品、食品添加剂货值金额不足1万元的，并处5万元以上10万元以下罚款；货值金额1万元以上的，并处货值金额10倍以上20倍以下罚款。

明知从事前款规定的违法行为，仍为其提供生产经营场所或者其他条件的，由县级以上人民政府食品安全监督管理部门责令停止违法行为，没收违法所得，并处5万元以上10万元以下罚款；使消费者的合法权益受到损害的，应当与食品、食品添加剂生产经营者承担连带责任。

（2）违反《食品安全法》规定，有下列情形之一，尚不构成犯罪的，由县级以上人民政府食品药品监督管理部门没收违法所得和违法生产经营的食品，并可以没收用于违法生产经营的工具、设备、原料等物品；违法生产经营的食品货值金额不足1万元的，并处10万元以上15万元以下罚款；货值金额1万元以上的，并处货值金额15倍以上30倍以下罚款；情节严重的，吊销许可证，并可以由公安机关对其直接负责的主管人员和其他直接责任人员处5日以上15日以下拘留。

①用非食品原料生产食品、在食品中添加食品添加剂以外的化学物质和其他可能危害人体健康的物质，或者用回收食品作为原料生产食品，或者经营上述食品。

②生产经营营养成分不符合食品安全标准的专供婴幼儿和其他特定人群的主辅食品。

③经营病死、毒死或者死因不明的禽、畜、兽、水产动物肉类，或者生产经

营其制品。

④经营未按规定进行检疫或者检疫不合格的肉类，或者生产经营未经检验或者检验不合格的肉类制品。

⑤生产经营国家为防病等特殊需要明令禁止生产经营的食品。

⑥生产经营添加药品的食品。

明知从事上述规定的违法行为，仍为其提供生产经营场所或者其他条件的，由县级以上人民政府食品安全监督管理部门责令停止违法行为，没收违法所得，并处 10 万元以上 20 万元以下罚款；使消费者的合法权益受到损害的，应当与食品生产经营者承担连带责任。

（3）违反《食品安全法》规定，有下列情形之一，尚不构成犯罪的，由县级以上人民政府食品药品监督管理部门没收违法所得和违法生产经营的食品、食品添加剂，并可以没收用于违法生产经营的工具、设备、原料等物品；违法生产经营的食品、食品添加剂货值金额不足 1 万元的，并处 5 万元以上 10 万元以下罚款；货值金额 1 万元以上的，并处货值金额 10 倍以上 20 倍以下罚款；情节严重的，吊销许可证。

①生产经营致病性微生物，农药残留、兽药残留、生物毒素、重金属等污染物质以及其他危害人体健康的物质含量超过食品安全标准限量的食品、食品添加剂。

②用超过保质期的食品原料、食品添加剂生产食品、食品添加剂，或者经营上述食品、食品添加剂。

③生产经营超范围、超限量使用食品添加剂的食品。

④生产经营腐败变质、油脂酸败、霉变生虫、污秽不洁、混有异物、掺假掺杂或者感官性状异常的食品、食品添加剂。

⑤生产经营标注虚假生产日期、保质期或者超过保质期的食品、食品添加剂。

⑥生产经营未按规定注册的保健食品、特殊医学用途配方食品、婴幼儿配方食品，或者未按注册的产品配方、生产工艺等技术要求组织生产。

⑦以分装方式生产婴幼儿配方食品，或者同一企业以同一配方生产不同品牌的婴幼儿配方食品。

⑧利用新的食品原料生产食品，或者生产食品添加剂新品种，未通过安全性评估。

⑨食品生产经营者在食品药品监督管理（市场监督管理）部门责令其召回或者停止经营后，仍拒不召回或者停止经营。

（4）违反《食品安全法》规定，事故单位在发生食品安全事故后未进行处置、报告的，由有关主管部门按照各自职责分工责令改正，给予警告；隐匿、伪造、毁灭有关证据的，责令停产停业，没收违法所得，并处 10 万元以上 50 万元以下罚款；造成严重后果的，吊销许可证。

（5）违反《食品安全法》规定，未按要求进行食品贮存、运输和装卸的，由县级以上人民政府食品药品监督管理（市场监督管理）等部门按照各自职责分工责令改正，给予警告；拒不改正的，责令停产停业，并处 1 万元以上 5 万元以下罚款；情节严重的，吊销许可证。

12.2 旅游住宿业法律制度

12.2.1 旅游饭店的概念和特征

1. 旅游饭店的概念

旅游饭店是指以间（套）夜为单位出租客房，以住宿服务为主，并提供商务、会议、休闲、度假等相应服务的住宿设施，按不同习惯也可称为宾馆、酒店、旅馆、旅社、宾舍、度假村、俱乐部、大厦、中心等。

2. 旅游饭店的特征

（1）旅游饭店的服务对象主要是旅游者。饭店虽然是面向社会公众的，但不同类型的饭店有着不同的服务对象。旅游饭店的服务对象主要是旅游者，这是它与其他饭店的重要区别之一。

（2）旅游饭店具有涉外接待能力。在我国，饭店的涉外接待能力须经国家旅游行政管理机构按照一定程序评定才能确定。涉外接待既包括接待外国旅游者，也包括接待华侨和港澳台同胞。

（3）旅游饭店具有现代化的设施、管理和服务。旅游饭店不仅要有比较完善、功能齐全的现代化的设施和设备，而且要有科学先进的管理方法和手段，更要有全面优质的服务，这是现代旅游业发展的客观要求。

（4）旅游饭店的设立须经特定的机关按照特定程序审批。旅游饭店必须经过特定机关（旅游行政管理部门）并按特定的程序审批才能设立。为此，国家有关部门还颁发了一系列法规及文件，这些法规、文件对旅游饭店建设项目的审批及程序做了明确的规定。

12.2.2　旅游饭店与旅客之间的权利义务关系

饭店和旅客之间的法律关系，是平等主体之间的权利义务关系，是属于民法的调整范畴。因此，饭店和旅客之间的权利义务关系，是饭店法规的重要调整对象。

1. 饭店住宿合同

饭店住宿合同是旅客租用饭店的客房，和饭店明确相互权利义务关系的协议。旅客在饭店住宿，和饭店建立合同关系，饭店合同通常是旅客在饭店登记时就成立了，双方一般不会就此而专门签订协议。

1）饭店住宿合同的主体

饭店住宿合同的主体一方是饭店。饭店是有固定的住宿服务等设备、设施的建筑，并收费向旅客提供住宿和其他综合性服务的场所。

饭店住宿合同的另一方是旅客。进入饭店的人员有住宿、就餐、购物、租房、游玩、办事等不同的目的，只有特定的租用饭店客房住宿并进行住宿登记的人员，才是法定意义上的旅客。这部分人才是饭店住宿合同的主体。

2）饭店住宿合同的存续期间

饭店住宿合同一般始于旅客在饭店进行住宿登记。旅客登记有两种情况：一是客人来店亲自登记住房。旅客预交住房押金，饭店向旅客交付房间钥匙，饭店住宿合同即告成立。另一种是旅客向饭店预订房间，只要饭店接受了旅客的订房要约，住宿合同亦告成立。如果当事人一方不依照合同履行，则构成了违约，需要承担违约责任。

饭店住宿合同因为以下原因而终止：①旅客住宿期间届满。②旅客被饭店驱逐。旅客不能如约支付费用、患有传染性疾病或者在饭店内进行违法犯罪行为等可能导致旅客被饭店驱逐。

2. 饭店在合同方面的权利和义务

1）饭店的权利

根据饭店住宿合同的约定，饭店享有的权利包括向旅客收取费用、一定的拒绝接待旅客，以及向旅客索赔。

（1）向旅客收取费用。饭店依合同向旅客提供了住宿和其他服务后，有权向旅客收取约定的费用。当旅客无力支付或拒绝支付时，饭店有权留置旅客的财物，从旅客的财物中受偿住宿费用。但旅客被留置的财物价值只能相当于旅客所欠缴的实际费用。饭店的留置权在旅客付清所欠费用时终止。

（2）一定的拒绝接待旅客。饭店在接待旅客的过程中，不得因旅客的种族、国籍、肤色、宗教信仰等原因对旅客加以歧视，甚至拒绝接待。但在有正当理由的前提下，饭店可以合理地拒绝接待旅客，即不与旅客签订合同或者终止与旅客的住宿合同。

（3）向旅客索赔。如果旅客不履行合同的约定，造成了饭店的损失，或损坏饭店的设备、设施，饭店有权索赔。旅客应当向饭店支付住宿费用，这是旅客应履行的最重要的合同义务。旅客通过预订的方式和饭店订立住宿合同，而旅客并未实际入住的，则旅客要因其违约行为给饭店造成的损失向饭店承担违约责任。

2）饭店的义务

饭店享有合同上的权利，相应的也要承担合同上的义务，而且作为经营者，饭店还要向消费者承担《消费者权益保护法》所要求的义务。

（1）向旅客提供合同约定的服务。饭店应按合同约定的客房等级、天数向旅客提供住宿服务，以及其他和饭店性质相适应的服务。

拓展阅读 12.1

（2）维护旅客人身安全。维护旅客人身安全是饭店的重要功能。旅客如果受到人身伤害，可以根据不同的法律规定向饭店提出索赔要求，而以违约为由要求赔偿也是成立的。

（3）尊重旅客隐私权。旅客租用的虽然是饭店的客房，但旅客在饭店的客房里有独处和安宁地占有客房的权利，这就是旅客所享有的隐私权。饭店在向旅客提供住宿服务时，应考虑提供服务的行为方式是否符合尊重旅客隐私权的要求。

（4）维护旅客财产安全。旅客在饭店住宿，随身携带一定财物。饭店在保障旅客人身安全的同时，有保护旅客财产安全的义务。

12.2.3　旅游饭店业的治安管理

我国政府十分重视旅游住宿业的治安管理。《旅馆业治安管理办法》（以下简称《办法》）于 1987 年 9 月 23 日经国务院批准，于 1987 年 11 月 10 日由公安部发布，自发布之日起施行。2011 年 1 月 8 日经第 588 号国务院令公布，对《旅馆业治安管理办法》部分条款作出修改，自公布之日起施行。这是我国旅游住宿业治安管理的基本行政法规，也是我国旅游住宿业健康发展的法治保障。

1. 开办旅游饭店的治安管理

《办法》规定：开办旅馆，其房屋建筑、消防设备、出入口和通道等，必须符合《中华人民共和国消防法》等有关规定，并且要具备必要的防盗安全设施。

申请开办旅馆，应经主管部门审查批准，经当地公安机关签署意见，向市场监管部门申请登记，领取营业执照后，方准开业。经批准开业的旅馆，如有歇业、转业、合并、迁移、改变名称等情况，应当在市场监管部门办理变更登记后3日内，向当地的县、市公安局、公安分局备案。

2. 对旅馆经营中的治安管理

《办法》规定，凡经营旅馆，都必须遵守国家的法律，建立各项安全管理制度，设置治安保卫组织或者指定安全人员。在具体的经营过程中，应做到以下几点。

1）旅客住宿必须办理住宿登记

登记时，旅馆必须查验旅客的身份证件，按规定的项目如实登记。在接待境外旅客住宿时，除了要履行上述手续外，还应当在24小时内向当地公安机关报送住宿登记表。

2）建立旅客财物保管制度

旅馆业必须设置旅客财务保管箱、保管柜或者保管室，并指定专人负责保管工作；对旅客寄存的财物，要建立严格、完备的登记、领取和交接制度。

3）遗失遗留物品处理制度

旅馆对旅客遗留的物品，应当妥善保管，设法归还原主或揭示招领；经招领3个月后无人认领的，要登记造册，送当地公安机关按拾遗物品处理。

4）对旅客的禁止规定

①严禁旅客将易燃、易爆、剧毒、腐蚀性和放射性等危险物品带入旅馆，发现旅客携带违禁物品和可疑物品，应当及时报告公安机关处理，以避免安全事故的发生。

②旅馆内严禁卖淫、嫖娼、赌博、吸毒、传播淫秽物品等违法犯罪活动。对于上述违法犯罪活动，公安机关可以依照《中华人民共和国治安管理处罚法》有关条款的规定，处罚有关人员；对于情节严重构成犯罪的，由司法机关依照《中华人民共和国刑法》追究其刑事责任。

12.3　娱乐场所管理制度

　　1999 年国务院发布的《娱乐场所管理条例》，是规范娱乐业经营行为的重要行政法规，旅游经营单位必须严格按照有关规定执行。2006 年 3 月 1 日修改并颁布了新的《娱乐场所管理条例》，新条例对涉及毒品违法犯罪的有关问题做了明确规定。文化部于 2013 年 1 月 25 日经部务会议审议通过了《娱乐场所管理办法》，自 2013 年 3 月 11 日起施行。根据 2017 年 12 月 15 日《文化部关于废止和修改部分部门规章的决定》第一次修订。根据 2022 年 5 月 13 日《文化和旅游部关于修改〈娱乐场所管理办法〉的决定》第二次修订。

12.3.1　娱乐场所管理法规概述

　　1. 娱乐场所的含义

　　娱乐场所，是指以营利为目的，向公众开放，消费者自娱自乐的歌舞、游艺等场所。歌舞娱乐场所是指提供伴奏音乐、歌曲点播服务或者提供舞蹈音乐、跳舞场地服务的经营场所；游艺娱乐场所是指通过游戏游艺设备提供游戏游艺服务的经营场所，也包括兼营以上娱乐服务的其他场所。

　　2. 娱乐场所经营管理的宗旨和经营方向

　　娱乐场所经营管理的宗旨是加强娱乐场所的管理，丰富人民群众文明、健康的娱乐生活，促进社会主义精神文明建设。娱乐场所的经营方向是坚持为人民服务，为社会主义服务，开展文明、健康的娱乐活动。

　　3. 娱乐场所的监管机构

　　县级以上人民政府文化和旅游主管部门负责对娱乐场所日常经营活动的监督管理；县级以上公安机关负责对娱乐场所消防、治安状况的监督管理。

　　国家机关及其工作人员不得开办娱乐场所，不得参与或者变相参与娱乐场所的经营活动。与文化主管部门、公安机关的工作人员有夫妻关系、直系血亲关系、三代以内旁系血亲关系以及近姻亲关系的亲属，不得开办娱乐场所，不得参与或者变相参与娱乐场所的经营活动。

12.3.2　娱乐场所的经营管理

1. 娱乐场所的设立

1）娱乐场所的设立条件

（1）有与其经营活动相适应的设施设备，提供的文化产品内容应当符合文化产品生产、出版、进口的规定。

（2）达到规定的使用面积。

（3）符合国家治安管理、消防安全、环境噪声等相关规定。

（4）法律、法规和规章规定的其他条件。

2）娱乐场所禁设地

娱乐场所不得设在下列地点。

（1）居民楼、博物馆、图书馆和被核定为文物保护单位的建筑物内。

（2）居民住宅区和学校、医院、机关周围。

（3）车站、机场等人群密集的场所。

（4）建筑物地下一层以下。

（5）与危险化学品仓库毗连的区域。

3）批准机构和程序

设立娱乐场所，应当向所在地县级人民政府文化和旅游主管部门提出申请；设立中外合资经营、中外合作经营的娱乐场所，应当向所在地省、自治区、直辖市人民政府文化和旅游主管部门提出申请。

受理申请的文化和旅游主管部门应当就书面声明向公安机关或者其他有关单位核查，公安机关或者其他有关单位应当予以配合；经核查属实的，文化主管部门应当依据相关规定进行实地检查，作出决定。予以批准的，颁发娱乐经营许可证，并根据国务院文化和旅游主管部门的规定核定娱乐场所容纳的消费者数量；不予批准的，应当书面通知申请人并说明理由。有关法律、行政法规规定需要办理消防、卫生、环境保护等审批手续的，从其规定。申请人取得娱乐经营许可证和有关消防、卫生、环境保护的批准文件后，方可到市场监管部门依法办理登记手续，领取营业执照。娱乐场所取得营业执照后，应当在 15 日内向所在地县级公安机关备案。

2. 娱乐场所的经营规则

1）禁止从事的活动内容

国家倡导弘扬民族优秀文化，禁止在娱乐场所内从事下列内容。

（1）违反《宪法》确定的基本原则的。

（2）危害国家统一、主权或者领土完整的。

（3）危害国家安全，或者损害国家荣誉、利益的。

（4）煽动民族仇恨、民族歧视，伤害民族感情或者侵害民族风俗、习惯，破坏民族团结的。

（5）违反国家宗教政策，宣扬邪教、迷信的；宣扬淫秽、赌博、暴力以及与毒品有关的违法犯罪活动，或者教唆犯罪的。

（6）违背社会公德或者民族优秀文化传统的。

（7）侮辱、诽谤他人，侵害他人合法权益的。

（8）法律、行政法规禁止的其他内容。

2）不得为进入娱乐场的人员提供条件的情形

娱乐场所及其从业人员不得实施下列行为，也不得为进入娱乐场所的人员实施下列行为提供条件。

（1）贩卖、提供毒品，或者组织、强迫、教唆、引诱、欺骗、容留他人吸食、注射毒品。

（2）组织、强迫、引诱、容留、介绍他人卖淫嫖娼。

（3）制造、贩卖、传播淫秽物品。

（4）提供或者从事以营利为目的的陪侍。

（5）赌博。

（6）从事邪教、迷信活动。

（7）其他违法犯罪行为。

娱乐场所不得招用未成年人。娱乐场所的从业人员不得吸食、注射毒品，不得卖淫嫖娼。

3）安装监控设备

歌舞娱乐场所应当按照国务院公安部门的规定在营业场所的出入口、主要通道安装闭路电视监控设备，并保证闭路电视监控设备在营业期间正常运行，不得中断。歌舞娱乐场所应当将闭路电视监控录像资料留存 30 日备查，不得删改或者挪作他用。

4）设立安全通道

营业期间，娱乐场所应当保证疏散通道和安全出口畅通，不得封堵、锁闭疏散通道和安全出口，不得在疏散通道和安全出口设置栅栏等影响疏散的障碍物。

娱乐场所应当在疏散通道和安全出口设置明显指示标志，不得遮挡、覆盖指示标志。

5）禁止危险物品进入娱乐场所

任何人不得非法携带枪支、弹药、管制器具或者携带爆炸性、易燃性、毒害性、放射性、腐蚀性等危险物品和传染病病原体进入娱乐场所。

6）未成年人进入娱乐场所的规定

歌舞娱乐场所不得接纳未成年人。除国家法定节假日外，游艺娱乐场所设置的电子游戏机不得向未成年人提供。娱乐场所招用外国人的，应当按照国家有关规定为其办理外国人就业许可证。

7）工作人员从业规定

营业期间，娱乐场所的从业人员应当统一着工作服，佩戴工作标志并携带居民身份证或者外国人就业许可证。从业人员应当遵守职业道德和卫生规范，诚实守信，礼貌待人，不得侵害消费者的人身和财产权利。每日凌晨2时至上午8时，娱乐场所不得营业。娱乐场所提供娱乐服务项目和出售商品，应当明码标价，并向消费者出示价目表，不得强迫、欺骗消费者接受服务、购买商品。

12.3.3　相关法律责任

（1）擅自从事娱乐场所经营活动的，由市场监管部门、文化和旅游主管部门依法予以取缔；公安部门在查处治安、刑事案件时，发现擅自从事娱乐场所经营活动的，应当依法予以取缔。

（2）娱乐场所实施《条例》禁止行为的，由县级公安机关没收违法所得和非法财物，责令停业整顿3个月至6个月；情节严重的，由原发证机关吊销娱乐经营许可证，对直接负责的主管人员和其他直接责任人员处1万元以上2万元以下的罚款。

（3）娱乐场所违反《条例》规定，有下列情形之一的，由县级公安机关没收违法所得和非法财物，并处违法所得2倍以上5倍以下的罚款；没有违法所得或者违法所得不足1万元的，并处2万元以上5万元以下的罚款；情节严重的，责令停业整顿1个月至3个月：设置具有赌博功能的电子游戏机机型、机种、电路板等游戏设施设备的；以现金、有价证券作为奖品，或者回购奖品的。

（4）娱乐场所指使、纵容从业人员侵害消费者人身权利的，应当依法承担民事责任，并由县级公安部门责令停业整顿 1 个月至 3 个月；造成严重后果的，由原发证机关吊销娱乐经营许可证。

（5）娱乐场所取得营业执照后，未按照《条例》规定向公安机关备案的，由县级公安机关责令改正，给予警告。

（6）违反《条例》规定，有下列情形之一的，由县级人民政府文化和旅游主管部门没收违法所得和非法财物，并处违法所得 1 倍以上 3 倍以下的罚款；没有违法所得或者违法所得不足 1 万元的，并处 1 万元以上 3 万元以下的罚款；情节严重的，责令停业整顿 1 个月至 6 个月：①歌舞娱乐场所的歌曲点播系统与境外的曲库连接的；②歌舞娱乐场所播放的曲目、屏幕画面或者游艺娱乐场所电子游戏机内的游戏项目含有本条例第 13 条禁止内容的；③歌舞娱乐场所接纳未成年人的；④游艺娱乐场所设置的电子游戏机在国家法定节假日外向未成年人提供的；⑤娱乐场所容纳的消费者超过核定人数的。

（7）娱乐场所违反本条例规定，有下列情形之一的，由县级人民政府文化和旅游主管部门责令改正，给予警告；情节严重的，责令停业整顿 1 个月至 3 个月：①变更有关事项，未按照本条例规定申请重新核发娱乐经营许可证的；②在本条例规定的禁止营业时间内营业的；③从业人员在营业期间未统一着装并佩戴工作标志的。

（8）娱乐场所未按照本条例规定悬挂警示标志、未成年人禁入或者限制标志的，由县级人民政府文化和旅游主管部门、县级公安机关依据法定职权责令改正，给予警告。

 本章小结

本章主要介绍了：旅游饭店的概念与特征，旅游饭店的主要权利和义务，旅游饭店治安管理的相关知识；食品安全的相关概念，食品安全制度的主要内容，食品安全事故的处置，食品生产经营者进行违法行为的法律责任；娱乐场所的含义、经营与管理，娱乐场所的经营规则，娱乐场所经营者进行违法行为的法律责任。

 即测即练

思考题

1. 旅游饭店的法律特征有哪些?

2. 旅游饭店主要有哪些权利与义务?

3. 旅游饭店治安管理的主要内容有哪些?

4. 食品安全管理制度有哪些主要内容?

5. 食品安全的事故有哪些主要处置措施?

6. 娱乐场所的设立条件有哪些?

7. 娱乐场所禁止从事的活动内容有哪些?

第13章 旅游资源管理法律制度

 **学习目标**

1. 了解我国旅游资源和环境保护方面的法律法规。

2. 熟悉旅游资源保护、开发、利用的范围和原则。

3. 掌握旅游资源和环境法律保护面临的问题与防治对策。

 **能力目标**

1. 培养学生学习理解并且能运用旅游资源和环境保护方面的法律法规的能力。

2. 能自觉学法、守法、用法，会用法律武器维护旅游者和旅游经营者的合法权益。

 **思政目标**

1. 培养学生对旅游资源和环境保护方面的法律意识。

2. 树立起社会主义法治观念。

3. 培养保护旅游资源和环境的家国情怀。

思维导图

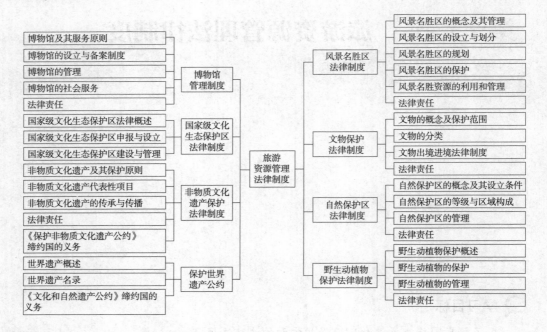

博物馆及其服务原则
博物馆的设立与备案制度
博物馆的管理　　　　　　　博物馆管理制度
博物馆的社会服务
法律责任

国家级文化生态保护区法律概述
国家级文化生态保护区申报与设立　国家级文化生态保护区法律制度
国家级文化生态保护区建设与管理

非物质文化遗产及其保护原则
非物质文化遗产代表性项目
非物质文化遗产的传承与传播　非物质文化遗产保护法律制度
法律责任
《保护非物质文化遗产公约》缔约国的义务

世界遗产概述
世界遗产名录　保护世界遗产公约
《文化和自然遗产公约》缔约国的义务

旅游资源管理法律制度

风景名胜区的概念及其管理
风景名胜区的设立与划分
风景名胜区的规划　风景名胜区法律制度
风景名胜区的保护
风景名胜资源的利用和管理
法律责任

文物的概念及保护范围
文物的分类　文物保护法律制度
文物出境进境法律制度
法律责任

自然保护区的概念及其设立条件
自然保护区的等级与区域构成　自然保护区法律制度
自然保护区的管理
法律责任

野生动植物保护概述
野生动植物的保护　野生动植物保护法律制度
野生动植物的管理
法律责任

导入案例

在 2013 中国世界地质公园年会上，联合国教科文组织公布了针对全球世界地质公园的评估决定报告，湖南张家界由于"向公众科普地球科学知识"不足等原因被"黄牌"警告，其世界地质公园身份的有效期由正常的 4 年缩短为 2 年，2 年后张家界地质公园将被全面评估检查，如果张家界未能取得卓有成效的进步，将从世界地质公园网中被除名，而这次报告被中国媒体解读为"黄牌"警告。事件引发强烈反响，"黄牌"警告的背后蕴含着哪些问题？专家认为，"黄牌"事件表明，地方政府不能光看地质公园的经济效益，更应注重"公共性"——科技的普及、文化价值的宣传等。在受到"黄牌"警告后，张家界相关方面作出回应，一方面认错，另一方面开始制订相关整改措施。

思考题：

1. 从旅游景观价值方面指出案例中景区的"错误"。

2. 如果你是张家界景区的负责人，应该从哪些方面加强对世界地质公园的建设管理与维护？

3. 为该景区典型地貌成因写一段"向公众科普地球科学知识"的简介。

13.1 风景名胜区法律制度

13.1.1 风景名胜区的概念及其管理

1. 风景名胜区的概念

依据我国 2006 年 12 月 1 日起施行的《风景名胜区条例》（以下简称《条例》），风景名胜区，是指具有观赏、文化或者科学价值，自然景观、人文景观比较集中，环境优美，可供人们游览或者进行科学、文化活动的区域。

2. 风景名胜区的管理

（1）主管部门。国务院建设主管部门负责全国风景名胜区的监督管理工作。国务院其他有关部门按照国务院规定的职责分工，负责风景名胜区的有关监督管理工作。省级人民政府建设主管部门和直辖市人民政府风景名胜区主管部门，负责本行政区域内风景名胜区的监督管理工作。省、自治区、直辖市（以下简称"省级"）人民政府其他有关部门按照规定的职责分工，负责风景名胜区的有关监督管理工作。风景名胜区所在地县级以上地方人民政府设置的风景名胜区管理机构，负责风景名胜区的保护、利用和统一管理工作。

（2）管理原则。国家对风景名胜区实行科学规划、统一管理、严格保护、永续利用的原则。

13.1.2 风景名胜区的设立与划分

1. 风景名胜区的设立

（1）设立原则。设立风景名胜区，应当有利于保护和合理利用风景名胜资源。新设立的风景名胜区与自然保护区不得重合或者交叉，已设立的风景名胜区与自然保护区重合或者交叉的，风景名胜区规划与自然保护区规划应当相协调。

（2）设立程序。设立国家级风景名胜区，由省级人民政府提出申请，国务院建设主管部门会同国务院环境保护主管部门、林业主管部门、文物主管部门等有关部门组织论证，提出审查意见，报国务院批准公布。

设立省级风景名胜区，由县级人民政府提出申请，省级人民政府建设主管部门或者直辖市人民政府风景名胜区主管部门，会同其他有关部门组织论证，提出审查意见，报省级人民政府批准公布。

2. 风景名胜区的划分

按照景物的观赏、文化科学价值和环境质量、规模大小、游览条件等，风景名胜区可分为国家级风景名胜区和省级风景名胜区。自然景观和人文景观能够反映重要自然变化过程和重大历史文化发展过程，基本处于自然状态或者保持历史原貌，具有国家代表性的，可以申请设立国家级风景名胜区；具有区域代表性的，可以申请设立省级风景名胜区。

13.1.3   风景名胜区的规划

1. 风景名胜区规划的分类

风景名胜区规划分为总体规划和详细规划。

（1）总体规划。风景名胜区应当自设立之日起 2 年内编制完成总体规划，规划期一般为 20 年。总体规划主要包括以下内容：①风景资源评价；②生态资源保护措施、重大建设项目布局、开发利用强度；③风景名胜区的功能结构和空间布局；④禁止开发和限制开发的范围；⑤风景名胜区的旅游者容量；⑥有关专项规划。

（2）详细规划。风景名胜区详细规划应当根据核心景区和其他景区的不同要求编制，确定基础设施、旅游设施、文化设施等建设项目的选址布局与规模，并明确建设用地范围和规划设计条件。风景名胜区详细规划，应当符合风景名胜区总体规划。

2. 风景名胜区规划的审批

国家级风景名胜区的总体规划，由省级人民政府审查后，报国务院审批。国家级风景名胜区的详细规划，由省级人民政府建设主管部门或者直辖市人民政府风景名胜区主管部门报国务院建设主管部门审批。

省级风景名胜区的总体规划，由省级人民政府审批，报国务院建设主管部门备案。省级风景名胜区的详细规划，由省级人民政府建设主管部门或者直辖市人民政府风景名胜区主管部门审批。

13.1.4   风景名胜区的保护

1. 风景名胜区保护的原则

依法保护风景名胜区是风景名胜区各项工作的核心，也是颁布《条例》的主要目的。风景名胜区保护的原则应当根据可持续发展的原则，严格保护，不得破坏或者随意改变。

2. 风景名胜区的管理机构

风景名胜区管理机构是风景名胜资源保护的责任主体；应当建立健全风景保护机构及其职责；风景名胜资源保护的各项管理制度；对区内的重要景观进行调查、鉴定，并制订相应的保护措施。

3. 居民及游览者的义务

风景名胜区内的居民和游览者应当保护风景名胜区的景物、水体、林木植被、野生动物和各项设施。

4. 风景名胜区内禁止性行为

1）在风景名胜区内禁止进行的活动

（1）开山、采石、开矿、开荒、修坟、立碑等破坏景观、植被和地形地貌的活动。

（2）修建储存爆炸物、易燃物、放射物、毒害性、腐蚀性物品的设施。

（3）在景物或者设施上刻划、涂污。

（4）乱扔垃圾。

2）在风景名胜区内禁止规定

禁止违反风景名胜区规划，在风景名胜区内设立各类开发区和在核心区内建设宾馆、招待所、培训中心、疗养院以及与风景名胜资源保护无关的其他建筑物；已经建设的，应当按照风景名胜区规划，逐步迁出。

5. 风景名胜区内的活动的管理

在风景名胜区内的建设活动应当符合《条例》的规定，经风景名胜区管理机构审核后，依照有关法律、法规的规定办理审批手续。在国家级风景名胜区内修建缆车、索道等重大建设工程，项目的选址方案应当报省级人民政府建设主管部门和直辖市人民政府风景名胜区主管部门核准。

从事下列活动，应当经风景名胜区管理机构审核后，依照有关法律、法规的规定报有关主管部门批准：一是设置、张贴商业广告；二是举办大型游乐等活动；三是改变水资源、水环境自然状态的活动；四是其他影响生态和景观的活动。

6. 管理信息系统

国家建立风景名胜区管理信息系统，对风景名胜区规划实施和资源保护情况进行动态监控。国家级风景名胜区所在地的风景名胜区管理机构应当每年向国务院建设主管部门报送风景名胜区规划实施和土地、森林等自然资源保护的情况；国务院建设主管部门应当及时抄送国务院有关部门。

13.1.5　风景名胜资源的利用和管理

1. 风景名胜区资源开发利用的原则

风景名胜区管理机构应当根据风景名胜区的特点，保护民族民间传统文化，开展健康有益的游览观光和文化娱乐活动，普及历史文化和科学知识。

2. 风景名胜区资源监督检查和评估的主管部门

国务院建设主管部门应当对国家级风景名胜区的规划实施情况、资源保护状况进行监督检查和评估，对发现的问题及时纠正、处理。

3. 风景名胜区安全保障制度

风景名胜区管理机构应当建立健全安全保障制度，加强安全管理，保障游览安全，并督促风景名胜区内经营单位接受有关部门依据法律、法规进行的监督检查。禁止超过允许容量接纳旅游者和在没有安全保障的区域开展游览活动。

4. 风景名胜区门票和资源有偿使用

进入风景名胜区的门票，由风景名胜区管理机构负责出售。门票价格依照有关价格的法律、法规的规定执行。风景名胜区的门票收入和风景名胜资源有偿使用费，实行收支两条线管理，收入和使用费应当专门用于风景名胜资源的保护和管理以及对风景名胜区内财产的所有权人使用权人损失的补偿。

5. 风景名胜区经营项目的管理

风景名胜区内的交通、服务等项目，应当由风景名胜区管理机构依照法律、法规和风景名胜区规划，采用招标等公平竞争方式确定经营者。风景名胜区管理机构应当与经营者签订合同，依法确定各自的权利义务。经营者应当缴纳风景名胜资源有偿使用费。风景名胜区管理机构不得从事以营利为目的的经营活动，不得将规划、管理和监督等行政管理职能委托给企业或者个人行使。管理机构的工作人员不得在区内的企业兼职。

13.1.6　法律责任

1. 风景名胜区管理机构及工作人员责任

风景名胜区管理机构有下列行为之一的，由设立该风景名胜区管理机构县级以上地方人民政府责令改正；情节严重的，对直接负责人的主管人员和其他责任人员给予降级或者撤职的处分；构成犯罪的依法追究刑事责任：①超过允许容量接纳旅游者或者在没有安全保障的区域开展游览活动的；②未设置风景名胜区标识和路标、安全警示等标牌的；③从事以营利为目的的经营活动的；④将规划、管理和监督等行政管理职能委托给企业或者个人行使的；⑤允许风景名胜区管理机构的工作人员在风景名胜区内兼职的；⑥审核同意在风景名胜区内进行不符合风景名胜区规划的建设活动的；⑦发现违法行为不查处的。

2. 风景名胜区禁止行为及其法律责任

（1）有下列行为之一的，由风景名胜区管理机构责令停止违法行为、恢复原状或者限期拆除，没收违法所得，并处 50 万元以上 100 万元以下的罚款：①在风景名胜区内进行开山、采石、开矿等破坏景观、植被、地形地貌的活动的；②在风景名胜区内修建储存爆炸物、易燃性、放射性、毒害性、腐蚀性物品设施的；③在核心景区内建设宾馆、招待所、培训中心、疗养院以及与风景名胜资源保护无关的其他建筑物的。县级以上地方人民政府及其有关主管部门批准实施上述行为的，对直接负责的主管人员和其他直接责任人员依法给予降级或撤职的处分；构成犯罪的，依法追究刑事责任。

（2）在风景名胜区内从事禁止范围以外的建设活动的，未经风景名胜区管理机构审核的，由风景名胜区管理机构责令停止建设、限期拆除，对个人处 2 万元以上 5 万元以下的罚款，对单位处 20 万元以上 40 万元以下的罚款。

（3）在国家级风景名胜区内修建缆车、索道等重大建设工程，项目的选址方案未经省、自治区人民政府建设主管部门和直辖市人民政府风景名胜区主管部门核准，县级以上地方人民政府有关部门核发选址意见书的，对直接负责的主管人员和其他责任人依法给予处分；构成犯罪的，依法追究刑事责任。

（4）个人在风景名胜区内进行开荒、修坟立碑等破坏景观、植被、地形地貌活动的，由风景名胜区管理机构责令停止违法行为、限期恢复原状或者采取其他补救措施，没收违法所得，并处 1 000 元以上 1 万元以下的罚款。

（5）在景物、设施上刻划、涂污或者在风景名胜区内乱扔垃圾的，由风景名胜区管理机构责令恢复原状或者采取其他补救措施，处 50 元的罚款；刻划、涂污或者以其他方式故意损坏国家保护的文物、名胜古迹的，按照《治安管理处罚法》的有关规定予以处罚；构成犯罪的，追究刑事责任。

（6）未经风景名胜区管理机构审核，在风景名胜区内进行下列活动的，由风景名胜区管理机构责令停止违法行为、限期恢复原状或者采取其他补救措施，没收违法所得，并处 5 万元以上 10 万元以下的罚款；情节严重的，并处 10 万元以上 20 万元以下的罚款：①设置、张贴商业广告的；②举办大型游乐等活动的；③改变水资源、水环境自然状态的；④其他影响生态和景观的活动。

（7）施工单位在施工过程中，对周围景物、水体、林木植被、野生动物资源和地形地貌造成破坏的，由风景名胜区管理机构责令停止违法行为、限期恢复原状或者采取其他补救措施，并处 2 万元以上 10 万元以下的罚款；逾期未恢复原状或者未采取有效措施的，由风景名胜区管理机构责令停止施工。

13.2　文物保护法律制度

13.2.1　文物的概念及保护范围

1. 文物的概念

文物，是指人们在社会生产和生活中所形成的历史文化遗产，包括古代建筑、历史遗迹、生产和生活用品、工艺美术品等。

2. 文物的保护范围

下列文物受国家法律保护：①具有历史、艺术、科学价值的古文化遗址、古墓葬、古建筑、石窟寺和石刻、壁画；②与重大历史事件、革命运动或者著名人物有关的以及具有重要纪念意义、教育意义或者史料价值的近现代重要史迹、实物、代表性建筑；③历史上各时代珍贵的艺术品、工艺美术品；④历史上各时代重要的文献资料以及具有历史、艺术、科学价值的手稿和图书资料等；⑤反映历史上各时代、各民族社会制度、社会生产、社会生活的代表性实物。此外，具有科学价值的古脊椎动物化石和古人类化石同文物一样受国家的保护。

拓展阅读 13.1

《宪法》规定："国家保护名胜古迹、珍贵文物和其他重要历史文化遗产。"《文物保护法》规定，我国文物工作贯彻"保护为主、抢救第一、合理利用、加强管理"的方针。国务院文物行政部门主管全国文物保护工作。

13.2.2　文物的分类

1. 不可移动文物与可移动文物

（1）不可移动文物。古文化遗址、古墓葬、古建筑、石窟寺、石刻、壁画、近代现代重要史迹和代表性建筑等属于不可移动文物，根据它们的历史、艺术、科学价值，可以分别确定为全国重点文物保护单位，省级文物保护单位，市、县级文物保护单位。

拓展阅读 13.2

（2）可移动文物。历史上各时代重要实物、艺术品、文献、手稿、图书资料、代表性实物等属于可移动文物，分为珍贵文物和一般文物；珍贵文物分为一级文物、二级文物、三级文物。

2. 馆藏文物与民间收藏文物

1）馆藏文物

（1）含义。馆藏文物，是指博物馆、图书馆和其他文物收藏单位收藏的文物。对馆藏文物必须区分文物等级，设置藏品档案，建立严格的管理制度，并向文物行政主管部门备案。

（2）文物收藏单位取得文物的合法方式。①购买；②接受捐赠；③依法交换；④法律、行政法规规定的其他方式；⑤国有文物收藏单位还可以通过文物行政部门指定保管或者调拨方式取得文物。

2）民间收藏文物

（1）含义。民间收藏文物，是指文物收藏单位以外的公民、法人和其他组织通过一定方式取得的收藏的文物。

（2）民间收藏文物取得的合法方式。①依法继承或者接受赠予；②从文物商店购买；③从经营文物拍卖的拍卖企业购买；④公民个人合法所有的文物相互交换或者依法转让；⑤国家规定的其他合法方式。

文物收藏单位以外的公民、法人和其他组织合法收藏的文物可以依法流通。但是，国有文物，非国有馆藏珍贵文物，国有不可移动文物中的壁画、雕塑、建筑构件（依法拆除的国有不可移动文物中的壁画、雕塑、建筑构件等应由文物收藏单位收藏的除外），以及来源不合法的文物，不得买卖。

13.2.3　文物出境进境法律制度

国有文物、非国有文物中的珍贵文物和国家规定禁止出境的其他文物，不得出境；但是依照法律规定出境展览或者因特殊需要经国务院批准出境的除外。

文物出境，应当经国务院文物行政部门指定的文物进出境审核机构审核。经审核允许出境的文物，由国务院文物行政部门发给文物出境许可证，从国务院文物行政部门指定的口岸出境。任何单位或者个人运送、邮寄、携带文物出境，应当向海关申报；海关凭文物出境许可证放行。

文物出境展览，应当报国务院文物行政部门批准；一级文物超过国务院规定数量的，应当报国务院批准。一级文物中的孤品和易损品，禁止出境展览。出境展览的文物出境，由文物进出境审核机构审核、登记。海关凭国务院文物行政部门或者国务院的批准文件放行。出境展览的文物复进境，由原文物进出境审核机构审核查验。

文物临时进境，应当向海关申报，并报文物进出境审核机构审核、登记。临时进境的文物复出境，必须经原审核、登记的文物进出境审核机构审核查验；经审核查验无误的，由国务院文物行政部门发给文物出境许可证，海关凭文物出境许可证放行。

13.2.4　法律责任

1. 民事责任

《文物保护法》规定，违反法律规定，造成文物灭失、损毁的单位和个人，应当依法承担民事责任。

2. 行政责任

违反《文物保护法》的规定，情节尚不严重的，由有关机关给予行政处罚。构成违反治安管理行为的，由公安机关依法给予治安管理处罚。违反法律规定，构成走私行为，尚不构成犯罪的，由海关依照有关法律、行政法规的规定给予处罚。

3. 刑事责任

有下列行为之一，构成犯罪的，依法追究刑事责任：①盗掘古文化遗址、古葬的；②故意或者过失损毁国家保护的珍贵文物的；③擅自将国有馆藏文物出售或者私自送给非国有单位或者个人的；④将国家禁止出境的珍贵文物私自出售或者送给外国人的；⑤以牟利为目的倒卖国家禁止经营的文物的；⑥走私文物的；⑦盗窃、哄抢、私分或者非法侵占国有文物的；⑧应当追究刑事责任的其他妨害文物管理的行为。

13.3　自然保护区法律制度

13.3.1　自然保护区的概念及其设立条件

1. 自然保护区的概念

根据我国 1994 年 10 月 9 日颁布并于同年 12 月 1 日起实施的《中华人民共和国自然保护区条例》（以下简称《条例》）的规定，自然保护区是指对有代表性的自然生态系统，珍稀濒危野生动植物物种的天然集中分布区和有特殊意义的自然遗址等保护对象所在的陆地、水体或者海域，依法划出一定面积予以特殊保护和管理的区域。我国一般称其为自然保护区、国家森林公园。

2. 自然保护区的设立条件

①典型的自然地理区域、有代表性的自然生态系统区域以及已经遭受破坏但经保护能够恢复的同类自然生态系统区域；②珍稀、濒危野生动植物物种的天然集中分布区域；③具有特殊保护价值的海域、海岸、岛屿、湿地、内陆水域、森林、草原和荒漠；④具有重大科学文化价值的地质构造、著名溶洞、化石分布区、冰川、温泉等自然遗址；⑤经国务院或者省级人民政府批准，需要予以特殊保护的其他自然区域。

拓展阅读 13.3

13.3.2　自然保护区的等级与区域构成

1. 自然保护区的等级

自然保护区分为国家级自然保护区和地方级自然保护区。

2. 自然保护区的区域构成

自然保护区划分为核心区、缓冲区和实验区。

（1）核心区。核心区是自然保护区内保存完好的天然状态的生态系统以及珍稀、濒危动植物的集中分布区。该区非经省级以上人民政府有关自然保护区行政管理部门批准、禁止任何单位和个人进入，一般也不允许进入从事科学研究活动。

（2）缓冲区。缓冲区是在核心区外围划定的一定面积的区域。这里只准进入从事科学研究和观测活动。

（3）实验区。实验区指缓冲区的外围区域。这里可进入从事科学实验、教学实习、参观考察、旅游以及驯化、繁殖珍稀、濒危野生动植物活动等。

13.3.3　自然保护区的管理

1. 自然保护区的管理机构

国家级自然保护区，由其所在地的省级人民政府有关自然保护区行政主管部门或者国务院有关自然保护区行政主管部门管理。地方级自然保护区，由其所在地的县级以上人民政府有关自然保护区行政主管部门管理。

2. 自然保护区的保护和合理利用

禁止在自然保护区内进行砍伐、放牧、狩猎、捕捞、采药、开垦、烧荒、开矿、采石、挖沙等活动，但法律、行政法规另有规定的除外。

禁止在自然保护区的缓冲区开展旅游和生产经营活动。因教学科研需要进入该缓冲区进行工作的，须经保护区管理机构批准。

在自然保护区的核心区和缓冲区内，不得建设任何生产设施；在实验区内，不得建设污染环境、破坏环境或者景观的生产设施。

经批准在自然保护区的实验区开展旅游、参观活动的，应当服从自然保护区管理机构的管理。

外国人进入地方级自然保护区的，接待单位应事先报经省、自治区、直辖市人民政府有关自然保护区行政主管部门批准。外国人进入国家级自然保护区的，接待单位应报经国务院有关自然保护区行政主管部门批准。进入自然保护区的外国人，应当遵守有关自然保护区的法律、法规和规定。

13.3.4　法律责任

1. 对单位和个人的处罚

有下列行为之一的单位和个人，由自然保护区管理机构责令其改正，并可以根据不同情节处以 100 元以上 5 000 元以下的罚款：①擅自移动或者破坏自然保护区界标的；②未经批准进入自然保护区或者在自然保护区内不服从管理机构管理的；③经批准在自然保护区的缓冲区内从事科学研究、教学实习和标本采集，不向自然保护区管理机构提交活动成果副本的。

在自然保护区进行砍伐、放牧、狩猎、捕捞、采药、开垦、烧荒、开矿、采石、挖沙等活动的单位和个人，除可以依照有关法律、行政法规规定给予处罚的以外，由县级以上人民政府有关自然保护区行政主管部门或者其授权的自然保区管理机构没收违法所得，责令停止违法行为，限期恢复原状或者采取其他补救措施；对自然保护区造成破坏的，可以处以 300 元以上 10 000 元以下的罚款。

妨碍自然保护区管理人员执行公务的，由公安机关依照《中华人民共和国治安管理处罚法》的规定给予处罚；情节严重构成犯罪的，依法追究刑事责任。

违反《条例》规定，造成自然保护区重大污染或者破坏事故，导致公私财产重大损失或者人身伤亡的严重后果，构成犯罪的，对直接负责的主管人员和其他直接责任人员依法追究刑事责任。

2. 对管理机构及工作人员的处罚

自然保护区管理机构违反《条例》规定，拒绝环境保护行政主管部门或者有关自然保护区行政主管部门监督检查，或者在被检查时弄虚作假的，由县级以上人民政府环境保护行政主管部门或有关自然保护区行政主管部门给予 300 元以上 3 000 元以下的罚款。

自然保护区管理机构违反《条例》规定，有下列行为之一的，由县级以上人民政府有关自然保护区行政主管部门责令限期改正；对直接责任人员，由其所在单位或者上级机关给予行政处分：①未经批准在自然保护区开展参观、旅游活动的；②开设与自然保护区保护方向不一致的参观、旅游项目的；③不按照批准的方案开展参观、旅游活动的。

自然保护区管理人员滥用职权、玩忽职守、徇私舞弊，构成犯罪的，依法追究刑事责任；情节轻微，尚不构成犯罪的，由其所在单位或者上级机关给予行政处分。

13.4　野生动植物保护法律制度

13.4.1　野生动植物保护概述

1. 野生动植物的概念

（1）野生动物的概念。2016 年 7 月 2 日第十二届全国人民代表大会常务委员会第二十一次会议修订通过《中华人民共和国野生动物保护法》（以下简称《保护法》），并于 2017 年 1 月 1 日起施行。

野生动物是指珍贵、濒危的陆生、水生野生动物和有重要生态、科学、社会价值的陆生野生动物。

（2）野生植物的概念。依据国务院于 2017 年 10 月 7 日修订通过《中华人民共和国野生植物保护条例》（以下简称《条例》），野生植物是指原生地天然生长的珍贵植物和原生地天然生长并具有重要经济、科学研究、文化价值的濒危、稀有植物。

2. 野生动植物管理原则和方针

（1）野生动物的管理原则。国家对野生动物实行保护优先、规范利用、严格监管的原则，鼓励开展野生动物科学研究，培育公民保护野生动物的意识，促进人与自然和谐发展。

（2）野生植物的管理方针。国家对野生植物资源实行加强保护、积极发展、合理利用的方针。

3. 野生动植物管理部门

（1）野生动物的管理部门。国务院林业、渔业主管部门分别主管全国陆生、水生野生动物保护工作。县级以上地方人民政府林业、渔业主管部门分别主管本行政区域内陆生、水生野生动物保护工作。

（2）野生植物的管理部门。国务院林业行政主管部门主管全国林区内野生植物和林区外珍贵野生树木的监督管理工作。国务院农业行政主管部门主管全国其他野生植物的监督管理工作。国务院建设行政部门负责城市园林、风景名胜区内野生植物的监督管理工作。国务院环境保护部门负责对全国野生植物环境保护工作的协调和监督。国务院其他有关部门依照职责分工负责有关的野生植物保护工作。

13.4.2　野生动植物的保护

1. 野生动物的保护

1）分类分级保护制度

国家对珍贵、濒危的野生动物实行重点保护。

国家重点保护的野生动物分为一级保护野生动物和二级保护野生动物。

地方重点保护野生动物，是指国家重点保护野生动物以外，由省、自治区、直辖市重点保护的野生动物。

有重要生态、科学、社会价值的陆生野生动物名录，由国务院野生动物保护主管部门组织科学评估后制定、调整并公布。

2）应急救助制度

（1）应急救助与收容救护。国家或者地方重点保护野生动物受到自然灾害、重大环境污染事故等突发事件时，当地人民政府应当及时采取应急救助措施。县级以上人民政府野生动物保护主管部门应当按照国家有关规定组织开展野生动物收容救护工作。

（2）疫源疫病防控。县级以上人民政府野生动物保护主管部门、兽医主管部门，应当按照职责分工对野生动物疫源疫病进行监测，组织开展预测、预报等工作，并按照规定制定野生动物疫情应急预案、报同级人民政府批准或者备案。

（3）遗传资源管理。国家加强对野生动物遗传资源的保护，对濒危野生动物实施抢救性保护。

3）危害预防与致害补偿制度

有关地方人民政府应当采取措施，预防、控制野生动物可能造成的危害，保障人畜安全和农业、林业生产。因保护本法规定保护的野生动物，造成人员伤亡、农作物或者其他财产损失的，由当地人民政府给予补偿。

2. 野生植物的保护

（1）分级保护制度。野生植物分为国家重点保护野生植物和地方重点保护野生植物。其中，国家重点保护野生植物又分为国家一级保护野生植物和国家二级保护野生植物。地方重点保护野生植物，是指国家重点保护野生植物以外，由省级保护的野生植物。

（2）保护点制度。县级以上地方人民政府野生植物行政主管部门和其他有关部门可以根据实际情况建立国家重点保护野生植物和地方重点保护野生植物的保护点或者设立保护标志。禁止破坏国家重点保护野生植物和地方重点保护野生植物的保护点的保护设施和保护标志。

（3）监测评价制度。野生植物行政主管部门及其他有关部门应当监视、监测环境对国家重点保护野生植物生长和地方重点保护野生植物生长的影响，并采取措施，维护和改善其生长条件。

13.4.3　野生动植物的管理

1. 野生动物的管理

1）人工繁育管理

（1）人工繁育许可。国家支持有关科学研究机构因物种保护目的人工繁育国家重点保护野生动物。对人工繁育国家重点保护野生动物实行许可制度。

（2）人工繁育要求。人工繁育国家重点保护野生动物应当有利于物种保护及其科学研究，不得破坏野外种群资源，并根据野生动物习性确保其具有必要的活动空间和生息繁衍、卫生健康条件，具备与其繁育目的、种类、发展规模相适应的场所、设施、技术，符合有关技术标准和防疫要求，不得虐待野生动物。

（3）对人工繁育技术成熟稳定的动物的特殊管理。对人工繁育技术成熟稳定的国家重点保护野生动物，经科学论证，纳入国务院野生动物保护主管部门制定的人工繁育国家重点保护野生动物名录。

2）野生动物及其制品利用管理

（1）原则要求。利用野生动物及其制品的，应当以人工繁育种群为主，有利于野外种群养护，符合生态文明建设的要求，尊重社会公德，遵守法律法规和国家有关规定。野生动物及其制品作为药品经营和利用的，还应当遵守有关药品管理的法律法规。

（2）野生动物及其制品运输、携带、寄递的规定。运输、携带、寄递国家重点保护野生动物及其制品出县境的，应当持有或者附有相关许可证、批准文件的副本或者专用标识，以及检疫证明。

3）进出口与国际合作管理

（1）进出口管理。我国缔结或者参加的国际公约禁止或者限制贸易的野生动物或者其制品名录，由国家濒危物种进出口管理机构制定、调整并公布。

（2）参与国际合作与国内协调机制。

（3）境外引进野生动物物种及安全防范措施。从境外引进野生动物物种的，应当经国务院野生动物保护主管部门批准。

4）野生动物放生管理

任何组织和个人将野生动物放生至野外环境，应当选择适合放生地野外生存的当地物种，不得干扰当地居民的正常生活、生产，避免对生态系统造成危害。

5）外国人野外考察管理

外国人在我国对国家重点保护野生动物进行野外考察或者在野外拍摄电影、录像，应当经省级人民政府野生动物保护主管部门或者其授权的单位批准，并遵守有关法律法规的规定。

6）有关禁止规定

（1）禁止妨碍野生动物生息繁衍活动。在相关自然保护区域和禁猎（渔）区、禁猎（渔）期内，禁止猎捕以及其他妨碍野生动物生息的活动，但法律法规另有规定的除外。

（2）禁止猎捕、杀害国家重点保护野生动物。因科学研究、种群调控、疫源疫病监测或者其他特殊情况，需要猎捕国家一级保护野生动物的，应当向国务院野生动物保护主管部门申请特许猎捕证；需要猎捕国家二级保护野生动物的，应当向省级人民政府野生动物保护主管部门申请特许猎捕证。

猎捕非国家重点保护野生动物的，应当依法取得县级以上地方人民政府野生动物保护主管部门核发的狩猎证，并且服从猎捕量限额管理。猎捕者应当按照特许猎捕证、狩猎证规定的种类、数量、地点、工具、方法和期限进行猎捕。持枪猎捕的，应当依法取得公安机关核发的持枪证。

（3）禁止使用杀伤性猎捕工具和方法猎捕野生动物。禁止使用毒药、爆炸物、电击或者电子诱捕装置以及猎套、猎夹、地枪、排铳等工具进行猎捕，禁止使用夜间照明行猎、歼灭性围猎、捣毁巢穴、火攻、烟熏、网捕等方法进行猎捕，但因科学研究确需网捕、电子诱捕的除外。

（4）禁止出售、购买、利用国家重点保护野生动物及其制品。

（5）禁止生产经营和滥食野生动物及其制品。

（6）禁止为出售、购买、利用野生动物或者禁止使用的猎捕工具发布广告。禁止为违法出售、购买、利用野生动物制品发布广告。

（7）禁止交易场所违法提供交易服务。

（8）禁止伪造、变造批准文件。

2．野生植物的管理

1）采集管理制度

禁止采集国家一级保护野生植物。

因科学研究、人工培育、文化交流等特殊需要，采集国家一级保护野生植物的，应当按照管理权限向国务院林业行政主管部门或者其授权的机构申请采集证；或者向采集地的省级人民政府农业行政主管部门或者其授权的机构申请采集证。采集国家二级保护野生植物的，必须经采集地的县级人民政府野生植物行政主管部门签署意见后，向省级人民政府野生植物行政主管部门或者其授权的机构申请采集证。

采集城市园林或者风景名胜区内的国家一级或者二级保护野生植物的，须先征得城市园林或者风景名胜区管理机构同意并申请采集证；采集珍贵野生树木或者林区内、草原上的野生植物的，依照森林法、草原法的规定办理。

采集国家重点保护野生植物的单位和个人，必须按照采集证规定的种类、数量、地点、期限和方法进行。县级人民政府野生植物行政主管部门对在本行政区域内采集国家重点保护野生植物的活动，应当进行监督检查，并及时报告批准采集的野生植物行政主管部门或者其授权的机构。

2）调查建档制度

野生植物行政主管部门应当定期组织国家重点保护野生植物和地方重点保护野生植物资源调查，建立资源档案。

3）禁止出售、收购制度

禁止出售、收购国家一级保护野生植物。出售、收购国家二级保护野生植物的，必须经省级人民政府野生植物行政主管部门或者其授权的机构批准。

4）进出口管理制度

出口国家重点保护野生植物或者进出口中国参加的国际公约所限制进出口的野生植物的，应当按照管理权限经国务院林业行政主管部门批准，或者经进出口者所在地的省级人民政府农业行政主管部门审核后报国务院农业行政主管部门批准，并取得国家濒危物种进出口管理机构核发的允许进出口证明书或者标签。海关凭允许进出口证明书或者标签查验放行。国务院野生植物行政主管部门应当将有关野生植物进出口的资料抄送国务院环境保护部门。国家禁止出口未定名的或者新发现并有重要价值的野生植物。

5）对外国人管理制度

外国人不得在中国境内采集或者收购国家重点保护野生植物。

外国人在中国境内对农业行政主管部门管理的国家重点保护野生植物进行野外考察的，应当经农业行政主管部门管理的国家重点保护野生植物所在地的省级人民政府农业行政主管部门批准。

13.4.4　法律责任

1.野生动物保护的法律责任

1）监管部门及工作人员的法律责任

野生动物保护主管部门或者其他有关部门、机关未依法作出行政许可决定，发现违法行为或者接到对违法行为的举报不予查处或者不依法查处，或者有滥用职权等其他不依法履行职责的行为的，由本级人民政府或者上级人民政府有关部门、机关责令改正，对负有责任的主管人员和其他直接责任人员依法给予记过、记大过或者降级处分；造成严重后果的，给予撤职或者开除处分，其主要负责人应当引咎辞职；构成犯罪的，依法追究刑事责任。

2）禁止行为及其法律责任

（1）不得以收容救护为名买卖野生动物及其制品。以收容救护为名买卖野生动物及其制品的，由县级以上人民政府野生动物保护主管部门没收野生动物及其制品、违法所得，并处野生动物及其制品价值 2 倍以上 10 倍以下的罚款，将有关违法信息记入社会诚信档案，向社会公布；构成犯罪的，依法追究刑事责任。

（2）不得猎捕、杀害国家重点保护野生动物。在相关自然保护区域、禁猎（渔）区、禁猎（渔）期猎捕国家重点保护野生动物，未取得特许猎捕证、未按照特许猎捕证规定猎捕、杀害国家重点保护野生动物，或者使用禁用的工具、方法猎捕国家重点保护野生动物的，由县级以上人民政府相关部门按照职责分工没收猎获物、猎捕工具和违法所得，吊销特许猎捕证，并处猎获物价值 2 倍以上 10 倍以下的罚款；没有猎获物的，并处 1 万元以上 5 万元以下的罚款；构成犯罪的，依法追究刑事责任。

（3）不得在有关保护区域狩猎或者使用禁用工具、方法猎捕。在相关自然保护区域、禁猎（渔）区、禁猎（渔）期猎捕非国家重点保护野生动物，未取得狩猎证、未按照狩猎证规定猎捕非国家重点保护野生动物，或者使用禁用的工具、方法猎捕非国家重点保护野生动物的，由县级以上地方人民政府野生动物保护主管部门或者有关保护区域管理机构按照职责分工没收猎获物、猎捕工具和违法所得，吊销狩猎证，并处猎获物价值 1 倍以上 5 倍以下的罚款；没有猎获物的，并处 2 000 元以上 1 万元以下的罚款；构成犯罪的，依法追究刑事责任。

未取得持枪证持枪猎捕野生动物，构成违反治安管理行为的，由公安机关依法给予治安管理处罚；构成犯罪的，依法追究刑事责任。

（4）未取得人工繁育许可证的法律责任。未取得人工繁育许可证繁育国家重点保护野生动物或者人工繁育技术成熟稳定的野生动物的，由县级以上人民政府野生动物保护主管部门没收野生动物及其制品，并处野生动物及其制品价值 1 倍以上 5 倍以下的罚款。

（5）不得出售、购买、利用、运输、携带、寄递有关野生动物及其制品。未经批准、未取得或者未按照规定使用专用标识，或者未持有人工繁育许可证、批准文件的副本或者专用标识出售、购买、利用、运输、携带、寄递国家重点保护野生动物及其制品或者人工繁育技术成熟稳定的野生动物及其制品的，由县级以上人民政府相关部门按照职责分工没收野生动物及其制品和违法所得，并处野生动物及其制品价值2倍以上10倍以下的罚款；情节严重的，吊销人工繁育许可证、撤销批准文件、收回专用标识；构成犯罪的，依法追究刑事责任。

未持有合法来源证明出售、利用、运输非国家重点保护野生动物的，由县级以上地方人民政府相关部门按照职责分工没收野生动物，并处野生动物价值1倍以上5倍以下的罚款。

（6）不得违法生产经营和滥食野生动物及其制品。生产、经营使用国家重点保护野生动物及其制品或者没有合法来源证明的非国家重点保护野生动物及其制品制作食品，或者为食用非法购买国家重点保护的野生动物及其制品的，由县级以上人民政府相关部门按照职责分工责令停止违法行为，没收野生动物及其制品和违法所得，并处野生动物及其制品价值2倍以上10倍以下的罚款；构成犯罪的，依法追究刑事责任。

（7）不得为出售、购买、利用野生动物及其制品或者禁止使用的猎捕工具发布广告。违反者，依照《中华人民共和国广告法》的规定处罚。

（8）不得为违法出售、购买、利用野生动物及其制品或者禁止使用的猎捕工具提供交易服务。违反者，由县级以上人民政府市场监管部门责令停止违法行为，限期改正，没收违法所得，并处违法所得2倍以上5倍以下的罚款；没有违法所得的，处1万元以上5万元以下的罚款；构成犯罪的，依法追究刑事责任。

（9）违法进出口野生动物及其制品的法律责任。违反者，由相关部门依照法律、行政法规和国家有关规定处罚；构成犯罪的依法追究刑事责任。

（10）违法引进野生动物物种的法律责任。由县级以上人民政府野生动物保护主管部门没收所引进的野生动物，并处5万元以上25万元以下的罚款；未依法实施进境检疫的，依照《中华人民共和国进出境动植物检疫法》的规定处罚；构成犯罪的，依法追究刑事责任。

（11）违法将引进野生动物放归野外的法律责任。由县级以上人民政府野生动物保护主管部门责令限期捕回，处1万元以上5万元以下的罚款；逾期不捕回的，由有关野生动物保护主管部门代为捕回或者采取降低影响的措施，所需费用由被责令限期捕回者承担。

（12）伪造、变造有关批准文件的法律责任。由县级以上人民政府野生动物保护主管部门没收违法证件、专用标识、有关批准文件和违法所得，并处 5 万元以上 25 万元以下的罚款；构成违反治安管理行为的，由公安机关依法给予治安管理处罚；构成犯罪的，依法追究刑事责任。

拓展阅读 13.4

2. 野生植物保护的法律责任

1）监管部门及工作人员的法律责任

野生植物行政主管部门的工作人员滥用职权、玩忽职守、徇私舞弊，构成犯罪的，依法追究刑事责任；尚不构成犯罪的，依法给予行政处分。

2）禁止行为及其法律责任

未取得采集证或者未按照采集证的规定采集国家重点保护野生植物的，由野生植物行政主管部门没收所采集的野生植物和违法所得，可以并处违法所得 10 倍以下的罚款；有采集证的，并可以吊销采集证。

出售、收购国家重点保护野生植物的，由相关部门按照职责分工没收野生植物和违法所得，可以并处违法所得 10 倍以下的罚款。

非法进出口野生植物的，由海关依照海关法的规定处罚。

伪造、倒卖、转让采集证、允许进出口证明书或者有关批准文件、标签的，由相关部门按照职责分工收缴，没收违法所得，可以并处 5 万元以下的罚款。

外国人在中国境内采集、收购国家重点保护野生植物，或者未经批准对农业行政主管部门管理的国家重点保护野生植物进行野外考察的，由野生植物行政主管部门没收所采集、收购的野生植物和考察资料，可以并处 5 万元以下的罚款。

13.5　博物馆管理制度

13.5.1　博物馆及其服务原则

1. 概念及其分类

我国于 2005 年 12 月 22 日发布《博物馆管理办法》，于 2015 年 2 月 9 日发布《博物馆条例》。

博物馆是指以教育、研究和欣赏为目的，收藏、保护并向公众展示人类活动和自然环境的见证物，经登记管理机关依法登记的非营利组织。

博物馆包括国有博物馆和非国有博物馆。

2.服务原则

博物馆开展社会服务应当坚持为人民服务、为社会主义服务的方向和贴近实际、贴近生活、贴近群众的原则，丰富人民群众精神文化生活。

13.5.2　博物馆的设立与备案制度

1.博物馆的设立

1）设立条件

（1）有固定的馆址以及符合国家规定的展室、藏品保管场所。

（2）有相应数量的藏品以及必要的研究资料，并能够形成陈列展览体系。

（3）有与其规模和功能相适应的专业技术人员。

（4）有必要的办馆资金和稳定的运行经费来源。

（5）有确保观众人身安全的设施、制度及应急预案。

博物馆馆舍建设应当坚持新建馆舍和改造现有建筑相结合，鼓励利用名人故居、工业遗产等作为博物馆馆舍。新建、改建馆时应当提高藏品展陈和保管面积占总面积的比重。

2）设立章程

章程内容应当包括下列事项。

（1）博物馆名称、馆址。

（2）办馆宗旨及业务范围。

（3）组织管理制度，包括理事会或者其他形式决策机构的产生办法、人员构成、任期、议事规则等。

（4）藏品展示、保护、管理、处置的规则。

（5）资产管理和使用规则。

（6）章程修改程序。

（7）终止程序和终止后资产的处理。

（8）其他需要由章程规定的事项。

2.博物馆备案制度

（1）国有博物馆。国有博物馆的设立、变更、终止依照有关事业单位登记管理法律、行政法规的规定办理，并应当向馆址所在地省级人民政府文物主管部门备案。

（2）非国有博物馆。设立藏品不属于古生物化石的非国有博物馆的，应当向馆址所在地省级人民政府文物主管部门备案，并提交下列材料：①博物馆章程草案；②馆舍所有权或者使用权证明，展室和藏品保管场所的环境条件符合藏品展示、保护、管理需要的论证材料；③藏品目录、藏品概述及藏品合法来源说明；④出资证明或者验资报告；⑤专业技术人员和管理人员的基本情况；⑥陈列展览方案。

设立藏品不属于古生物化石的非国有博物馆的，应当到有关登记管理机关依法办理法人登记手续；有变更、终止行为的，应当到有关登记管理机关依法办理变更登记、注销登记，并向馆址所在地省级人民政府文物主管部门备案。

（3）古生化石博物馆。藏品属于古生物化石的博物馆，其设立、变更、终止应当遵守有关古生物化石保护法律、行政法规的规定，并向馆址所在地省级人民政府文物主管部门备案。

13.5.3　博物馆的管理

1. 管理部门

国家文物主管部门负责全国博物馆监督管理工作。国务院其他有关部门在各自职责范围内负责有关的博物馆管理工作。

县级以上地方人民政府文物主管部门负责本行政区域的博物馆监督管理工作。县级以上地方人民政府其他有关部门在各自职责范围内负责本行政区域内有关的博物馆管理工作。

2. 管理制度

（1）组织管理制度。博物馆应当完善法人治理结构，建立健全有关组织管理制度。博物馆专业技术人员按照国家有关规定评定专业技术职称。

（2）使用管理制度。博物馆依法管理和使用的资产，任何组织或者个人不得侵占。博物馆不得从事文物等藏品的商业经营活动；从事其他商业经营活动，不得违反办馆宗旨，不得损害观众利益。

（3）捐赠管理制度。博物馆接受捐赠的，应当遵守有关法律、行政法规的规定。博物馆可以依法以举办者或者捐赠者的姓名、名称命名博物馆的馆舍或者其他设施；非国有博物馆还可以依法以举办者或者捐赠者的姓名、名称作为博物馆馆名。博物馆可以通过购买、接受捐赠、依法交换等法律、行政法规规定的方式取得藏品，不得取得来源不明或者来源不合法的藏品。

（4）档案管理制度。博物馆应当建立藏品账目及档案。藏品属于文物的，应当区分文物等级，单独设置文物档案，建立严格的管理制度，并报文物主管部门备案。

（5）安全管理制度。博物馆法定代表人对藏品安全负责。博物馆法定代表人、藏品管理人员离任前，应当办结藏品移交手续。

博物馆应当加强对藏品的安全管理，定期对保障藏品安全的设备、设施进行检查、维护，保证其正常运行。对珍贵藏品和易损藏品应当设立专库或者专用设备保存，并由专人负责保管。

（6）出入境及买卖管理制度。博物馆藏品属于国有文物、非国有文物中的珍贵文物和国家规定禁止出境的其他文物的，不得出境，不得转让、出租、质押给外国人。国有博物馆藏品属于文物的，不得赠与、出租或者出售给其他单位和个人。

博物馆藏品属于文物或者古生物化石的，其取得、保护、管理、展示、处置、进出境等还应当分别遵守有关法律、行政法规的规定。

13.5.4　博物馆的社会服务

1.陈列展览

1）举办要求

博物馆举办陈列展览，应当遵守下列规定。

（1）主题和内容应当符合宪法所确定的基本原则和维护国家安全与民族团结、弘扬爱国主义、倡导科学精神、普及科学知识、传播优秀文化、培养良好风尚、促进社会和谐、推动社会文明进步的要求。

（2）与办馆宗旨相适应，突出藏品特色。

（3）运用适当的技术、材料、工艺和表现手法，达到形式与内容的和谐统一。

（4）展品以原件为主，使用复制品、仿制品应当明示。

（5）采用多种形式提供科学、准确、生动的文字说明和讲解服务。

（6）法律、行政法规的其他有关规定。

陈列展览的主题和内容不适宜未成年人的，博物馆不得接纳未成年人。

2）备案制度

博物馆举办陈列展览的，应当在陈列展览开始之日 10 个工作日前，将陈列展览主题、展品说明、讲解词等向陈列展览举办地的文物主管部门或者其他有关部门备案。

2. 公众开放

（1）开放时间。博物馆应当自取得登记证书之日起 6 个月内向公众开放。博物馆应当向公众公告具体开放时间。在国家法定节假日和学校寒暑假期间，博物馆应当开放。

（2）免费政策。国家鼓励博物馆向公众免费开放。县级以上人民政府应当对向公众免费开放的博物馆给予必要的经费支持。

博物馆未实行免费开放的，其门票、收费的项目和标准按照国家有关规定执行，并在收费地点的醒目位置予以公布。

博物馆未实行免费开放的，应当对未成年人、成年学生、教师、老年人、残疾人和军人等实行免费或者其他优惠。博物馆实行优惠的项目和标准应当向公众公告。

3. 社会教育与服务

（1）博物馆的义务。博物馆应当配备适当的专业人员，根据不同年龄段的未成年人接受能力进行讲解；学校寒暑假期间，具备条件的博物馆应当增设适合学生特点的陈列展览项目。

博物馆应当根据自身特点、条件，运用现代信息技术，开展形式多样、生动活泼的社会教育和服务活动，参与社区文化建设和对外文化交流与合作。国家鼓励博物馆挖掘藏品内涵，与文化创意、旅游等产业相结合，开发衍生产品，增强博物馆发展能力。

博物馆应当发挥藏品优势，开展相关专业领域的理论及应用研究，提高业务水平，促进专业人才的成长。博物馆应当为高等学校、科研机构和专家学者等开展科学研究工作提供支持和帮助。

（2）主管部门的义务。国务院教育行政部门应当会同国家文物主管部门，制定利用博物馆资源开展教育教学、社会实践活动的政策措施。地方各级人民政府教育行政部门应当鼓励学校结合课程设置和教学计划，组织学生到博物馆开展学习实践活动。博物馆应当对学校开展各类相关教育教学活动提供支持和帮助。

（3）社会公众的义务。公众应当爱护博物馆展品、设施及环境，不得损坏博物馆的展品、设施。

13.5.5　法律责任

1. 主管部门及工作人员的法律责任

县级以上人民政府文物主管部门或者其他有关部门及其工作人员玩忽职守、滥用职权、徇私舞弊或者利用职务上的便利索取或者收受他人财物的，由本级人民政府或者上级机关责令改正，通报批评；对直接负责的主管人员和其他直接责任人员依法给予处分。

2. 违法经营责任

博物馆自取得登记证书之日起 6 个月内未向公众开放，或者未依照本条例的规定实行免费或者其他优惠的，由省级人民政府文物主管部门责令改正；拒不改正的，由登记管理机关撤销登记。

博物馆违反有关价格法律、行政法规规定的，由馆址所在地县级以上地方人民政府价格主管部门依法给予处罚。

博物馆取得来源不明或者来源不合法的藏品，或者陈列展览的主题、内容造成恶劣影响的，由省级人民政府文物主管部门或者有关登记管理机关按照职责分工，责令改正，有违法所得的，没收违法所得，并处违法所得 2 倍以上 5 倍以下罚款；没有违法所得的，处 5 000 元以上 2 万元以下罚款；情节严重的，由登记管理机关撤销登记。

博物馆从事文物藏品的商业经营活动的，由市场监管部门依照有关文物保护法律、行政法规的规定处罚。博物馆从事非文物藏品的商业经营活动，或者从事其他商业经营活动违反办馆宗旨、损害观众利益的、由省级人民政府文物主管部门或者有关登记管理机关按照职责分工，责令改正，有违法所得的，没收违法所得，并处违法所得 2 倍以上 5 倍以下罚款；没有违法所得的，处 5 000 元以上 2 万元以下罚款；情节严重的，由登记管理机关撤销登记。

13.6　国家级文化生态保护区法律制度

13.6.1　国家级文化生态保护区法律概述

1. 国家级文化生态保护区的概念

文化和旅游部于 2019 年 3 月 1 日出台了《国家级文化生态保护区管理办法》（以下简称《办法》），根据《办法》的规定，国家级文化生态保护区（以下简称

"保护区"）是指以保护非物质文化遗产为核心，对历史文化积淀丰厚、存续状态良好，具有重要价值和鲜明特色的文化形态进行整体性保护，并经文化和旅游部同意设立的特定区域。

2. 国家级文化生态保护区建设理念

保护区建设应坚持保护优先、整体保护、见人见物见生活的理念，既保护非物质文化遗产，也保护孕育发展非物质文化遗产的人文环境和自然环境，实现"遗产丰富、氛围浓厚、特色鲜明、民众受益"的目标。

13.6.2　国家级文化生态保护区申报与设立

1. 国家级文化生态保护区区域范围

保护区依托相关行政区域设立，区域范围为县、地市或若干县域。

2. 国家级文化生态保护区申报设立的条件和程序

1）申报设立原则

申报和设立保护区应本着少而精的原则，坚持公开、公平、公正，履行申报、审核、论证、批准等程序。

2）申报条件

（1）传统文化历史积淀丰厚，具有鲜明地域或民族特色，文化生态保持良好。

（2）非物质文化遗产资源丰富，是当地生产生活的重要组成部分。

（3）非物质文化遗产传承有序，传承实践富有活力、氛围浓厚，当地民众广泛参与，认同感强。

（4）与非物质文化遗产密切相关的实物、场所保存利用良好，其周边的自然生态环境能为非物质文化遗产提供良性的发展空间。

（5）所在地人民政府重视文化生态保护，对非物质文化遗产项目集中、自然生态环境基本良好、传统文化生态保持较为完整的乡镇、村落、街区等重点区域以及开展非物质文化遗产传承所依存的重要场所开列清单，并已经制定实施保护办法和措施。

（6）有文化生态保护区建设管理机构和工作人员。

（7）在省（区、市）内已实行文化生态区域性整体保护两年以上，成效明显。

3）申报程序

申报地区人民政府向省级人民政府文化主管部门提出申报保护区的申请；省

级人民政府文化主管部门组织开展审核论证，经省级人民政府同意后，向文化和旅游部提出设立保护区的申请。

4）申报材料

（1）省级人民政府文化主管部门设立国家级文化生态保护区的申请和省级人民政府同意申请的相关文件。

（2）文化生态保护区规划纲要。

（3）省级人民政府文化主管部门组织的专家评审论证意见。

（4）本省（区、市）内实行文化生态区域性整体保护的相关文件。

（5）其他有关材料。

5）规划纲要编制

保护区规划纲要由省级人民政府文化主管部门、相关地区人民政府负责编制。

保护区规划纲要应包括下列内容：①对文化形态形成的地理环境、历史沿革、现状、鲜明特色、文化内涵与价值的描述和分析；②保护区域范围及重点区域，区域内县级以上非物质文化遗产代表性项目、文物保护单位、相关实物和重要场所清单等；③建设目标、工作原则、保护内容、保护方式等；④保障措施及保障机制；⑤其他有关资料。

6）审批与设立

（1）材料审核与实地考察。文化和旅游部组织对申报材料进行审核。对申报材料齐全且符合要求的申请地区，文化和旅游部根据年度工作计划组织考察组进行实地考察。

（2）设立国家级文化生态保护实验区。文化和旅游部根据实地考察情况，对规划纲要组织专家论证。根据论证意见，将符合条件的申请地区设立为国家级文化生态保护实验区。

（3）编制保护区总体规划。国家级文化生态保护实验区设立后1年内，所在地区人民政府应当在规划纲要的基础上，细化形成保护区总体规划。

（4）设立保护区。总体规划实施3年后，由省级人民政府文化主管部门向文化和旅游部提出验收申请；文化和旅游部根据申请组织建设成果验收。验收合格的，正式公布为保护区并授牌。

13.6.3　国家级文化生态保护区建设与管理

1. 责任主体

保护区建设管理机构负责统筹指导、协调、推进保护区的建设工作。

2. 国家级文化生态保护区管理机构主要职责

（1）贯彻落实国家有关文化建设、非物质文化遗产保护的法律、法规和方针、政策。

（2）制定实施保护区的各项建设管理制度，创新工作机制和保护方式、措施。

（3）负责实施保护区总体规划。

（4）组织或委托有关机构开展文化生态保护理论和实践研究。

（5）开展文化生态保护的宣传教育和培训。

（6）评估、报告和公布保护区建设情况和成效。

3. 建设管理制度

1）完善工作保障机制

（1）制定落实保护办法和行动计划。

（2）建立管理制度。

（3）加强工作机构和队伍建设。

（4）加强理论与实践研究。

（5）形成中央财政补贴、地方财政支持、社会资金参与的多元投入机制。

（6）建立评估管理制度。包括：①自评制度；②动态管理制度。文化和旅游部不定期对国家级文化生态保护区建设情况进行检查；每 5 年对国家级文化生态保护区开展一次总体规划实施情况和建设成效评估，评估报告向社会公布。

2）加强传承实践能力建设制度

（1）加强调查工作，实施非物质文化遗产记录工程。

（2）开展存续状况评测和保护绩效评估。

（3）建立非物质文化遗产传承人的培养激励制度。

3）建立传播宣传制度

（1）建设综合性非物质文化遗产展示场所。

（2）将非物质文化遗产保护知识纳入当地国民教育体系。

（3）定期举办非物质文化遗产展示展演活动。

4）强化引领带动作用制度

（1）推动传统工艺振兴，助力区域扶贫。

（2）积极开展旅游活动。

（3）提升乡村文明水平，助力乡村振兴。

13.7　非物质文化遗产保护法律制度

13.7.1　非物质文化遗产及其保护原则

1. 概念及内容

我国于 2011 年 2 月 25 日通过，并自 2011 年 6 月 1 日起施行《中华人民共和国非物质文化遗产法》（以下简称《非物质文化遗产法》）。

非物质文化遗产，是指各族人民世代相传并视为其文化遗产组成部分的各种传统文化表现形式，以及与传统文化表现形式相关的实物和场所，包括：①传统口头文学以及作为其载体的语言；②传统美术、书法、音乐、舞蹈、戏剧、曲艺和杂技；③传统技艺、医药和历法；④传统礼仪、节庆等民俗；⑤传统体育和游艺；⑥其他非物质文化遗产。

2. 保护原则

保护非物质文化遗产，应当注重其真实性、整体性和传承性，有利于增强中华民族的文化认同，有利于维护国家统一和民族团结，有利于促进社会和谐和可持续发展。

13.7.2　非物质文化遗产代表性项目

国务院建立国家级非物质文化遗产代表性项目名录，将体现中华优秀传统文化，具有重大历史、文学、艺术、科学价值的非物质文化遗产项目列入名录予以保护。省级人民政府建立地方非物质文化遗产代表性项目名录，将本行政区域内体现中华优秀传统文化，具有历史、文学、艺术、科学价值的非物质文化遗产项目列入名录予以保护。

1. 非物质文化遗产的推荐

省级人民政府可以从本省（区、市）非物质文化遗产代表性项目名录中向国务院文化主管部门推荐列入国家级非物质文化遗产代表性项目名录的项目。推荐时应当提交下列材料：①项目介绍，包括项目的名称、历史、现状和价值；②传承情况介绍，包括传承范围、传承谱系、传承人的技艺水平、传承活动的社会影响；③保护要求，包括保护应当达到的目标和应当采取的措施、步骤、管理制度；④有助于说明项目的视听资料等材料。

公民、法人和其他组织认为某项非物质文化遗产体现中华优秀传统文化，具有重大历史、文学、艺术、科学价值的，可以向省级人民政府或者国务院文化主管部门提出列入国家级非物质文化遗产代表性项目名录的建议。

2. 物质文化遗产的评审

国务院文化主管部门应当组织专家评审小组和专家评审委员会，对推荐或者建议列入国家级非物质文化遗产代表性项目名录的非物质文化遗产项目进行初评和审议。

初评意见应当经专家评审小组成员过半数通过。专家评审委员会对初评意见进行审议，提出审议意见。评审工作应当遵循公开、公平、公正的原则。

3. 非物质文化遗产的公示、批准与公布

国务院文化主管部门应当将拟列入国家级非物质文化遗产代表性项目名录的项目予以公示，征求公众意见。公示时间不得少于 20 日。国务院文化主管部门根据专家评审委员会的审议意见和公示结果，拟订国家级非物质文化遗产代表性项目名录，报国务院批准、公布。

4. 非物质文化遗产的规划保护

国务院文化主管部门应当组织制定保护规划，对国家级非物质文化遗产代表性项目予以保护。省级人民政府文化主管部门应当组织制定保护规划，对本级人民政府批准公布的地方非物质文化遗产代表性项目予以保护。制定非物质文化遗产代表性项目保护规划，应当对濒临消失的非物质文化遗产代表性项目予以重点保护。

13.7.3　非物质文化遗产的传承与传播

1. 非物质文化遗产的代表性传承人

1）认定条件

国务院文化主管部门和省级人民政府文化主管部门对本级人民政府批准公布的非物质文化遗产代表性项目，可以认定代表性传承人。非物质文化遗产代表性项目的代表性传承人应当符合下列条件：①熟练掌握其传承的非物质文化遗产；②在特定领域内具有代表性，并在一定区域内具有较大影响；③积极开展传承活动。

2）支持措施

（1）提供必要的传承场所。

（2）提供必要的经费资助其开展招徒、传艺、交流等活动。

（3）支持其参与社会公益性活动。

（4）支持其开展传承、传播活动的其他措施。

3）个人义务

（1）开展传承活动，培养后继人才。

（2）妥善保存相关的实物、资料。

（3）配合文化主管部门和其他有关部门进行非物质文化遗产调查。

（4）参与非物质文化遗产公益性宣传。

非物质文化遗产代表性项目的代表性传承人无正当理由不履行上述规定义务的，文化主管部门可以取消其代表性传承人资格，重新认定该项目的代表性传承人；丧失传承能力的，文化主管部门可以重新认定该项目的代表性传承人。

2.非物质文化遗产的传播教育

（1）宣传展示。县级以上人民政府应当结合实际情况，采取有效措施，组织文化主管部门和其他有关部门宣传、展示非物质文化遗产代表性项目。

（2）研究出版。国家鼓励开展与非物质文化遗产有关的科学技术研究和非物质文化遗产保护、保存方法研究，鼓励开展非物质文化遗产的记录和非物质文化遗产代表性项目的整理、出版等活动。

（3）宣传教育。学校应当按照国务院教育主管部门的规定，开展相关的非物质文化遗产教育。新闻媒体应当开展非物质文化遗产代表性项目的宣传，普及非物质文化遗产知识。

图书馆、文化馆、博物馆、科技馆等公共文化机构和非物质文化遗产学术研究机构、保护机构以及利用财政性资金举办的文艺表演团体、演出场所经营单位等，应当根据各自业务范围，开展非物质文化遗产的整理、研究、学术交流和非物质文化遗产代表性项目的宣传、展示。

（4）民间传承。国家鼓励和支持公民、法人和其他组织依法设立非物质文化遗产展示场所和传承场所，展示和传承非物质文化遗产代表性项目。

（5）开发利用。国家鼓励和支持发挥非物质文化遗产资源的特殊优势，在有效保护的基础上，合理利用非物质文化遗产代表性项目开发具有地方、民族特色和市场潜力的文化产品和文化服务。各级政府应当支持代表性传承人开展传承活动，保护属于该项目组成部分的实物和场所。对上述单位予以扶持，依法享受国家规定的税收优惠。

13.7.4 法律责任

1. 民事责任

违反法律规定，破坏属于非物质文化遗产组成部分的实物和场所的，依法承担民事责任；构成违反治安管理行为的，依法给予治安管理处罚。

境外组织违反相关规定的，由文化和旅游主管部门责令改正，给予警告，没收违法所得及调查中取得的实物、资料；情节严重的，并处 10 万元以上 50 万元以下的罚款。境外个人违反相关规定的，由文化和旅游主管部门责令改正，给予警告，没收违法所得及调查中取得的实物、资料；情节严重的，并处 1 万元以上 5 万元以下的罚款。

2. 行政责任

文化和旅游主管部门和其他有关部门的工作人员在非物质文化遗产保护、保存工作中玩忽职守、滥用职权、徇私舞弊的，依法给予处分。

文化和旅游主管部门和其他有关部门的工作人员进行非物质文化遗产调查时侵犯调查对象风俗习惯，造成严重后果的，依法给予处分。

3. 刑事责任

违反法律规定，构成犯罪的，依法追究刑事责任。

13.7.5 《保护非物质文化遗产公约》缔约国的义务

1. 非物质文化遗产拟订清单

《保护非物质文化遗产公约》规定，为了使各缔约国领土上的非物质文化遗产得到确认以便加以保护，各缔约国应根据自己的国情拟订一份或数份关于这类遗产的清单，并应定期加以更新。

2. 非物质文化遗产保护措施

为了确保其领土上的非物质文化遗产得到保护、弘扬和展示，各缔约国应努力做到：①制定一项总的政策，使非物质文化遗产在社会中发挥应有的作用，并将这种遗产的保护纳入规划工作；②指定或建立一个或数个主管保护其领土上的非物质文化遗产的机构；③鼓励开展有效保护非物质文化遗产，特别是濒危非物质文化遗产的科学、技术和艺术研究以及方法研究；④采取适当的法律、技术、行政和财政措施，以便促进建立或加强培训管理非物质文化遗产的机构以及通过为这种遗产提供活动和表现的场所和空间，促进这种遗产的传承；确保对非物质文化遗产的享用，同时对享用这种遗产的特殊方面的习俗做法予以尊重；建立非物质文化遗产文献机构并创造条件促进对它的利用。

3. 教育、宣传和能力培养

对缔约国的要求包括以下几方面。

（1）使非物质文化遗产在社会中得到确认、尊重和弘扬，主要通过：①向公众，尤其是向青年进行宣传和传播信息的教育计划；②有关社区和群体的具体的教育和培训计划；③保护非物质文化遗产，尤其是管理和科研方面的能力培养活动；④非正规的知识传播手段。

（2）不断向公众宣传对这种遗产造成的威胁以及根据本公约所开展的活动。

（3）促进保护表现非物质文化遗产所需的自然场所和纪念地点的教育。

4. 社区、群体和个人的参与

缔约国在开展保护非物质文化遗产活动时，应努力确保创造、延续和传承这种遗产的社区、群体，有时是个人的最大限度的参与，并吸收他们积极地参与有关的管理。

13.8 保护世界遗产公约

13.8.1 世界遗产概述

1. 世界遗产的概念与特征

（1）世界遗产的概念。世界遗产，是指被联合国教科文组织和世界遗产委员会确认的人类罕见的、目前无法替代的财富，是全人类公认的具有突出意义和普遍价值的文物古迹及自然景观。申请世界遗产须具备两个前提：备选项目具有"真实性"和"完整性"；制定相关法律法规，设立保护机构，有经费。

（2）世界遗产的特征。世界遗产的基本特征包括稀缺性、不可替代性、杰出性、多样性。根据联合国教科文组织于 1972 年 11 月 16 日通过的《保护世界文化和自然遗产公约》（以下简称《文化和自然遗产公约》），世界遗产包括世界文化遗产、世界自然遗产、世界文化与自然遗产和文化景观。截至 2018 年 7 月，世界遗产总数达到 1 092 处，其中包括 845 处文化遗产、209 处自然遗产以及 38 处自然与文化双遗产，遍布世界 167 个国家。截至 2022 年，中国已有 56 处世界遗产。

2. 世界遗产的类别

（1）世界文化遗产。世界文化遗产，包括从历史、艺术或科学角度看具有突出的普遍价值的建筑物、碑雕和碑画，具有考古性质成分或结构的铭文、窑洞以及联合体；从历史、艺术或科学角度看在建筑式样、分布均匀或与环境景色结合方面具有突出的普遍价值的单立或连接的建筑群；从历史、审美、人种学或人类学角度看具有突出的普遍价值的人类工程或自然与人联合工程以及考古地址等地方。

（2）世界自然遗产。世界自然遗产，包括从审美或科学角度看具有突出的普遍价值的由物质和生物结构或这类结构群组成的自然面貌；从科学或保护角度看具有突出的普遍价值的地质和自然地理结构以及明确划为受威胁的动物和植物生境区；从科学、保护或自然美角度看具有突出的普遍价值的天然名胜或明确划分的自然区域。

（3）世界文化与自然遗产。世界文化与自然遗产，指自然和文化价值相结合的遗产。

（4）文化景观。文化景观，是 1994 年才正式确立的一种文化遗产类型，是指自然与人类的共同作品。

13.8.2　世界遗产名录

1. 提交清单

《文化和自然遗产公约》规定，各缔约国应尽力向世界遗产委员会递交一份关于本国领土内适于列入《世界遗产名录》的文化遗产和自然遗产的财产清单，清单应包括有关财产的所在地及其意义的文献资料。

2. 确定名录

委员会应根据清单制定、更新和出版一份《世界遗产名录》。该名录是委员会在确定标准的基础上认定的具有突出的普遍价值的财产。一份最新名录应至少每两年分发一次。

把一项财产列入《世界遗产名录》需征得有关国家同意。当几个国家对某一领土的主权或管辖权均提出要求时，将该领土内的一项财产列入名录不得损害争端各方的权利。

3. 濒危世界遗产名录

委员会应在必要时制定、更新和出版一份《濒危世界遗产名录》，其中所列财产均为载于《世界遗产名录》之中、需要采取重大活动加以保护并根据本公约要求需给予援助的财产。《濒危世界遗产名录》应载有这类活动的费用概算并只可包括文化遗产和自然遗产中受到下述严重的特殊危险威胁的财产。这些危险包括：蜕变加剧、大规模公共和私人工程、城市或旅游业迅速发展的项目造成的消失威胁；土地的使用变动或易主造成的破坏；未知原因造成的重大变化；随意摒弃；武装冲突的爆发或威胁；灾害和灾变；严重火灾、地震、山崩；火山爆发；水位变动、洪水和海啸等。委员会在紧急需要时可随时在《濒危世界遗产名录》中增列新的条目并立即予以发表。

4. 被名录拒绝

委员会在拒绝一项要求列入名录的申请之前，应与有关文化或自然财产所在缔约国磋商。

5. 鼓励研究

委员会经与有关国家商定，应协调和鼓励为拟订目录所需进行的研究。

13.8.3 《文化和自然遗产公约》缔约国的义务

《文化和自然遗产公约》规定，为确保公约各缔约国为保护、保存和展出本国领土内的文化遗产和自然遗产采取积极有效的措施，各缔约国应视本国具体情况尽力做到以下几点。

（1）通过一项旨在使文化和自然遗产在社会生活中起一定作用并把遗产保护纳入全面规划计划的总政策。

（2）如本国内尚未建立负责文化和自然遗产的保护、保存和展出的机构，则建立一个或几个此类机构，配备适当的工作人员和为履行其职能所需的手段。

（3）发展科学和技术研究，并制定出能够抵抗威胁本国自然遗产的危险的实际方法。

（4）采取为确定、保护、保存、展出和恢复这类遗产所需的

拓展阅读 13.5

适当的法律、科学、技术、行政和财政措施。

（5）促进建立或发展有关保护、保存和展出文化和自然遗产的国家或地区培训中心，并鼓励这方面的科学研究。

本章小结

本章的主要内容包括：风景名胜区的概念、等级划分、开发与规划及其管理、破坏风景名胜区的法律责任；文物资源的法律保护、文物资源的考古发掘、馆藏文物和私人收藏文物的管理、《文物保护法》的法律责任；自然保护区法律制度、野生动植物保护法律制度、博物馆管理制度、国家级文化生态保护区法律制度、非物质文化遗产保护法律制度、保护世界遗产公约。重点内容为风景名胜区的设立；文物资源的法律保护。难点为自然保护区的保护与管理。

即测即练

思考题

1. 风景名胜区总体规划包括哪些内容？

2. 哪些文物受国家法律保护？

3. 设立自然保护区的条件有哪些？

4. 设立博物馆应具备哪些条件？

5. 申报国家级文化生态保护区应具备哪些条件？

6. 非物质文化遗产代表性项目的代表性传承人应履行哪些义务？

第14章 解决旅游纠纷的相关法律制度

🔍 **学习目标**

1. 了解旅游纠纷的含义、解决途径和相关法律背景。

2. 熟悉旅游投诉、民事诉讼证据的基本规定。

3. 掌握旅游纠纷案件的处理、审理旅游纠纷案件适用法律的规定。

🔍 **能力目标**

1. 了解旅游纠纷解决的途径和法律依据，能自主查阅相关资料拓展知识。

2. 熟悉旅游投诉、民事诉讼证据的基本规定，增强理性分析的法律思维能力。

3. 掌握旅游纠纷处理相关法律规定，学会处理旅游纠纷实践相关问题。

🔍 **思政目标**

1. 了解旅游纠纷的法律背景，端正解决旅游纠纷的法律态度。

2. 熟悉旅游纠纷的基本规定，养成严谨、守法的法律工作习惯。

3. 掌握旅游纠纷处理中各主体的责任与裁判尺度，加深法律保护弱者和公平公正原则统一的理解，提高以人为本的法律精神追求。

思维导图

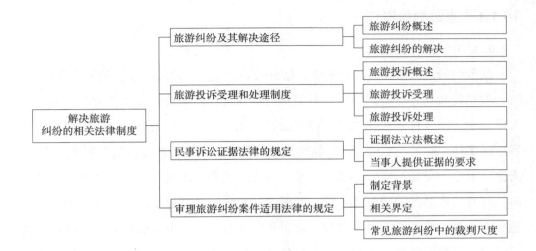

导入案例

　　旅游者蔡某等 4 人于 2021 年 9 月在佛山某旅行社报名参加海南海花岛之旅，行程日期为 10 月 13 日至 10 月 17 日，3 499 元 / 人团费，共计 13 996 元。受新冠疫情影响，9 月 28 日，蔡某等 4 人按当地政策向佛山某旅行社提出取消出游行程，并要求旅行社退团退费。旅行社以签约后已经预订酒店、机票等为由，退团要求扣除每人 500 元手续费用，即共 2 000 元，但未向 4 人提供相关扣费凭证。蔡某等 4 人对扣除费用存在异议，遂投诉至佛山市禅城区文化广电旅游体育局，该局旅游投诉处理机构对纠纷进行调查，发现旅行社扣除的费用并未实际发生。经过调解，佛山某旅行社退回所扣 2 000 元手续费。

　　资料来源：佛山市文化广电旅游体育局 2021 年发布的旅游纠纷典型案例。

　　思考题：

　　1. 本案中蔡某等人是通过什么途径解决纠纷的？

　　2. 旅游者与旅游经营者之间的纠纷还可以通过哪些途径解决？

　　3. 旅游投诉处理机构接到旅游投诉后该如何处理？

　　4. 旅游投诉中提供证据时应注意哪些问题？

14.1　旅游纠纷及其解决途径

14.1.1　旅游纠纷概述

1. 旅游纠纷及其特点

旅游纠纷，泛指在旅游过程中，旅游关系的当事人之间所发生的矛盾和冲突。与一般纠纷相比，旅游纠纷因旅游消费的特性具有以下特点：①旅游纠纷的法律关系复杂，涵盖民事法律关系、行政法律关系和刑事法律关系；②旅游纠纷的内容广泛多样，除了与旅游合同、旅游服务等有关外，还会涉及住宿、餐饮、购物、安全、卫生、交通、保险等诸多方面；③旅游消费需求属于精神和文化消费的范畴，与有形产品的消费显然不同，其所涉的实际标的额较小；④旅游纠纷的双方地位不平等，旅游活动"先付费、后服务"的行业特点以及旅游合同违约难以通过修理、退换、重作等方式予以有效救济，造成旅游纠纷风险防范成本高、旅游者维权难度大，旅游者的弱者地位较为明显。

2. 对旅游纠纷范围的界定

本章重点讨论旅游者和旅游经营者之间的纠纷，以及由此引起的旅游者、旅游经营者和国家旅游主管部门之间的纠纷。上述纠纷发生之后，当事人尤其是旅游者，应寻求适当的途径和方法解决权利归属争议，以维护自己的合法权益。根据我国法律、法规的有关规定，协商、调解、行政处理、仲裁、诉讼是解决纠纷的主要途径，当事人可根据情况选择适当的方式解决纠纷。

14.1.2　旅游纠纷的解决

1. 解决旅游纠纷的法律依据

《旅游法》规定，旅游者与旅游经营者发生纠纷，可以通过下列途径解决：①双方协商；②向消费者协会、旅游投诉受理机构或者有关调解组织申请调解；③根据与旅游经营者达成的仲裁协议提请仲裁机构仲裁；④向人民法院提起诉讼。

2. 解决旅游纠纷的途径

1）协商

协商，是争议各方当事人在自愿、互谅的基础上，依照法律的规定或者合同的约定，直接进行谈判、磋商，相互作出一定让步，自行达成协议以解决纠纷的方法。

2）调解

调解，指在第三方主持下，通过其劝说、引导，使争议各方在互谅互让的基础上达成协议、促使纠纷得以解决的方式。在调解过程中，应当贯彻自愿、平等、互利、合法的原则。

3）仲裁

（1）仲裁的含义。仲裁，又称公断，是指由双方当事人协议将争议提交第三者，由该第三者对争议的是非曲直进行评判并作出裁决的一种解决争议的方法。仲裁裁决具有强制性，对双方当事人均具有拘束力。

（2）仲裁协议。《仲裁法》规定，确定一个案件是否能够提起仲裁，重要的前提就是当事人之间是否存在仲裁协议。仲裁协议是当事人表示将双方的纠纷提交仲裁机构进行裁决的书面协议。

（3）仲裁裁决的效力。在当事人依仲裁协议向仲裁机构申请仲裁之后，仲裁机构则依照有关法律，对案件进行仲裁，作出仲裁裁决。仲裁实行"一裁终局"制度，即仲裁裁决一经作出，即行生效，当事人不得就同一纠纷再次申请仲裁或者向人民法院起诉。生效的仲裁裁决，可以向人民法院申请强制执行。裁决被人民法院依法裁定撤销或者不予执行的，当事人就该纠纷可以根据双方重新达成的仲裁协议申请仲裁，也可以向人民法院起诉。

拓展阅读 14.1

4）诉讼

诉讼，民间俗称"打官司"，指人民法院和案件当事人在其他诉讼参与人配合下，为解决纠纷依法定程序进行的全部活动。诉讼是解决旅游纠纷的最终办法。人民法院作出的判决或裁定一经生效，就由国家强制力保证其实施，具有最高的权威性和最终的决定力。

拓展阅读 14.2

14.2　旅游投诉受理和处理制度

14.2.1　旅游投诉概述

1991 年 6 月 1 日，国务院旅游行政主管部门颁布《旅游投诉暂行规定》初步建立了旅游投诉制度。随着旅游业的快速发展和《旅行社条例》的颁布，原有旅游投诉相关规定已不能适应实际需要。2010 年 5 月 5 日，国务院旅游行政主管部门颁布了于同年 7 月 1 日生效的《旅游投诉处理办法》（以下简称《办法》）。《旅游法》将旅游投诉制度法律化，为解决旅游纠纷提供了法律依据。

1. 旅游投诉

1）含义

旅游投诉，是指旅游者认为旅游经营者损害其合法权益，请求旅游行政管理部门、旅游质量监督管理机构或者旅游执法机构（以下统称"旅游投诉处理机构"），对双方发生的民事争议进行处理的行为。其特征是：①投诉主体是旅游者；②被投诉主体是旅游经营者；③请求解决的纠纷属于民事纠纷；④受理旅游投诉的是法律规定的投诉处理机构；⑤处理旅游投诉是旅游投诉处理机构的具体行政行为；⑥处理旅游纠纷是旅游投诉处理机构法定职权内行为。

2）类别

（1）单独投诉与共同投诉。旅游投诉通常是单独的个体行为；投诉人 4 人以上，以同一事由投诉同一被投诉人的，为共同投诉。共同投诉可以由投诉人推选 1~3 名代表进行投诉。代表人参加旅游投诉处理机构处理投诉过程的行为，对全体投诉人发生效力，但代表人变更、放弃投诉请求或者进行和解，应当经全体投诉人同意。

（2）亲自投诉与委托投诉。投诉人亲自行使投诉权为亲自投诉；投诉人委托代理人进行投诉活动的为委托投诉，应当向旅游投诉处理机构提交授权委托书，并载明委托权限。

2. 旅游投诉当事人

1）旅游投诉者

旅游投诉者是指认为旅游经营者损害其合法权益，请求旅游投诉处理机构对双方发生的民事争议进行处理以维护其合法权益因而使投诉成立的人。

在旅游投诉过程中，旅游投诉者享有如下权利：有权了解处理的情况；有获得书面告知的权利；有权请求调解；有权要求旅游投诉处理机构在规定的时间处理投诉；有权与被投诉人和解；有权依法申请仲裁或者向人民法院提起诉讼。

2）旅游被投诉者

旅游被投诉者是指与旅游投诉者相对应的一方当事人，被控损害旅游投诉者权益，需要追究民事责任，并经旅游投诉处理机构通知其应诉的人。在旅游投诉中，被投诉者只能是为旅游者提供服务的旅游经营者。

在旅游投诉过程中，旅游被投诉者享有如下权利：有权了解处理的情况；与投诉者自行和解；反驳投诉请求；提出申辩，保护其合法权益。

3. 旅游投诉构成要件

《办法》规定了旅游投诉应具备的条件和形式，即旅游投诉受理机构受理旅游投诉案件的实质要件和形式要件。

1）实质要件

（1）投诉人与投诉事项有直接利害关系。

（2）具有明确的被投诉人。

（3）具体的投诉请求、事实和理由。

2）形式要件

（1）一般情况。旅游投诉一般应当采取书面形式，一式两份，并载明下列事项：①投诉人的姓名、性别、国籍、通信地址、邮政编码、联系电话及投诉日期；②被投诉人的名称、所在地；③投诉的要求、理由及相关的事实根据。

（2）简易情况。投诉事项比较简单的，投诉人可以口头投诉，由旅游投诉处理机构进行记录或者登记，并告知被投诉人；对于不符合受理条件的投诉，旅游投诉处理机构可以口头告知投诉人不予受理及其理由，并进行记录或者登记。

14.2.2　旅游投诉受理

1. 旅游投诉受理的概念

旅游投诉受理，指有管辖权的旅游投诉处理机构，接到旅游投诉者的投诉状或者口头投诉，经审查认为符合投诉受理条件，在法定期限内予以立案；或者认为投诉不符合投诉受理条件，决定不予受理的行政行为。

2. 旅游投诉受理机构及其职能

1）受理机构

县级以上人民政府应当指定或者设立统一的旅游投诉受理机构。该规定表明设置统一的旅游投诉受理机构是县级以上人民政府的义务。

2）受理机构职能

（1）统一接受旅游者的投诉。

（2）自行处理或将投诉转交各有关部门进行处理。旅游投诉受理机构需要按照政府各部门职责分工，及时将投诉交给有关部门进行办理。如政府指定的旅游投诉统一受理机构本身即具有一定的投诉处理权，如旅游质量监督机构、旅游执法机构等，其接到投诉请求并确定属于自身职责范围的，就应当自行处理，此时旅游投诉受理与处理机构统一。

（3）履行告知义务。由投诉受理机构负责处理的，投诉受理机构还应当向投诉人告知投诉处理结果；移交其他部门处理的，投诉受理机构也应当跟踪了解处理情况，并告知投诉人。

3. 旅游投诉案件受理的范围

1）受理事项

投诉人可以就下列事项向旅游投诉处理机构投诉。

（1）认为旅游经营者违反合同约定的。

（2）因旅游经营者的责任致使投诉人人身、财产受到损害的。

（3）因不可抗力、意外事故致使旅游合同不能履行或者不能完全履行，投诉人与被投诉人发生争议的。

（4）其他损害旅游者合法权益的。

2）不予受理情形

（1）人民法院、仲裁机构、其他行政管理部门或者社会调解机构已经受理或者处理的。

（2）旅游投诉处理机构已经作出处理，且没有新情况、新理由的。

（3）不属于旅游投诉处理机构职责范围或者管辖范围的。

（4）超过旅游合同结束之日 90 天的。

（5）不符合本《办法》第 10 条规定的旅游投诉条件的。

（6）本《办法》规定情形之外的其他经济纠纷。

拓展阅读 14.3

4. 旅游投诉案件的管辖

1）管辖及其原则

旅游投诉案件的管辖，指各级旅游投诉处理机构和同级旅游投诉处理机构之间，在受理旅游投诉案件时的分工和权限。《办法》确立了以一般地域管辖为主、特殊地域管辖为辅的原则，充分体现和发挥旅游投诉工作及时、快速化解纠纷、避免矛盾扩大的特点和优势。

2）地域管辖

地域管辖，是指同级旅游投诉处理机构之间横向划分各自辖区内处理旅游投诉案件的权限，即确定旅游投诉处理机构实施其行政权力的地域范围。地域范围一般是根据各级行政区划确定的。旅游投诉由旅游合同签订地或者被投诉人所在地县级以上地方旅游投诉处理机构管辖。

根据我国的实际情况以及旅游的特点，《办法》确定了三个标准。

（1）旅游合同签订地，即旅游者与旅行社签订旅游合同的所在地，通常指组团社所在地。

（2）被投诉者所在地。被投诉者是公民的，所在地为其长久居住地场所。自然人以户籍登记或者其他有效身份登记记载的居所为住所；经常居所与住所不一致的，经常居所视为住所。被投诉者是法人的。法人以其主要办事机构所在地为住所。

（3）损害行为发生地，指导致投诉人人身、财产权利或其他权利受到损害的被投诉人的过错行为发生地。投诉案件的管辖，以一般地域管辖为主，需要立即制止、纠正被投诉人的损害行为的，应当由损害行为发生地旅游投诉处理机构管辖。

3）级别管辖与指定管辖

（1）级别管辖是划分上下级旅游投诉受理机关之间对处理投诉案件的分工和权限。上级旅游投诉处理机构有权处理下级旅游投诉处理机构管辖的投诉案件。

（2）指定管辖指上级旅游投诉处理机构以决定方式指定下一级投诉处理机构对某一案件行使管辖权。

14.2.3 旅游投诉处理

1. 工作机制

地方各级旅游行政主管部门应当在本级人民政府的领导下，建立、健全相关行政管理部门共同处理旅游投诉的工作机制。

2. 投诉者在投诉时效期间内提起旅游投诉

投诉时效，指依照相关规定，投诉者在法定有效期限内不行使权利，就丧失了请求旅游投诉处理机构保护其合法旅游权益的权利。超过投诉时效期间的，旅游行政管理机关不予受理。

当事人向旅游投诉处理机构请求保护合法权益的投诉时效期间为 90 天，从旅游合同结束之日起算。投诉时效从权利人知道或者应当知道合同结束之日起开始计算。

3. 旅游投诉受理机构对接到投诉的处理

（1）受理与不予受理的一般规定。旅游投诉处理机构接到投诉，应当在5个工作日内作出以下处理：投诉符合受理条件的，予以受理；投诉不符合受理条件的，应当向投诉人送达《旅游投诉不予受理通知书》，告知不予受理的理由。

（2）旅游投诉案件的移送与转办制度。旅游投诉处理机构应当在其职责范围内处理旅游投诉。旅游投诉处理机构在处理旅游投诉中，发现被投诉人或者其从业人员有违法或犯罪行为的，应当依法作出行政处罚、向有关行政管理部门提出行政处罚建议或者移送司法机关。无管辖权的，应当以《旅游投诉转办通知书》或者《旅游投诉转办函》将投诉材料转交有管辖权的旅游投诉处理机构或者其他有关行政管理部门，并书面告知投诉人。

4. 处理旅游投诉的程序

1）简易程序

对于事实清楚、应当即时制止或者纠正被投诉人损害行为的，可以不填写《旅游投诉立案表》和向被投诉人送达《旅游投诉受理通知书》，但应当对处理情况进行记录存档。

2）一般程序

一般程序，主要包括立案、答复、调查取证、鉴定检测、自行和解等。

（1）立案。旅游投诉处理机构处理旅游投诉，应当立案办理，填写《旅游投诉立案表》，并附有关投诉材料，在受理投诉之日起5个工作日内，将《旅游投诉受理通知书》和投诉书副本送达被投诉人。

（2）答复。被投诉人应当在接到通知之日起10日内作出书面答复，提出答辩的事实、理由和证据。

（3）调查取证。在旅游投诉处理过程中，投诉人和被投诉人应当对自己的投诉或者答辩提供证据。旅游投诉处理机构应当对双方当事人提出的事实、理由及证据进行审查。旅游投诉处理机构认为有必要收集新的证据，可以根据有关法律、法规的规定，自行收集或者召集有关当事人进行调查。需要委托其他旅游投诉处理机构协助调查、取证的，应当出具《旅游投诉调查取证委托书》，受委托的旅游投诉处理机构应当予以协助。

（4）鉴定检测。对专门性事项需要鉴定或者检测的，可以由当事人双方约定的鉴定或者检测部门鉴定。没有约定的，当事人一方可以自行向法定鉴定或者检测机构申请鉴定或者检测。鉴定、检测费用按双方约定承担。没有约定的，由鉴定、检测申请方先行承担；达成调解协议后，按调解协议承担。鉴定、检测的时间不计入投诉处理时间。

（5）自行和解。在投诉处理过程中，投诉人与被投诉人自行和解的，应当将和解结果告知旅游投诉处理机构；旅游投诉处理机构在核实后应当予以记录并由双方当事人、投诉处理人员签名或者盖章。

（6）投诉处理。

①旅游投诉的调解制度。旅游投诉处理机构处理旅游投诉，除《办法》另有规定外，实行调解制度。旅游投诉处理机构应当在查明事实的基础上，遵循自愿、合法的原则进行调解，促使投诉人与被投诉人相互谅解，达成协议。旅游投诉处理机构受理投诉后，应当积极安排当事双方进行调解，提出调解方案，促成双方达成调解协议。旅游投诉的调解具有以下特点：调解主体是旅游投诉处理机构，调解本身是一种行政行为；旅游投诉处理机构在本案过程中，应当先进行调解，调解是旅游投诉处理过程的必经程序。

②处理时间和处理结果。旅游投诉处理机构应当在受理旅游投诉之日起60日内，作出处理。双方达成调解协议的，应当制作《旅游投诉调解书》，载明投诉请求、查明的事实、处理过程和调解结果，由当事人双方签字并加盖旅游投诉处理机构印章；调解不成的，终止调解，旅游投诉处理机构应当向双方当事人出具《旅游投诉终止调解书》。调解不成的，或者调解书生效后没有执行的，投诉人可以按照国家法律、法规的规定，向仲裁机构申请仲裁或者向人民法院提起诉讼。

在下列情形下，经旅游投诉处理机构调解，投诉人与旅行社不能达成调解协议的，旅游投诉处理机构应当作出划拨旅行社质量保证金赔偿的决定，或向旅游行政管理部门提出划拨旅行社质量保证金的建议：①旅行社因解散、破产或者其他原因造成旅游者预交旅游费用损失的；②因旅行社中止履行旅游合同义务、造成旅游者滞留，而实际发生了交通、食宿或返程等必要及合理费用的。

5. 规范管理旅游投诉的信息与档案

旅游投诉处理机构应当每季度公布旅游者的投诉信息，使用统一规范的旅游投诉处理信息系统，为受理的投诉制作档案并妥善保管相关资料。

14.3　民事诉讼证据法律的规定

14.3.1　证据法立法概述

我国尚未出台统一的证据法法典。有关证据的法律散见于《民事诉讼法》《刑事诉讼法》《行政诉讼法》《人民法院组织法》《检察院组织法》及其司法解释中。关于民事诉讼证据,《民事诉讼法》中未设置"证据"专章。

2001 年 12 月 6 日最高人民法院审判委员会第 1201 次会议通过了自 2002 年 4 月 1 日起施行的《关于民事诉讼证据的若干规定》(以下简称《民事证据规定》);之后经历三次修改。2015 年《最高人民法院关于适用〈中华人民共和国民事诉讼法〉的解释》(以下简称《民诉法解释》)公布实施,法律法规制度和民事诉讼实践都发生了重大变化。2019 年 10 月 14 日,在广泛征求意见和充分论证的基础上,最高人民法院审判委员会通过了自 2020 年 5 月 1 日起施行的修改过的《民事证据规定》。

14.3.2　当事人提供证据的要求

1. 证据总体要求

当事人向人民法院提供证据,应当提供原件或者原物。如需自己保存证据原件、原物或者提供原件、原物确有困难的,可以提供经人民法院核对无异的复制件或者复制品。所谓"确有困难"的情形包括:①书证原件遗失、灭失或者毁损的;②原件在对方当事人控制之下,经合法通知提交而拒不提交的;③原件在他人控制之下,而其有权不提交的;④原件因篇幅或者体积过大而不便提交的;⑤承担举证证明责任的当事人通过申请人民法院调查收集或者其他方式无法获得书证原件的。需要说明的是。本条规定只能对书证、物证和视听资料这三种证据形式适用,对广义上称为"人证"的证据形式,如当事人陈述、证人证言、鉴定意见、勘验笔录则不能适用该规则。

2. 证据分类要求

(1)以动产作为证据。以动产作为证据的,应当将原物提交人民法院。原物不宜搬移或者不宜保存的,当事人可以提供复制品、影像资料或者其他替代品。人民法院在收到当事人提交的动产或者替代品后,应当及时通知双方当事人到人民法院或者保存现场查验。

(2)以不动产作为证据。当事人以不动产作为证据的,应当向人民法院提供该不动产的影像资料。人民法院认为有必要的，应当通知双方当事人到场进行查验。

（3）以视听资料、电子数据作为证据。当事人以视听资料作为证据的，应当提供存储该视听资料的原始载体。当事人以电子数据作为证据的，应当提供原件。电子数据的制作者制作的与原件一致的副本，或者直接来源于电子数据的打印件或其他可以显示、识别的输出介质，视为电子数据的原件。

（4）域外形成的证据。当事人提供的公文书证系在中华人民共和国领域外形成的，该证据应当经所在国公证机关证明，或者履行中华人民共和国与该所在国订立的有关条约中规定的证明手续。中华人民共和国领域外形成的涉及身份关系的证据，应当经所在国公证机关证明并经中华人民共和国驻该国使领馆认证，或者履行中华人民共和国与该所在国订立的有关条约中规定的证明手续。当然，当事人向人民法院提供外文书证或者外文说明资料，应当附有中文译本。本条规定表明外文书证或外文说明资料所附的中文译文，应根据《民事证据规定》第 16 条的规定，随同一起公证和（或）认证，或者一起履行其他证明手续。中文译文本履行上述程序后，方具有与外文书证或者外文说明资料同等的效力。

14.4　审理旅游纠纷案件适用法律的规定

14.4.1　制定背景

最高人民法院审判委员会于 2010 年 9 月 13 日通过了自同年 11 月 1 日施行的《最高人民法院关于审理旅游纠纷案件适用法律若干问题的规定》（以下简称《规定》），这是我国第一个专门处理旅游民事纠纷的司法解释。最高人民法院根据 2020 年 12 月 23 日最高人民法院审判委员会第 1823 次会议通过的《最高人民法院关于修改〈最高人民法院关于在民事审判工作中适用《中华人民共和国工会法》若干问题的解释〉等二十七件民事类司法解释的决定》，对《规定》进行了修正。修正后的《规定》2021 年 1 月 1 日起实施。

14.4.2　相关界定

1. 相关概念及不适用范围

1）相关概念

（1）基本概念。旅游纠纷，是指旅游者与旅游经营者、旅游辅助服务者之间因旅游发生的合同纠纷或者侵权纠纷。旅游经营者，是指以自己的名义经营旅游业务，向公众提供旅游服务的人。旅游辅助服务者，是指与旅游经营者存在合同关系，协助旅游经营者履行旅游合同义务，实际提供交通、游览、住宿、餐饮、娱乐等旅游服务的人。

（2）自行旅游。旅游者在自行旅游过程中与旅游景点经营者因旅游发生的纠纷，参照适用本规定。参照适用意味着本不应当适用，因为情形类似有可比性，才予以适用以解决纠纷。

（3）集体旅游。以单位、家庭等集体形式与旅游经营者订立旅游合同，在履行过程中发生纠纷，除集体以合同一方当事人名义起诉外，旅游者个人提起旅游合同纠纷诉讼的，人民法院应予受理。明确规定了以单位、家庭等集体形式签订旅游合同发生纠纷的，赋予旅游者以个人名义行使诉权。

2）不适用范围

本规定施行前已经终审，本规定施行后当事人申请再审或者按照审判监督程序决定再审的案件，不适用本规定。

2. 旅游者请求权竞合

因旅游经营者方面的同一原因造成旅游者人身损害、财产损失，旅游者选择请求旅游经营者承担违约责任或者侵权责任的，人民法院应当根据当事人选择的案由进行审理。

拓展阅读 14.4

3. 旅游辅助者和保险公司的诉讼地位

（1）旅游辅助者诉讼地位。因旅游辅助服务者的原因导致旅游经营者违约，旅游者仅起诉旅游经营者的，人民法院可以将旅游辅助服务者追加为第三人。

（2）保险公司诉讼地位。旅游经营者已投保责任险，旅游者因保险责任事故仅起诉旅游经营者的，人民法院可以应当事人的请求将保险公司列为第三人。上述规定表明：①保险公司可以第三人的身份参加诉讼，将保险公司列为第三人可以简化责任险的赔偿程序和时间；②所指"当事人"包括旅游者和旅游经营者。

14.4.3 常见旅游纠纷中的裁判尺度

1. "霸王条款"的效力

旅游经营者以格式条款、通知、声明、店堂告示等方式作出排除或者限制旅游者权利、减轻或者免除旅游经营者责任、加重旅游者责任等对旅游者不公平、不合理的规定，旅游者依据《消费者权益保护法》第 26 条的规定请求认定该内容无效的，人民法院应予支持。

2. 旅游安全

（1）安全保障。旅游经营者、旅游辅助服务者未尽到安全保障义务，造成旅游者人身损害、财产损失，旅游者请求旅游经营者、旅游辅助服务者承担责任的，人民法院应予支持。因第三人的行为造成旅游者人身损害、财产损失，由第三人承担责任；旅游经营者、旅游辅助服务者未尽安全保障义务，旅游者请求其承担相应补充责任的，人民法院应予支持。

（2）告知、警示与救助。旅游经营者、旅游辅助服务者对可能危及旅游者人身、财产安全的旅游项目未履行告知、警示义务，造成旅游者人身损害、财产损失，旅游者请求旅游经营者、旅游辅助服务者承担责任的，人民法院应予支持。旅游者在自行安排活动期间遭受人身损害、财产损失，旅游经营者未尽到必要的提示义务、救助义务，旅游者请求旅游经营者承担相应责任的，人民法院应予支持。上述规定的自行安排活动期间，包括旅游经营者安排的在旅游行程中独立的自由活动期间、旅游者不参加旅游行程的活动期间以及旅游者经导游或者领队同意暂时离队的个人活动期间等。

（3）旅游者配合与协助。旅游者未按旅游经营者、旅游辅助服务者的要求提供与旅游活动相关的个人健康信息并履行如实告知义务，或者不听从旅游经营者、旅游辅助服务者的告知、警示，参加不适合自身条件的旅游活动，导致旅游过程中出现人身损害、财产损失，旅游者请求旅游经营者、旅游辅助服务者承担责任的，人民法院不予支持。旅游者在旅游行程中未经导游或者领队许可，故意脱离团队，遭受人身损害、财产损失，请求旅游经营者赔偿损失的，人民法院不予支持。

（4）个人信息安全。旅游经营者、旅游辅助服务者以非法收集、存储、使用、加工、传输、买卖、提供、公开等方式处理旅游者个人信息，旅游者请求其承担相应责任的，人民法院应予支持。

（5）行李损灭赔偿。旅游经营者或者旅游辅助服务者为旅游者代管的行李物品损毁、灭失，旅游者请求赔偿损失的，人民法院应予支持，但下列情形除外：①损失是由于旅游者未听从旅游经营者或者旅游辅助服务者的事先声明或者提示，未将现金、有价证券、贵重物品由其随身携带而造成的；②损失是由于不可抗力造成的；③损失是由于旅游者的过错造成的；④损失是由于物品的自然属性造成的。

3. 旅游经营者的旅游业务转让与委托

（1）业务转让。旅游经营者将旅游业务转让给其他旅游经营者，旅游者不同意转让，请求解除旅游合同、追究旅游经营者违约责任的，人民法院应予支持。旅游经营者擅自将其旅游业务转让给其他旅游经营者，旅游者在旅游过程中遭受损害，请求与其签订旅游合同的旅游经营者和实际提供旅游服务的旅游经营者承担连带责任的，人民法院应予支持。

（2）业务委托。签订旅游合同的旅游经营者将其部分旅游业务委托旅游目的地的旅游经营者，因受托方未尽旅游合同义务，旅游者在旅游过程中受到损害，要求作出委托的旅游经营者承担赔偿责任的，人民法院应予支持。旅游经营者委托除上述规定以外的人从事旅游业务，发生旅游纠纷，旅游者起诉旅游经营者的，人民法院应予受理。

拓展阅读 14.5

4. 旅游者的旅游合同转让与解除

（1）合同转让。除合同性质不宜转让或者合同另有约定之外，在旅游行程开始前的合理期间内，旅游者将其在旅游合同中的权利义务转让给第三人，请求确认转让合同效力的，人民法院应予支持。因上述所述原因，旅游经营者请求旅游者、第三人给付增加的费用或者旅游者请求旅游经营者退还减少的费用的，人民法院应予支持。

（2）合同单方解除。旅游行程开始前或者进行中，因旅游者单方解除合同，旅游者请求旅游经营者退还尚未实际发生的费用，或者旅游经营者请求旅游者支付合理费用的，人民法院应予支持。

5. 旅游经营者挂靠经营

旅游经营者准许他人挂靠其名下从事旅游业务，造成旅游者人身损害、财产损失，旅游者依据《民法典》第1168条的规定请求旅游经营者与挂靠人承担连带责任的，人民法院应予支持。

6. 合同履行

1）合同违约

（1）一般情况。旅游经营者违反合同约定，有擅自改变旅游行程、遗漏旅游景点、减少旅游服务项目、降低旅游服务标准等行为，旅游者请求旅游经营者赔偿未完成约定旅游服务项目等合理费用的，人民法院应予支持。旅游经营者提供服务时有欺诈行为，旅游者依据消费者权益保护法规定请求旅游经营者承担惩罚性赔偿责任的，人民法院应予支持。

（2）"自由行"期间的违约。旅游经营者事先设计，并以确定的总价提供交通、住宿、游览等一项或者多项服务，不提供导游和领队服务，由旅游者自行安排游览行程的旅游过程中，旅游经营者提供的服务不符合合同约定，侵害旅游者合法权益，旅游者请求旅游经营者承担相应责任的，人民法院应予支持。

2）公共客运交通工具延误

因飞机、火车、班轮、城际客运班车等公共客运交通工具延误，导致合同不能按照约定履行，旅游者请求旅游经营者退还未实际发生的费用的，人民法院应予支持。合同另有约定的除外。

3）不合理收费

旅游者要求旅游经营者返还下列费用的，人民法院应予支持：①因拒绝旅游经营者安排的购物活动或者另行付费的项目被增收的费用；②在同一旅游行程中，旅游经营者提供相同服务，因旅游者的年龄、职业等差异而增收的费用。

4）代办手续、证件存在瑕疵

旅游经营者因过错致其代办的手续、证件存在瑕疵，或者未尽妥善保管义务而遗失、毁损，旅游者请求旅游经营者补办或者协助补办相关手续、证件并承担相应费用的，人民法院应予支持。因上述行为影响旅游行程，旅游者请求旅游经营者退还尚未发生的费用、赔偿损失的，人民法院应予支持。

本章小结

本章从旅游纠纷入手，介绍解决旅游纠纷的方式、基本途径和相关法律规定。旅游纠纷可以通过协商、调解、仲裁和诉讼等途径解决，针对旅游纠纷的实际情况选择最佳解决途径，可以起到事半功倍的作用。旅游投诉是解决旅游纠纷的重要手段，旅游投诉受理和处理机构在职责范围内按旅游投诉处理程序接受、处理或移交、转交旅游投诉。旅游纠纷当事人行使诉讼权利时，举证需符合相关法律要求。《最高人民法院关于审理旅游纠纷案件适用法律若干问题规定》是各级人

拓展阅读 14.6

民法院解决旅游纠纷的重要参考，其中界定了旅游纠纷相关概念和适用范围，统一旅游纠纷案件裁判尺度，更好地指导各级人民法院正确适用法律解决旅游纠纷。

 即测即练

 思考题

1. 简要分析解决旅游纠纷方式中协商和调解的利弊。

2. 什么是仲裁协议？怎样理解仲裁协议对仲裁的意义？

3. 什么是旅游投诉？旅游投诉应具备的要件有哪些？

4. 什么是旅游投诉处理？旅游投诉处理的一般程序有哪些？

5. 怎样理解《最高人民法院关于审理旅游纠纷案件适用法律若干问题的规定》的内容？

参 考 文 献

1. 普通图书

[1] 全国导游人员资格考试教材编写组 . 政策与法律法规 [M]. 7 版 . 北京：旅游教育出版社，2022.

[2] 全国导游人员资格考试教材编写组 . 政策与法律法规 [M]. 8 版 . 北京：旅游教育出版社，2023.

[3] 全国导游人员资格考试教材编写组 . 政策与法律法规 [M]. 8 版 . 北京：中国旅游出版社，2023.

[4] 孙子文，等 . 旅游法规教程 [M]. 7 版 . 大连：东北财经大学出版社，2021.

[5] 杨朝晖，等 . 旅游法规实务 [M]. 3 版 . 大连：东北财经大学出版社，2019.

[6] 王莉霞 . 旅游法规理论与实务 [M]. 5 版 . 大连：东北财经大学出版社，2022.

[7] 马萍，赵小莹 . 旅游政策与法规 [M]. 2 版 . 北京：高等教育出版社，2022.

[8] 杨智勇 . 旅游法规 [M]. 北京：北京大学出版社，2017.

[9] 杨智勇，刘春玲，任馥瑛 . 旅游法规案例教程 [M]. 北京：经济科学出版社，2020.

[10] 王立龙 . 旅游法规实务教程 [M]. 重庆：重庆大学出版社，2014.

[11] 韩玉灵 . 旅游法教程 [M]. 北京：高等教育出版社，2018.

[12] 《〈中华人民共和国旅游法 〉解读》编写组《中华人民共和国旅游法》解读 [M]. 北京：中国旅游出版社，2013.

[13] 黄薇 . 中华人民共和国民法典释义 [M]. 北京：法律出版社，2020.

[14] 奚晓明 . 最高人民法院审理旅游纠纷案件司法解释理解与适用 [M]. 北京：人民法院出版社，2010.

2. 期刊文献

[1] 窦一博 . 乡村旅游消费者权益保护制度探析 [J]. 合作经济与科技，2021（16）：174–176.

[2] 王江一 . 我国旅游者合法权益的法律保护 [J]. 郑州航空工业管理学院学报（社

会科学版），2015，34（6）：120–122.

[3] 刘淑娟 . 浅议中国旅游消费者权益保护法律制度的完善 [J]. 湖南行政学院学报，2010（6）：73–75.

[4] 王新平 . 浅谈我国的旅行社责任险 [J]. 山东省农业管理干部学院学报，2012，29（2）：91–92.

[5] 李强 . 论社会导游话语权的缺失及其对策 [J]. 旅游论坛，2011，4（3）：70–73.

[6] 梁三利，郭明 . 旅行社质量保证金使用去行政化原因、问题及完善对策 [J]. 旅游学刊，2010，25（3）：84–88.

[7] 程悦 . 旅游消费者权益保护法律问题研究 [D]. 哈尔滨：黑龙江大学，2019.

[8] 付雪 . 在线旅游消费者权益保护法律问题研究 [D]. 成都：四川师范大学，2018.

[9] 贾文聪 . 我国旅游消费者权益保护的法律问题研究 [D]. 哈尔滨：哈尔滨工程大学，2021.

3. 网络文献

[1] 《中华人民共和国野生动物保护法 [EB/OL].（2022–12–30）. http：//www.npc. gov.cn/npc/c30834/202212/77cc070369d94dd09270fb9c0f52cbd0.shtml.

[2] 《中华人民共和国野生植物保护条例 [EB/OL].（2017–10–07）. https：//flk.npc. gov.cn/detail2.html?ZmY4MDgwODE2ZjNlOTc4NDAxNmY0MjMyMjUzNDAzMjM.

[3] 《国家级文化生态保护区管理办法 [EB/OL].（2018–12–25）. http：//www.gov.cn/ xinwen/2018–12/25/content_5352070.htm.

[4] 《中华人民共和国非物质文化遗产法 [EB/OL].（2011–02–25）. http：//www.npc. gov.cn/npc/c12488/201102/ec8c85a83d9e45a18bcea0ea7d81f0ce.shtml.

[5] 《保护世界文化和自然遗产公约 [EB/OL].（2012–06–27）. http：//www.npc.gov. cn/zgrdw/npc/zfjc/wwbhfzfjc/2012–06/27/content_1726953.htm.

[6] 《保护非物质文化遗产公约》解读 [EB/OL].（2008–12–05）. http：//www.npc. gov.cn/zgrdw/huiyi/lfzt/fwzwhycbhf/2008–12/05/content_1461025.htm.

教师服务

感谢您选用清华大学出版社的教材！为了更好地服务教学，我们为授课教师提供本书的教学辅助资源，以及本学科重点教材信息。请您扫码获取。

教辅获取

本书教辅资源，授课教师扫码获取

样书赠送

旅游管理类重点教材，教师扫码获取样书

 清华大学出版社

E-mail: tupfuwu@163.com
电话：010-83470332 / 83470142
地址：北京市海淀区双清路学研大厦 B 座 509

网址：https://www.tup.com.cn/
传真：8610-83470107
邮编：100084